权威・前沿・原创

皮书系列为
“十二五”“十三五”国家重点图书出版规划项目

中国社会科学院创新工程学术出版项目
本书获河南省社会科学院哲学社会科学创新工程试点经费资助

2018年
河南社会形势分析与预测

SOCIETY OF HENAN ANALYSIS AND FORECAST
(2018)

进入新时代的社会建设

主　编／王承哲　牛苏林
副主编／张　侃

社会科学文献出版社
SOCIAL SCIENCES ACADEMIC PRESS (CHINA)

图书在版编目（CIP）数据

2018年河南社会形势分析与预测：进入新时代的社会建设／王承哲，牛苏林主编．--北京：社会科学文献出版社，2018.7

（河南蓝皮书）

ISBN 978-7-5201-2937-4

Ⅰ．①2… Ⅱ．①王… ②牛… Ⅲ．①社会分析-河南-2018②社会预测-河南-2018 Ⅳ．①D668

中国版本图书馆CIP数据核字（2018）第134096号

河南蓝皮书

2018年河南社会形势分析与预测

——进入新时代的社会建设

主　　编／王承哲　牛苏林

副 主 编／张　侃

出 版 人／谢寿光

项目统筹／任文武

责任编辑／张丽丽

出　　版／社会科学文献出版社·区域发展出版中心（010）59367143

地址：北京市北三环中路甲29号院华龙大厦　邮编：100029

网址：www.ssap.com.cn

发　　行／市场营销中心（010）59367081　59367018

印　　装／三河市龙林印务有限公司

规　　格／开　本：787mm×1092mm　1/16

印　张：21　字　数：314千字

版　　次／2018年7月第1版　2018年7月第1次印刷

书　　号／ISBN 978-7-5201-2937-4

定　　价／89.00元

皮书序列号／PSN B-2005-043-1/9

河南蓝皮书系列编委会

主编简介

王承哲　男，1965 年 12 月生，现任河南省社会科学院副院长，研究员。河南财经政法大学兼职教授、河南大学客座教授、郑州工程技术学院客座教授。长期从事科技哲学、政治学、意识形态理论与实践研究。作为首席专家主持马克思主义理论与建设工程重大项目、国家社科基金重大项目、中国特色社会主义理论研究中心重大项目“网络意识形态工作研究”，主持国家社科基金特别委托项目“进一步加强党的思想理论建设实施办法可行性研究和草案初拟”，主持国家社科基金重大项目“河南省坚持新发展理念推进产业转型升级实践经验研究”子课题研究。主持省社科规划重大项目两项、省社科规划委托项目两项。获得省政府发展研究奖一等奖、河南省社科优秀成果奖二等奖。长期主持、参与省委省政府重大决策文件的制定。

牛苏林　男，1958 年 12 月生，福建德化人。现任河南省社会科学院社会发展研究所所长，研究员。河南省管专家，兼任河南省社会学学会副会长、秘书长，河南省统一战线理论研究会副会长，民盟中央兼职研究员。长期从事哲学、宗教学、社会学研究，独立承担国家社会科学规划课题两项、省部级课题多项，出版《马克思恩格斯的宗教理解》《河南：走向现代化》《构建和谐中原》《河南社会发展与变迁》等多部著作，发表学术论文数十篇。

摘 要

本书由河南省社会科学院主持编撰，系统概括了近年来尤其是2017年河南社会建设所取得的主要成绩，全面梳理了当前河南社会形势发展的特点，剖析了河南面临的热点、难点及焦点问题，并对河南2018年社会发展提出了对策建议。

2018年河南蓝皮书依据党的十九大会议精神，以进入新时代的社会建设、决胜全面小康、推进共享发展为主线，对河南全省的民生建设、共享发展、脱贫攻坚、社会保障、社会治理、公共安全等重大问题进行了全面深入系统的解读。

全书由总报告、评价篇、改善民生与共享发展、脱贫攻坚与社会保障、社会治理与公共安全五大部分组成。总报告由河南省社会科学院“河南社会形势分析与预测课题组”撰写，代表本书对河南社会形势分析与预测的基本观点。总报告认为，2017年是河南“十三五”规划建设的第二年，也是全面建成小康社会和全面推进脱贫攻坚的关键一年。十九大的胜利召开，标志着中国特色社会主义进入了新时代，也标志着河南经济社会发展踏上了新的征程。一年来，全省经济社会发展稳中有进、稳中向好，公共财政持续向民生领域倾斜，教育领域综合改革稳步推进，就业结构持续改善，城乡居民收入稳步提高，脱贫攻坚成效显著，社会保障覆盖面持续扩大，健康中原建设惠及全民，社会安全稳定形势总体向好，社会事业、公共服务全面发展，民生建设持续推进，人民福祉不断提升，在决胜全面建成小康社会、让中原更出彩的进程中迈出了坚实的步伐。但同时，河南社会发展也面临着一系列不能忽视的挑战与难题，比如，收入差距问题依然突出，共享发展水平有待提高；就业形势总体严峻，重点群体就业压力大；生态环境恶化趋势尚未扭转，环境治理任重道远；扶贫攻坚进入决胜阶段，精准脱贫任务艰巨；人口问题持续凸显，日益成为制约河南经济社会健康发展的障碍等。2018年，是改革开放四十周年，也是全面贯彻落实党的十九大精神，加快推进共享发展的关键一年。切实提高保障和改善民生水平，大力推进养老服务体系建设，打好扶贫攻坚战、全面决胜精准脱贫，大力推进基本公共服务供给侧改革，大力打造共建共治共享的社会治理格局，将是河南决胜全面小康、推进社会建设全面发展面临的主要任务。

评价篇、改善民生与共享发展、脱贫攻坚与社会保障、社会治理与公共安全等几大板块，邀请省内专家学者分别从不同视角对河南社会的重大事项进行深入剖析，客观反映了2017年河南社会发展的基本状况、矛盾和问题，提出了决胜全面小康进程中补齐民生短板、推进共享发展的对策建议，展望了2018年河南社会形势的发展趋向。

目 录

Ⅰ 总报告

Ⅱ 评价篇

Ⅲ 改善民生与共享发展

Ⅳ　脱贫攻坚与社会保障

Ⅴ　社会治理与公共安全

皮书数据库阅读**使用指南**

总 报 告

General Report

B.1

决胜全面小康　推进共享发展

——2017～2018 年河南社会发展形势分析与预测

河南社会形势分析与预测课题组*

摘　要： 党的十九大胜利召开，标志着中国特色社会主义进入了新时代，也标志着河南经济社会发展踏上了新的征程。一年来，全省经济社会发展稳中有进、稳中向好，公共财政持续向民生领域倾斜，教育领域综合改革稳步推进，就业结构持续改善，城乡居民收入稳步提高，脱贫攻坚成效显著，社会保障覆盖面持续扩大，健康中原建设惠及全民，社会安全稳定形势总体向好，社会事业、公共服务全面发展，民生建设持续推进，人民福祉不断提升，在决胜全面建成小康社会、让中原更出彩的进程中迈出了坚实的步伐。但同时，河南社会发

---

* 课题负责人：牛苏林；执笔：牛苏林、张侃。

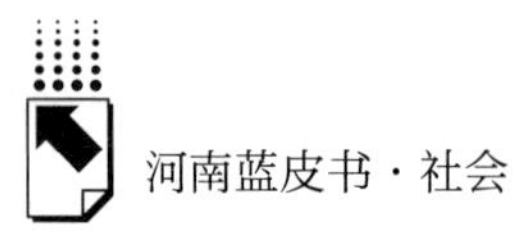

展也面临着一系列不能忽视的挑战与难题，比如，收入差距问题依然突出，重点群体就业压力增大，生态环境恶化趋势尚未扭转，脱贫摘帽任务艰巨，人口问题日益凸显等。2018年，是改革开放四十周年，也是全面贯彻落实党的十九大精神关键的一年。切实提高保障和改善民生水平，大力推进养老服务体系建设，打好扶贫攻坚战、全面决胜精准脱贫，大力推进基本公共服务供给侧改革，大力打造共建共治共享的社会治理格局，将是河南决胜全面小康、推进社会建设全面发展面临的主要任务。

关键词： 社会治理　全面小康　共享发展　社会建设

一　2017年河南社会发展形势及特点分析

2017 年，党的十九大的召开，具有划时代的里程碑意义，承上启下地对中国未来的发展进行了新的顶层设计和重大部署。2017 年 11 月，河南省十届四次党代会召开，审议通过了《中共河南省委关于深入学习贯彻党的十九大精神决胜全面建成小康社会开启新时代河南全面建设社会主义现代化新征程的意见》，提出新时代河南经济社会发展的基本目标和主要任务：坚持稳中求进工作总基调，发挥优势打好“四张牌”，加快推进“三区一群”建设，坚决打响“四大攻坚战”，着力深化改革、改善民生补齐短板，使综合实力更加雄厚，环境质量更加向好，社会事业更加发展，人民生活更加富裕，社会治理更加高效。

总体上看，2017 年河南经济社会发展稳中有进、稳中向好，社会事业、公共服务全面发展，民生建设持续推进，人民福祉不断提升，在决胜全面建成小康社会、让中原更出彩的进程中迈出了坚实的步伐。

（一）经济平稳增长，结构优化成效显著

2017 年，河南全省实现地区生产总值 44988.16 亿元，同比增长 7.8%，增速高于全国水平，比全国增幅多了 0.9 个百分点，经济总量稳居全国第五位，在中部六省中名列第一。其中，省会郑州地区生产总值达到 9130.2 亿元，在全国 27 个省会城市中位居第七。[①] 农业生产平稳增长，全年粮食产量达 5973.40 万吨，比上年增加 26.80 万吨，增长 0.5%；工业生产持续提升，全年全省实现工业增加值 18807.16 亿元，比上年增长 7.4%，增速比全国水平多了 1 个百分点。

经济结构持续优化，经济发展质量稳步提升。2017 年，河南第一产业增加值 4339.49 亿元，增长 4.3%；第二产业增加值 21449.99 亿元，增长 7.3%；第三产业增加值 19198.68 亿元，增长 9.2%。三次产业结构为 9.6∶47.7∶42.7，第三产业增加值占地区生产总值的比重比上年提高 0.9 个百分点（见图 1）。人均地区生产总值 47130 元，比上年增长 7.4%。[②] 第三产业占地区生产总值的比重不断提升，第三产业的增速高于 GDP 增速 1.4 个百分点，对 GDP 的贡献率达到 48.4%，高于第二产业 2.8 个百分点。[③] 2017 年，河南省战略性新兴产业产值增长 12.1%，高于全省规模以上工业增速 4.1 个百分点，在中部六省中排名第二。[④]

（二）公共财政持续向民生领域倾斜，全力保障民生投入

近年来，河南公共财政投入持续向民生领域倾斜，为河南民生建设提供了强有力的支持。2017 年，全省财政民生支出达 6389.86 亿元，同比增长

① 王磊：《2017 年省会城市 GDP 最新排名出炉　郑州排第几?》，《大河报》2018 年 4 月 12 日，http://henan.qq.com/a/20180412/001909.htm。

② 河南统计局：《2017 年河南省国民经济和社会发展统计公报》。

③ 《河南：2017 年第三产业对经济增长的贡献率达到 48.4%》，新华网，2018 年 1 月 28 日，http://www.mnw.cn/news/cj/1931788.html。

④ 《中部六省去年 GDP 出炉：河南总量第一　经济结构持续优化》，澎湃新闻，2018 年 1 月 23 日，http://henan.qq.com/a/20180123/025991.htm。

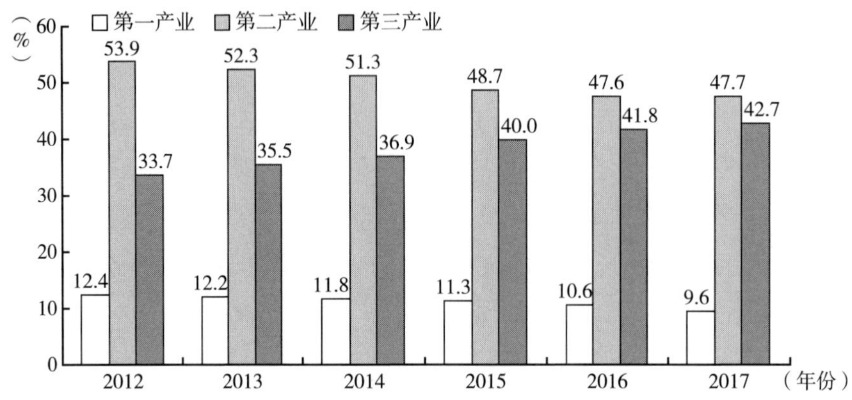

图1　2012～2017年河南省三次产业结构

资料来源：根据历年《河南省国民经济和社会发展统计公报》数据整理。

10.4%，占一般公共预算支出的77.7%，比2016年提高了0.1个百分点，其中投入实施省十件重点民生实事资金达346.6亿元。[①]

河南省委、省政府以每年十件重点民生实事为抓手，持续加大对教育、医疗、就业、社会保障等领域的财政投入力度。教育方面，投入15.1亿元，促进普惠型学前教育的发展；投入203亿元，为义务教育阶段学生免费提供教科书和对家庭困难学生提供生活费补助；投入16.4亿元，落实普通高中的经费保障机制；投入20.5亿元，促进职业教育的发展；投入156.1亿元，推进高等教育的发展。医疗方面，投入467.2亿元支持城乡居民基本医疗保险、基本药物制度、公立医院综合改革等各项医疗卫生体制改革的深入推进。就业方面，安排就业补助资金26.9亿元，设立总规模100亿元的农民工返乡创业投资基金，以支持就业和鼓励创业。社会保障方面，城乡居民基本医保财政补助标准由人均420元提高到450元，基本公共卫生服务补助标准由年人均45元增加到50元；城乡低保财政月人均补助标准分别提高到不低于250元、142元；社会散居孤儿、机构养育孤儿基本生活最低养育标准

① 赵柳影：《2017年河南省国民经济和社会发展统计公报出炉，数据展示全景河南》，《郑州晚报》2018年2月28日。

分别提高到每人每月 700 元和 1100 元。[①] 更为突出的是，2017 年河南在扶贫攻坚方面的财政投入大幅增加，共安排省级财政专项扶贫资金 57. 8 亿元，新增政府债券用于扶贫的资金达 46. 8 亿元，同比分别增长了 44. 7%、34. 3%；指导全省 53 个贫困县统筹整合涉农资金 243. 4 亿元，同比增长 93. 1%；累计筹措资金 29. 1 亿元，用于支持黄河滩区居民迁建。扶贫投入的大幅增加，表现出了河南省委、省政府对全面保障民生、打好农村脱贫攻坚战的高度重视和坚定决心。民生领域公共财政投入的持续增加，有力缓解了河南民生建设的资金短板问题，为河南民生和社会事业的快速发展奠定了基础。

（三）教育领域综合改革稳步推进，“双一流”建设助推高等教育新发展

2017 年，河南继续坚持教育优先发展，大力实施科教兴豫和人才强省战略，扎实推进教育领域综合改革，推动了各级各类教育的协调高质发展。一是学前教育快速发展，“入园难”问题得到了有效缓解。2017 年，学前教育三年毛入园率达到 86. 45%，比 2011 年增加了 30. 95 个百分点，学前教育的普及程度得到了极大的提升（见图 2）。幼儿园数量达 2. 06 万所，入园幼儿 151. 62 万人，在园幼儿 424. 93 万人，分别比 2005 年增加了 497%、129%、277%，这种增速在河南省乃至全国的学前教育历史上都是较为罕见的（见图 3）。2017 年河南省还启动实施了第三期学前教育行动计划，提出了力争到 2020 年，河南省学前三年毛入园率达到 90%，普惠性资源覆盖率稳定在 85% 左右的发展目标，为未来一段时间河南学前教育的发展指明了方向。

二是义务教育方面，重点实施薄弱中小学改造工程，全面推进义务教育均衡发展。2017 年，河南投入 51. 29 亿元用于改善贫困地区 7000 所薄弱中小学的办学条件，并计划用 5 年的时间，累计投入资金 267. 91 亿元，覆盖

① 樊霞：《2017 年河南财政收支分别突破 5000 亿元 8000 亿元》，《河南日报》2018 年 1 月 21 日。

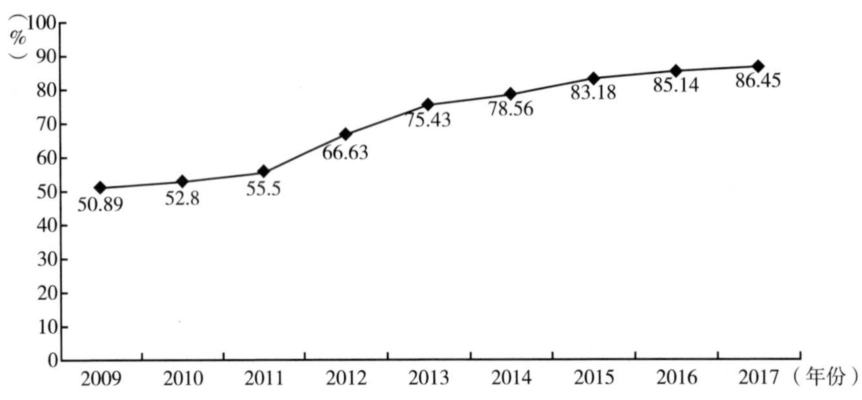

图 2　河南省学前教育三年毛入园率变化趋势

资料来源：根据历年《河南省教育事业发展统计公报》整理。

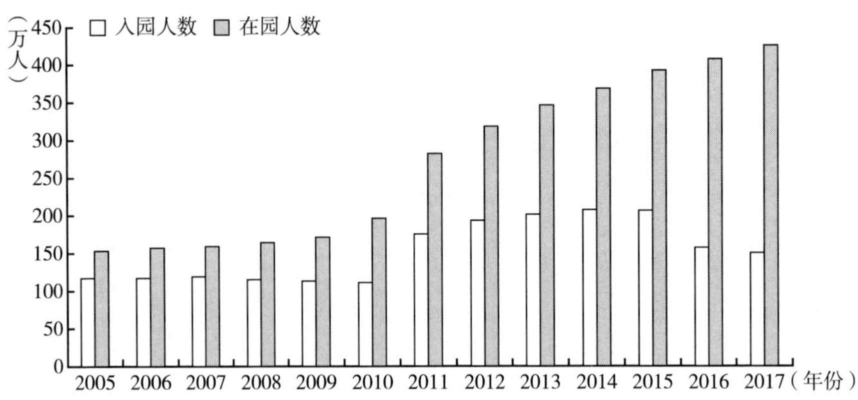

图 3　河南省学前教育规模扩张情况

资料来源：根据历年《河南省教育事业发展统计公报》整理。

109 个县（市），为 22767 所中小学改善办学条件。[①] 义务教育阶段的大班额问题得到了有效缓解。2017 年，小学中的大班占 13.61%，超大班占 4.75%，分别同比降低了 2.45 个百分点和 2.06 个百分点；普通初中的大班

① 《河南投 50 多亿元　改善 7000 所薄弱中小学的办学条件》，《大河报》2017 年 5 月 2 日，http：//henan. qq. com/a/20170502/003408. htm。

占 29.56%，超大班占 10.49%，分别同比降低了 13.5 个百分点和 3.68 个百分点。[1] 全省义务教育阶段流动人口子女随迁就读人数不断增加，大大降低了农村义务教育阶段留守儿童的比例。2017 年全省农村留守儿童占义务教育阶段在校生总数的 15.76%，同比下降 2.16 个百分点；义务教育阶段流动人口随迁子女在校生 75.5 万人，占义务教育阶段在校生总数的 5.37%，同比增长 0.07 个百分点。[2]

三是高中阶段教育基本普及，普通高中和中等职业教育的规模逐步趋近。2017 年，河南高中阶段教育学校 1602 所，招生 123.84 万人，在校生 338.72 万人。高中阶段毛入学率达到 90.61%，已基本实现高中阶段教育的普及，提前实现了《国家中长期教育改革和发展规划纲要（2010 ~ 2020 年）》提出的到 2020 年高中阶段毛入学率达到 90% 的目标。普通高中的大班额问题得到了有效缓解，2017 年大班占 68.35%，同比下降了 4.46 个百分点，超大班占 38.87%，同比下降了 3.29 个百分点。生师比由 2016 年的 16.93∶1 下降到了 14.22∶1。职业教育的发展稳步推进，规模不断扩大。2017 年全省独立设置的中等职业学校达 789 所，招生 52.87 万人，在校生 133.23 万人。中等职业学校的招生数和在校生数占高中阶段招生数和在校生数的比例分别为 42.69% 和 39.33%，招生数和在校生数分别同比增长了 1.96% 和 0.12%。

四是高等教育入学率稳步提升，“双一流”建设推动高等教育新发展。2017 年，河南高等教育毛入学率达到 41.78%，比 2016 年增加了 2.98 个百分点；普通高考录取率达到 84.14%，同比增加了 1.14 个百分点。2017 年 9 月，“双一流”建设高校名单正式公布，郑州大学成为“一流大学建设高校”，郑州大学的临床医学、材料科学与工程、化学和河南大学的生物学四门学科成为“双一流建设学科”，这是河南重点高校建设取得的又一个重大成就，也为新时代河南高等教育质量的持续提升奠定了坚实基

---

① 王红：《河南教育事业“晒”成绩单　全省幼儿园总数突破两万所》，《郑州日报》2018 年 4 月 3 日。

② 张楠：《2017 河南省教育事业发展统计：教育人口占总人口 26.15%》，大河网，2018 年 4 月 3 日，https://baijiahao.baidu.com/s?id=1596889669639020749&wfr=spider&for=pc。

础。高校的重点学科建设和科研水平也得到了极大的提升。截止到2017年底，河南高校拥有一级学科国家重点学科1个、二级学科国家重点学科8个、省特色学科25个、一级学科省重点学科253个、省优势学科10个、二级学科省重点学科173个；依托全省普通高校和研究生培养机构建设国家"2011协同创新中心"1个、省级协同创新中心37个、国家实验室1个（参与建设）、国家重点实验室（培育基地）7个、国家（地方联合）工程实验室（研究中心）10个、教育部重点实验室11个、国家工程（技术）研究中心2个、国家国际联合研究中心5个、教育部工程研究中心6个。① 在河南高校工作的两院院士有7人。国家在河南设立的国家级实验室、国家工程实验研究中心80%以上建在高校，国家自然科学奖、技术发明奖、科技进步奖三大奖一半以上出自高校，高校已经成为河南科技创新研究的绝对主力军。

（四）城乡就业形势总体平稳，就业结构持续改善

2017年，河南持续推进积极的就业创业政策，促进以"双创"带动就业，重点做好高校毕业生、失业再就业人员、就业困难人员、农民工等重点群体的就业工作，着力推动更加充分的就业和就业结构的持续优化，全省就业形势总体平稳。全省城镇登记失业率为2.76%，同比减少0.19个百分点。

一是年度就业目标提前完成。2017年10月，全省城镇新增就业、失业人员再就业、就业困难人员再就业的年度目标就已经提前完成。2017年全年城镇新增就业人员144.21万人，失业人员实现再就业43.98万人，就业困难人员再就业17万人，分别完成了年度目标任务的131.1%、125.7%、141.7%，全部超额完成任务。②

二是重点群体就业平稳有序。高校毕业生就业率稳中有进。2017年河南高校毕业生达到51.7万人，其中，专科生25.3万人，本科生25万人，

① 河南省教育厅：《2016年河南省教育事业发展统计公报》，http://www.haedu.gov.cn/2017/03/17/1489720664881.html。

② 河南省统计局：《2017年河南省国民经济和社会发展统计公报》。

研究生及以上 1.4 万人，毕业生人数再创历史新高。[①] 河南多措并举大力推进高校毕业生的就业创业计划和促进计划的实施，成效显著。截止到 2017 年 9 月，全省高校毕业生就业签约率达到 82.1%，同比增加了 1.14 个百分点，高于全国平均水平。农民工就业整体平稳。2017 年，全省新增农村劳动力转移就业 63 万人，年末农村劳动力转移就业总量为 2939 万人，其中省内转移 1762 万人，省外转移 1177 万人。[②] 新增农民工返乡创业 22.65 万人，由此带动就业 251.08 万人。全省贫困劳动力转移就业人数达到劳动力转移就业总人数的 67.2%，就业扶贫效果显著。

三是就业结构持续优化。随着河南经济发展方式的持续转变和产业结构的不断优化，第三产业得到了快速发展，逐渐成为吸纳就业的主力军。第一产业的从业人数呈现平稳下降的趋势，第三产业的从业人数持续上升，并且第三产业已经反超第二产业成为吸纳劳动力就业第二多的产业（见图 4）。2017 年前三季度，全省“四上”企业中，第三产业从业人员增长了 7.8%，高于第二产业 5.8 个百分点，对就业增长的贡献率达到 49.3%，第三产业在吸纳就业中发挥的作用越来越大，河南就业结构得到持续优化。[③]

（五）城乡居民收入稳步提高，人民生活水平持续改善

2017 年河南城乡居民收入实现了稳步提高。全年全省居民人均可支配收入 20170 元，同比增长 9.4%，是全国居民收入水平的 77.65%，同比增加了 0.23 个百分点。按常住地分，城镇居民人均可支配收入 29558 元，同比增长 8.5%，是全国城镇居民收入水平的 81.21%，同比增长 0.2 个百分点；农村居民人均可支配收入 12719 元，同比增长 8.7%，是全国农村居民收入水平的 94.69%，同比增长 0.8 个百分点（见图 5）。

---

① 《2017 年河南省高校毕业生达到 51.7 万人，再创历史新高》，https：//baijiahao.baidu.com/s? id = 1573372362966068&wfr = spider&for = pc。

② 河南省统计局：《2017 年河南省国民经济和社会发展统计公报》。

③ 孙斌育、王玉珍：《2017～2018 年河南省就业形势分析》，载《2018 年河南经济形势分析与预测》，社会科学文献出版社，2018。

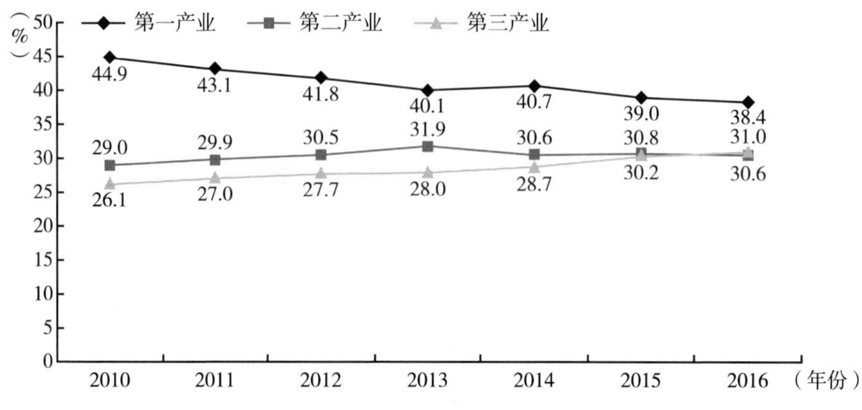

图4　河南三大产业从业人员比例趋势变化

资料来源：根据历年《河南统计年鉴》数据整理。

农村居民收入增速高于城镇居民。城乡居民人均收入倍差为2.32，同比缩小0.01，比全国的城乡居民收入倍差低了0.49，可见河南省城乡居民收入的差距要小于全国平均水平。

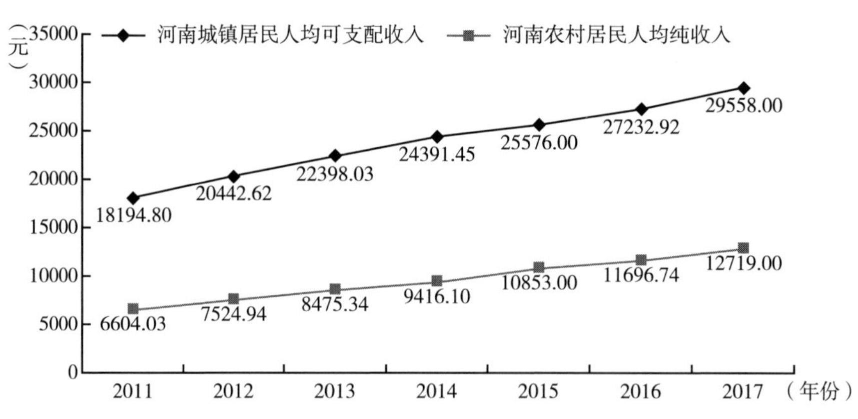

图5　河南省城乡居民人均可支配收入趋势

资料来源：根据历年《河南省国民经济和社会发展统计公报》数据整理。

与居民收入水平的平稳增长相适应，居民的消费增长也保持了稳中有升的势头。2017年，城镇居民人均消费支出19422元，同比增长7.4%；农村居民人均消费支出9212元，同比增长7.3%。一方面，城乡居民的消费总量在持续增长。2013～2017年河南社会消费品零售总额年均增长12.5%，高于同期全国平均增速1.2个百分点。[①] 2017年全省社会消费品零售总额达19667亿元，同比增长11.6%，扣除价格因素，实际增长10.2%，高于城乡居民可支配收入增速，说明了居民消费信心的增强和消费意愿的提升（见图6）。其中，城镇消费品零售总额16044.48亿元，同比增长11.4%；农村3622.30亿元，同比增长12.5%，农村增速高于城市。

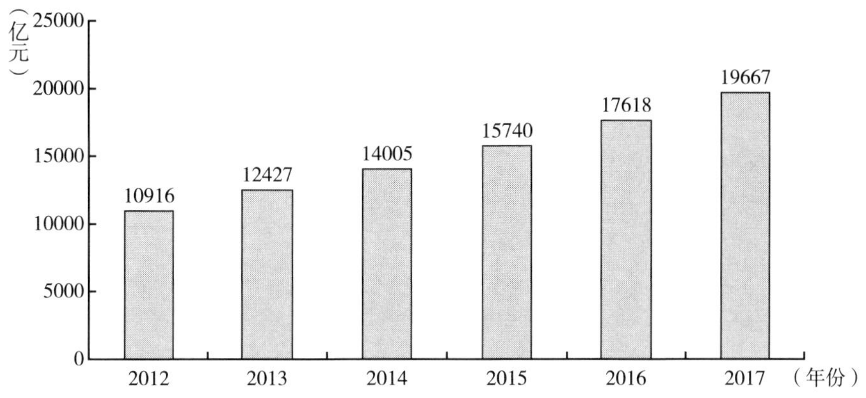

图6　河南社会消费品零售总额年度变化情况

资料来源：根据历年《河南省国民经济和社会发展统计公报》数据整理。

另一方面，随着城乡居民生活水平的持续改善，其消费理念也在逐步转变，消费结构进一步优化。首先是高档消费品的消费占比提升，2017年，反映居民消费水平提高的汽车类、家具类商品零售额分别占限额以上批发和零售业商品零售额的31.4%和2.7%，分别同比增长了6.4%和16.5%；高档消费品中金银珠宝类和化妆品类商品零售额分别占2.0%和1.8%，同比增长了9.2%和37.5%。[②] 其次是反映居民消费质量提升的消费升级类商品零售额增长迅速。2013～2017年体育娱乐用品类、电子出版物及音像制品类和中西药

① 赵杨、董军、周文瑞：《2017～2018年河南省消费品市场形势分析与展望》，载《2018年河南经济形势分析与预测》，社会科学文献出版社，2018。

② 河南省统计局：《2017年河南省国民经济和社会发展统计公报》。

品类商品零售额年均分别增长 20.2%、20.1%和 15.0%，分别高于同期限额以上批发和零售业商品零售额增速 8.3 个百分点、8.2 个百分点和 3.1 个百分点。[①]

（六）脱贫攻坚成效显著，贫困人口持续减少

河南曾经是贫困人口超过 500 万的六个省份之一，脱贫攻坚一直是河南推进全面建成小康社会工作的重点和难点。近年来，河南省大力推进脱贫攻坚工作，以实施转移就业脱贫、发展特色优质产业脱贫、易地搬迁脱贫、生态保护脱贫、教育脱贫、医疗保险和医疗救助脱贫、社保兜底脱贫、扶危济困脱贫等措施为抓手，积极探索增加资产收益等扶贫新模式，同步实施农村低保、医疗救助、生态建设和环境保护等行动，脱贫攻坚成效显著。“十二五”期间，实现 670 万农村贫困人口稳定脱贫，农村户籍人口贫困发生率由 2010 年的 14.2% 下降到 2015 年的 5.7%。[②]“十三五”开局，扶贫攻坚工作更是取得了巨大成绩。2016 年，全省减贫 112.5 万人，2125 个贫困村退出贫困序列，兰考县实现脱贫摘帽；全省贫困地区农村居民人均可支配收入 9734.9 元，增长 9.8%，扣除价格因素实际增长 7.7%，比全省农村平均水平高 2 个百分点。[③]

2017 年，河南贫困人口 277 万人，同比减少 95 万人；贫困发生率为 3.4%，同比下降 1.2 个百分点。[④] 河南 106.2 万建档立卡农村贫困人口脱贫，超额完成了年度脱贫 100 万的目标；10 万建档立卡贫困人口异地扶贫搬迁工作进展顺利；滑县成功脱贫摘帽；贫困地区农村居民人均可支配收入增幅高于全省农村平均水平 2 个百分点；135.8 万贫困劳动力中有 101.1 万人通过转移就业脱贫，全省实施的 7412 个产品扶贫项目覆盖了 217.3 万人

---

① 赵杨、董军、周文瑞：《2017～2018 年河南省消费品市场形势分析与展望》，载《2018 年河南经济形势分析与预测》，社会科学文献出版社，2018。

② http：//www.ha.xinhuanet.com/2016henanfupin/index.html。

③ 《重磅！河南晒出 2016 年扶贫“成绩单”》，http：//www.lushixian.gov.cn/show－229－5773－1.html。

④ 国家统计局河南调查总队：《2017 年河南贫困监测调查报告——扶贫成效显著　居民生活不断改善》，2018 年 5 月 7 日。

次的贫困人口；通过低保线与扶贫线两线合一，惠及了320万农村低保对象；制定了农村特困人员生活费标准不低于当地低保标准1.3倍的要求，惠及50万特困人员，通过实施一系列扶贫帮困举措，贫困群众的生产生活条件得到了明显改善。[①]

（七）社会保障覆盖面持续扩大，健康中原建设惠及全民

社会保障是民生的安全网、社会的稳定器，在社会发展中发挥着举足轻重的作用。十八大以来，河南社会保障事业得到了稳定快速发展，社会保障制度持续完善，覆盖范围不断扩大，社会保险各项待遇水平稳步提高。逐步开展实施了全民参保登记计划，实现了城乡居民大病保险全覆盖和省级统筹，在全国率先建立了困难群众大病补充医疗保险制度，实现了跨省异地就医即时结算，方便了群众，居民基本医疗保险实现了城乡统一、参保率持续稳定在95%以上。[②]

2017年，河南全省参加城镇职工基本养老保险人数达1897.49万人，比上年增加了147.51万人，其中，参保职工1437.62万人，参保离退休人员459.87万人；参加城乡居民基本养老保险人数5010.22万人，比上年增加116.48万人；参加城镇职工医疗保险人数1228.23万人，比上年增加0.89万人，其中，参保职工883.86万人，参保离退休人员344.37万人；参加城乡居民基本医疗保险人数9182.47万人；参加失业保险人数805.57万人；参加工伤保险人数900.88万人；参加生育保险人数692.73万人。[③] 全年共发放城镇居民最低生活保障金23.75亿元，城镇享受最低生活保障人数67.78万人，享受低保人数同比下降了17%；发放农村最低生活保障金55.04亿元，农村享受最低生活保障人数287.93万人，享受低保人数同比

---

① 王林园：《河南2017年脱贫百万人》，新华社，2018－03－13，http：//www.ha.xinhuanet.com/news/2018－03/13/c_ 1122527376.htm。

② 陈润儿：《2018年河南省政府工作报告》。

③ 《2017年河南省国民经济和社会发展统计公报》，http：//www.ha.stats.gov.cn/sitesources/hntj/page_ pc/bwtt/article84bf775582cc46f58f8f582c0ff3766f.html。

下降了12%。

人民健康是民族昌盛和国家富强的重要标志。十八大以来，河南高度重视医疗卫生事业发展，医疗卫生体制改革走向深化，医疗卫生资源持续扩增。重点推进六大国家区域医疗中心建设。2016年12月，河南省政府印发了《河南省建设国家区域医疗中心规划》，在河南开始建设心血管医疗中心、肿瘤医疗中心、儿童医疗中心、脑血管医疗中心、器官移植医疗中心和中医骨伤科医疗中心六大国家区域医疗中心，以大力提高河南整体医疗水平，满足人民群众日益增长的医疗保健需求。2017年北京儿童医院郑州医院和阜外华中心血管病医院已经挂牌开诊，国家心血管病中心华中分中心正式开始运行。

2017年2月，河南省委、省政府发布了《"健康中原2030"规划纲要》（简称《纲要》），对今后15年河南健康事业的发展进行了全面的规划与设计。《纲要》指出，2015年，河南人均预期寿命达到75.6岁，婴儿死亡率、5岁以下儿童死亡率、孕产妇死亡率分别下降到4.35‰、5.91‰、10.46/10万，居民主要健康指标水平优于全国平均水平，为全面建成小康社会奠定了健康基础；同时也提出了到2030年，人人享有高质量的健康环境和高水平的健康保障，健康水平大幅提高，健康公平状况显著改善，居民主要健康指标优于全国平均水平的发展目标。健康中原建设的重要愿景就是到2030年，全省人均寿命达到79.5岁，婴儿死亡率降低到4.1‰，5岁以下儿童死亡率降到5‰，孕产妇死亡率降到9.0/10万，居民健康素养水平达到30%。①2017年7月，河南省政府印发了《关于推进城市公立医院综合改革的实施意见》（简称《实施意见》），将河南的公立医院综合改革引向深化。取消了长久以来的以药补医机制，2017年8月底，所有城市公立医院药品实行零差价销售。同时为了节约成本、提高医疗资源利用效率和方便群众，《实施意见》提出，要以医疗联合体建设和家庭医生签约服务为抓手，推动分级

① 《中共河南省委、河南省人民政府关于印发〈"健康中原2030"规划纲要〉的通知》，http：//www.hnwsjsw.gov.cn/contents/83/35223.shtml。

诊疗制度建设。三级公立医院要全部参与并发挥引领作用，构建基层首诊、双向转诊、急慢分治、上下联动的分级诊疗模式。公立医院要全面推行非急诊预约服务。[①]

（八）努力打造共建共治共享的社会治理格局，社会安全稳定形势总体向好

党的十九大报告提出要打造共建共治共享的社会治理格局，提高社会治理社会化、法治化、智能化、专业化水平。河南历来对加强和创新社会治理工作高度重视，注重立足省情，坚持以现实问题为导向打造共建共治共享的社会治理格局，积极推进社会治理工作的创新与完善，使得社会治理能力和现代化水平持续稳步提升。

一是“平安河南”建设成绩凸显，社会治安形势稳中向好。2017 年，全省没有发生暴恐案（事）件、敌对势力内外勾结破坏事件和重大政治敏感案（事）件，没有发生大规模赴省进京集访事件、群体性冲突事件和个人极端案（事）件；全省刑事案件发案数同比下降 24.76%，破案数、抓获犯罪嫌疑人数同比分别上升 2.49%、36.41%；全省信访总量同比下降 7.8%、赴京越级访同比下降 10.2%、赴京非访同比下降 32%。[②] 公众安全感和执法满意度分别达到 93.51% 和 90.56%，其中执法满意度首次突破了 90%，创造了历史最高纪录，也充分显示出群众对平安河南建设工作的满意和支持。[③]

二是矛盾纠纷多元化解机制不断完善，社会矛盾化解成效显著。2017 年，河南通过促进调解、仲裁、行政裁决、行政复议、诉讼等手段的有机衔接，初步建立起政法机关、行政部门、群团组织、人大代表、政协委员、律师等多方参与的矛盾纠纷多元化解工作格局。实现了县、乡、村三

---

① 《河南省人民政府办公厅关于推进城市公立医院综合改革的实施意见》，http：//www.henan.gov.cn/zwgk/system/2017/08/15/010734550.shtml。

② 《河南公众安全感执法满意度持续提升》，2018 年 2 月 2 日，http：//www.mps.gov.cn/n2255079/n4242954/n4841045/n4841055/c6011206/content.html。

③ 周青莎：《平安河南建设交出更美答卷》，《河南日报》2018 年 2 月 3 日。

级矛盾纠纷排查化解网络、平台、组织的全覆盖，对矛盾纠纷实行统一受理、集中梳理、归口办理。目前，全省共建成县级平台218个、乡级平台2493个、村级平台49631个，行业性、专业性人民调解组织873个，以调解员名字命名的人民调解室857个，人民调解组织5.5万个，人民调解员21.5万人，综合运用政法、行政、社会等各方力量，采取法律、教育、心理疏导等各种方法化解矛盾纠纷。全省还开展了矛盾纠纷大排查大化解、预防“民转刑”命案专项行动，共排查出各类矛盾纠纷26430起，化解25280起，化解率达95.6%，2017年3月至12月一次死亡3人以上“民转刑”命案仅发生5起，多发态势得到明显遏制，有11个县（市、区）实现了无命案。[①]

三是加强管控大力防范化解公共安全风险，民众生活安全情况持续改善。河南省持续开展了交通安全整治、火灾事故专项治理、全省未成年人溺亡防范等工作，2017年，各类安全事故发生数同比均呈下降趋势，群众安全感显著增强。近年来，河南还大力推行普及治安保险，为群众财产安全提供了制度化、长效化保障。2016年，治安保险已在全省108个县区开办，覆盖4800多万人口。到2017年底，河南全省18个省辖市全部建立了治安保险机制，126个县（市、区），1709个乡镇（街道）开展了治安保险业务，覆盖率分别为80.25%和70.19%；全省共投入保费5872.29万元，为1795.52万户城乡家庭提供了风险保障，惠及全省78.5%的农村居民家庭。[②] 通过推行普及治安保险，政府将治安管理与风险防范相结合，将政府引导与市场手段相结合，有效改变了以往治安防范工作单纯靠政府支撑的局面，让人民群众居家生活有了“保护伞”，对避免老百姓“因灾返贫”、“因灾致贫”起到了重要作用，也为基层政府开展综治维稳工作和创新社会治理工作拓宽了途径。

---

① 《河南公众安全感执法满意度持续提升》，公安部官网，2018－02－02，http：//www.mps.gov.cn/n2255079/n4242954/n4841045/n4841055/c6011206/content.html

② 周青莎：《平安河南建设交出更美答卷》，《河南日报》2018年2月3日。

二　2017年河南社会发展面临的挑战和难题

（一）收入差距问题依然突出，共享发展水平和小康社会建设水平都有待提高

近年来，河南省经济总量虽然稳居全国第五，但人均居民收入水平仍然较低，小康社会建设水平不高。一是河南省城乡居民收入水平在国内仍然较低，与全国平均水平还有差距。2017 年，河南省居民人均可支配收入 20170 元，在全国 31 个省、自治区、直辖市中排名第 24 位，是全国平均水平的 78%；河南城镇居民人均可支配收入 29558 元，在全国排第 24 位，是全国平均水平的 81%；河南农村居民人均可支配收入 12719 元，在全国排第 17 位，是全国平均水平的 95%。二是城乡居民人均收入差距仍较大。河南作为农业大省、国家级粮食生产核心区，农业发展较为迅速，农民的收入增速快于城镇居民。2017 年河南城乡居民可支配收入比是 2.32，在全国排第 8 位。但是城乡居民收入的绝对值仍有较大差距，并且近年来还有逐步扩大的趋势（见图 7）。三是城乡居民内部的收支差异显著，凸显出城镇和农村居民内部家庭生活水平的差距较大。2016 年，河南省城镇家庭人均可支配收入的均值是 27233 元，其中高收入家庭的人均可支配收入是低收入家庭的 4.4 倍；支出方面，高收入家庭的人均总支出是低收入家庭的 3.1 倍，可见在城镇居民内部高收入群体和低收入群体在收支水平上的差距也是十分显著的（见表 1）。河南农村家庭人均可支配收入的均值是 14384 元，其中高收入家庭的人均可支配收入是低收入家庭的 4.7 倍；支出方面，高收入家庭的人均总支出是低收入家庭的 2.5 倍。可见，农村居民的高收入家庭与低收入家庭在收支上的差距也是很大的（见表 2）。另外，进行城乡对比可以看到，城镇高收入家庭的人均可支配收入是农村低收入家庭的 8.2 倍，城镇高收入家庭的人均总支出是农村低收入家庭的 4.3 倍，差距更大。四是河南省小康社会建设水平较低，在全国排名靠后。根据独立第三方机构“竞争力智库”和国家发展改革委主管的中国信

息协会信用专业委员会联合发布的《中国城市全面建成小康社会监测报告2017》，2017 年河南省全面小康指数在全国 31 个省（区、市）中排名第 27。在“中国地级市全面小康指数前 100 名”中，河南只有省会郑州市上榜，排名第 31；在“中国县级市全面小康指数前 100 名”中，河南省有 7 个县级市上榜，分别是：新郑市（排名第 58）、巩义市（排名第 60）、荥阳市（排名第 62）、济源市（排名第 72）、偃师市（排名第 90）、义马市（排名第 92）、新密市（排名第 100）。可以看到河南地级市中只有郑州上榜，上榜的 7 个县级市中 4 个是郑州下辖的县级市，这也显示出河南小康建设水平一方面整体落后，另一方面区域差异较大，省会郑州的建设和发展水平一家独大。

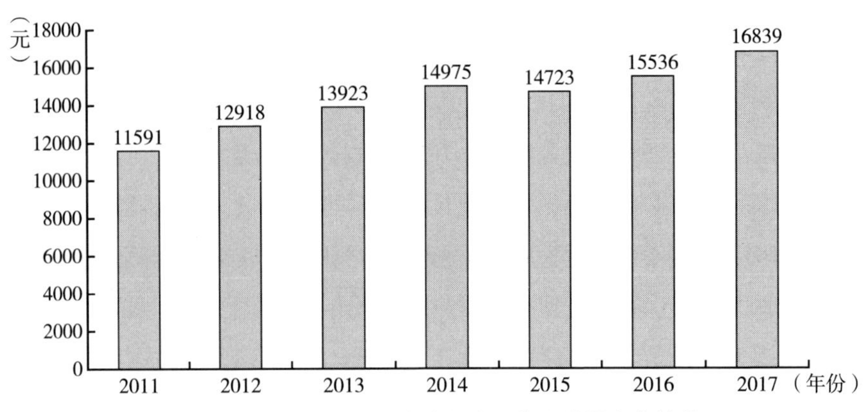

图 7　河南省城乡居民人均可支配收入差额变化趋势

资料来源：根据历年《河南省国民经济和社会发展统计公报》数据整理。

表 1　河南省 2016 年按收入分组城镇居民家庭人均收支结构

单位：元，%

类别	家庭人均可支配收入	工资性收入占比	家庭人均总支出	消费性支出占比	食品烟酒支出占消费支出比例
低收入户	12312	72.0	12863	78.0	30.8
中低收入户	19693	72.1	16387	84.2	30.9
中等收入户	25881	65.3	22741	79.9	28.7
中高收入户	34371	56.0	27937	81.0	27.4
高收入户	54460	43.2	40419	77.4	24.8
城镇平均	27233	58.1	22644	79.9	28.0

资料来源：根据《河南统计年鉴（2017）》数据整理。

表 2　河南省 2016 年按收入分组农村居民家庭人均收支结构

单位：元，%

类别	家庭人均可支配收入	经营性收入占比	家庭人均总支出	消费性支出占比	食品支出占消费支出比例
低收入户	6625	56. 4	9438	64. 2	30. 5
中低收入户	9489	45. 1	9918	71. 8	29. 8
中等收入户	12489	41. 8	11376	70. 7	28. 7
中高收入户	16992	44. 9	13795	68. 6	29. 0
高收入户	31156	56. 5	23309	59. 0	25. 8
农村平均	14384	49. 6	13006	66. 0	28. 5

资料来源：根据《河南统计年鉴（2017）》数据整理。

（二）就业形势总体严峻，重点群体就业压力巨大

2017 年虽说河南的各项就业年度目标都超额完成，但对比可以发现，各项就业指标人数同比都有减少，其中一些指标人数的减少幅度还较大。2017 年失业人员实现再就业 43. 98 万人，同比下降了 8. 4%；就业困难人员再就业 17 万人，同比下降了 11. 4%。新增农村劳动力转移就业人数近年来更是持续减少，并且降幅较大（见图 8）。“2017 年全省人才需求总量为 167. 71 万个，同比上升 18. 45%。全年求人倍率为 1. 13，同比下降 7. 38%，就业压力要大于 2016 年。”① 高校毕业生的就业压力仍在持续增大。2017 年河南高校毕业生达到 51. 7 万人，再创新高，虽说 2017 年河南高校毕业生就业率高于上年同期和全国平均水平，但是全省仍有约 10 万名高校毕业生离校未就业。10 月以后 2018 届毕业生开始求职，2018 年河南高校毕业生将超过 53 万人，又达新高，同时 2017 年初次就业的毕业生中还有约 20 万人需要二次就业，可见河南高校毕业生的就业压力仍在继续扩大，使就业形势愈发严峻。

① 《2017 年河南省人才才市分析报告出炉》，2018 年 1 月 23 日，http：//media. china. com. cn/zc/2018 - 01 - 23/1212860. html。

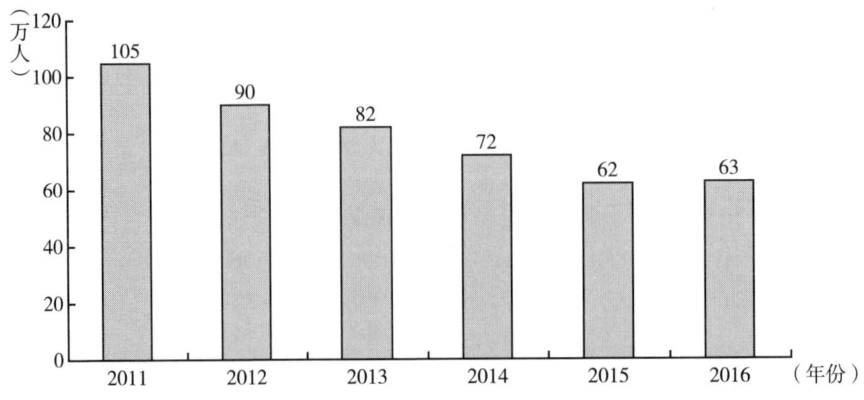

图8 河南省新增农村劳动力转移就业人数变化趋势

资料来源：根据历年《河南省国民经济和社会发展统计公报》数据整理。

就业结构性矛盾仍然比较突出。首先是就业者中缺乏劳动技能的就业困难群体规模仍较大，劳动密集型企业招工难现象比较突出。企业薪酬水平与求职者的预期差距较大，河南工资水平长期比较低，2016 年在岗职工平均工资是 50028 元，居全国倒数第一（第 31 位），是全国平均工资水平的 72.5%，导致提供的工作岗位吸引力不足、员工流动性较大，企业与求职者之间的供需缺位。其次是区域性、行业性供求差异较大。伴随“三区一群”和战略新兴产业建设的持续推进，一些经济规模大、发展势头好、汇聚投资多的地区，提供的就业岗位较多，就业需求大，同时这些岗位对于求职者的技术水平、学历、工作经验等各方面的要求也较高；而一些对劳动者素质要求不高的传统工业基地、传统行业的岗位供给则相对不足，但高素质专业人才和有经验的技能人才相对匮乏，求职者往往很难找到自己中意又符合自身能力水平的岗位，形成了区域间、行业间的供需缺位。再次是用工供需上的年龄失衡矛盾日益凸显。河南作为已进入老龄化的人口大省，劳动力年龄日渐偏大将会是一个趋势。但是用人单位的用工标准却在不断提高，对劳动力需求的年龄范围也比较集中偏向年轻化。一项对 6 城市人力资源市场职业供求数据的分析显示，75.8% 的用人岗位对求职者年龄有明确要求，其中对 16～34 岁年龄段的需求占 55.6%，呈现年龄越大需求量就越小的趋势。[①] 可是2016年河南的人口结构显示，15～34岁的人口仅占全省人口的27%，35～59岁人口占全省人口的35.5%。[②] 劳动力年龄结构老龄化和用工需求年轻化之间的矛盾也给就业工作带来了较大的压力。

（三）生态环境恶化趋势尚未扭转，环境治理任重道远

近年来，在省委、省政府的强力推进下，河南的环境治理成效显著，环境状况得到了极大改善。但同时我们也应该看到，“冰冻三尺非一日之寒”，河南的环境污染问题由来已久，环境也不是一时就能得到改善的，全省环境保护面临的形势依然严峻，资源约束趋紧、环境污染严重，区域环境严重超载状况短期不会发生根本改变，当前和今后一个时期，生态环境仍然是河南省经济社会发展中的突出短板。一是环境污染问题严重，提高环境质量的任务十分艰巨。河南主要污染物排放量仍居高位，污染物排放强度高于全国平均水平。2016年，河南废水排放总量达到402055万吨，是全国平均排放量的1.75倍。全省地表水水质级别为轻度污染。其中：省辖海河流域为重度污染，淮河流域、黄河流域为轻度污染，长江流域为优。废气中主要污染物的排放也高于全国平均水平，其中：二氧化硫的排放量是全国平均水平的1.16倍；氮氧化物的排放量是全国平均水平的1.80倍；粉尘排放量是全国平均水平的1.32倍。2017年河南的优良天数比例达到了约60%，同比增加了6个百分点，成绩显著，但和2017年全国平均优良天数78%的比例相比，差距还不小。

二是生态系统退化严重，山水林田湖普遍缺乏统筹保护。全省的生态安全格局尚未形成，相应的生态保护工作缺失使得资源过度开发利用，进而导致生态破坏问题突出，生态空间不断被蚕食侵占，湿地面积较少并有下降趋势，生物多样性不同程度地被破坏，森林、湿地、水体等重要生态系统的保护与修复需要加强。2016年，河南的湿地面积只有全国平均水平的36%，

① 孙斌育、王玉珍：《2017～2018年河南省就业形势分析》，载《2018年河南经济形势分析与预测》，社会科学文献出版社，2018。

② 河南省统计局：《河南统计年鉴（2017）》。

森林覆盖率达21.5%，略低于全国水平，自然保护区面积占辖区面积的4.7%，是全国水平的32%，在全国排第27位。

三是资源环境约束日益趋紧，人均资源占有量严重不足。河南是人口大省，人均占有的各类资源都较少，矿产资源枯竭问题突出，人均耕地面积较少。2016年河南人均耕地面积为1.13亩，低于全国平均水平。水资源严重缺乏且年度和地域分布不均，全省62条主要河流中有56%是无源头水河流，海河及淮河主要支流环境流量基本无保障，水源性缺水和水质性缺水问题并存，水资源供需矛盾日益加剧。近年来河南的降水量和水资源总量都有下降的趋势，而由于经济社会发展的需要，用水总量却为递增趋势，这更进一步加大了河南水资源严重缺乏的压力（见表3）。

表3　河南省水资源变化趋势

年份	2005	2010	2015	2016
降水量(毫米)	905.80	841.70	704.10	787.10
水资源总量(亿立方米)	558.56	534.89	287.17	337.35
用水总量(亿立方米)	197.81	224.61	222.83	227.60

资料来源：根据《河南统计年鉴（2017）》数据整理。

河南能源消费结构不合理，2016年，非化石能源占一次能源消费比重为5.9%，是全国平均水平13.3%的44%，煤炭占一次能源消费比重为76.5%，比全国62%的平均水平高了近15个百分点。快速发展的河南经济社会对资源能源的需求不断增大，而河南的生态环境却仍十分脆弱、能源资源又相对匮乏，这也造成了经济发展与生态环境保护之间的矛盾日益凸显。

（四）扶贫攻坚进入决胜阶段，脱贫摘帽任务艰巨

近年来，河南的精准扶贫、精准脱贫工作取得了巨大的成绩，但在看到成绩的同时，我们也应该看到在扶贫攻坚工作中出现的一些问题，认清现在所处的全面脱贫决胜阶段的任务艰巨性。一方面，贫困地区的脱贫致富还面临着许多阻碍。一是贫困地区农村居民收支水平仍比较低，收入结

构不合理。2017 年河南贫困地区农村居民人均可支配收入只有全省平均水平的 84.8%；人均生活消费支出只有全省平均水平的 84.5%；贫困地区农村居民生产仍以种植业为主，其他产业相对较弱，第一产业净收入占家庭经营净收入的比例高达 72.9%。二是贫困地区产业结构不尽合理，产业化水平有待提高。贫困地区产业发展活力不强，农业产业化程度低，产业结构单一。非农产业发展缓慢，并且大多以家庭式、小作坊为主，增收能力有限；生产的产品质量也不高、优质产品占比较小，初级产品多、深加工产品少。三是贫困地区劳动力素质有待提高。贫困地区人口普遍存在技能素质差、文化层次低的特点，基本从事的都是劳动密集型的工作，就业渠道狭窄，转移就业和增收难度大，调查显示，河南贫困地区人均工资性收入比全省农村平均水平低 1656 元。四是贫困地区的基础设施建设及基本公共服务水平普遍较低。相较于其他地区，贫困地区的基础设施建设仍然相对滞后，公共服务保障水平较低，因病、因残，缺乏劳动力，家庭突发变故等致贫比例较高。

另一方面，全面脱贫的任务繁重紧迫，按目标如期脱贫压力巨大。按照《河南省建档立卡贫困人口脱贫和贫困县摘帽滚动计划》的安排，2017 年要有 6 个国定贫困县和 4 个省定贫困县摘帽，2018 年要有 17 个国定贫困县和剩下的全部 11 个省定贫困县摘帽，2019 年剩下的 13 个国定贫困县全部摘帽。可是在现实推进中，兰考县和滑县是在 2017 年才脱贫摘帽，而到 2017 年底，原计划 6 个国定贫困县和 4 个省定贫困县脱贫的任务没有完成，河南还有 51 个贫困县，3723 个贫困村，277 万贫困人口。也就是说如果按照原目标，河南需要在两年内实现 51 个贫困县全部脱贫摘帽，脱贫摘帽任务艰巨而紧迫。

（五）人口问题持续凸显，日益成为制约河南经济社会健康发展的障碍

河南是人口大省，总人口数排名居全国第三；河南也是农村人口大省，农村人口总数排名居全国第一，2016 年农村户籍人口达 5171 万人，是我国

唯一的农村人口突破5000万人的省份。[1] 作为人口大省的河南在很长一段时间内享受到了人口红利所带来的好处，大量廉价的劳动力为推进河南经济社会快速发展发挥了巨大作用，但是随着经济社会的进一步发展，河南人口质量、人口结构等方面的问题不断增加。一是人口老龄化问题凸显，社会负担不断加重。河南人口老龄化发展迅速，2016年65岁及以上人口的比重达到9.9%，比2006年提高了1.8个百分点（见图9）。2016年人口总抚养系数为45.3%，比2006年提高了4.8个百分点；老年抚养系数为14.4%，比2006年提高了3.1个百分点。劳动适龄人口的比重也呈下降趋势，2016年劳动适龄人口占总人口的比重为68.8%，比全国平均水平低了3.7个百分点。

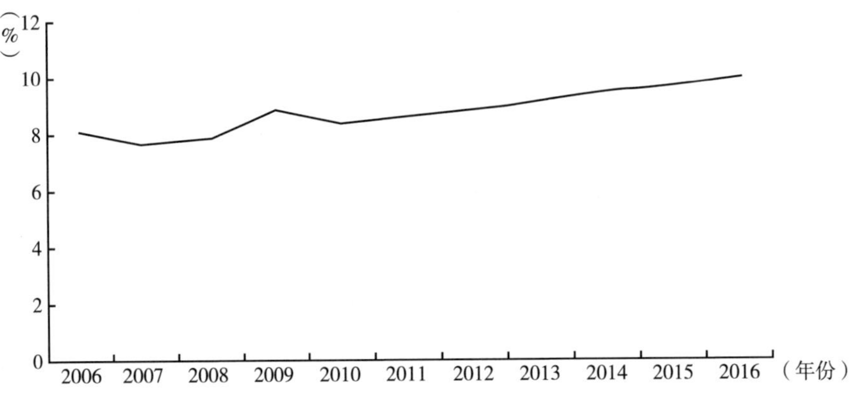

图9　河南省65岁及以上人口占总人口比重变化趋势

资料来源：根据历年《河南统计年鉴》数据整理。

二是人口性别比不均衡，成为影响社会稳定和谐可持续发展的隐患。2000年第五次全国人口普查时，河南男女出生性别比为118.46，已经是严重偏高的省份；2010年第六次全国人口普查数据显示，河南省出生人口性别比为117.77，仍高出正常值上限10.77个点，2012年、2013年两年的评

① http://henan.163.com/17/0826/21/CSQ04ISI04398DQ2.html。

估数据分别为 117. 90 和 116. 54，仍处于高位。[①] 2016 年的常住人口性别比是 103. 2，比 2010 年第六次全国人口普查时的常住人口性别比 102. 06 上升了 1. 14，按当年常住人口总额计算，男性比女性多了 152. 5 万人。性别比失调是引发婚配困难、性犯罪增多、人口再生产障碍等一系列社会问题的隐患。

三是人口整体受教育程度偏低，阻碍了河南经济发展方式转变和产业升级。河南是人口大省，却不是人力资源强省。2016 年河南受过高等教育的人口数（包括大学专科、大学本科和研究生）占比为 7. 1%，比全国水平低了 5. 84 个百分点；按照 2010 年第六次全国人口普查数据，河南每十万人拥有大学生 6398 人，而 2010 年全国每十万人拥有大学生数是 8930 人，河南只是全国平均水平的 72%。[②] 近年来，河南的知识密集型、高附加值的新产业就业呈现较快增长，这也就导致就业市场对员工的技术要求不断提升，人才需求聚焦新生态、新技术、新模式领域，相关高端人才缺口巨大。但河南劳动力整体受教育程度偏低，新兴高技术产业的人才需求缺口较大，不仅阻碍了河南经济的高层次快速发展，也带来了严重的结构性就业矛盾。

三　2018年河南社会发展态势与政策建议

（一）切实提高保障和改善民生水平，全面推进共享发展

民生是社会发展之本。经济发展的最终落脚点是要让人民过上美好生活，让改革发展成果更多更公平惠及全体人民。一是要大力提高教育质量，实现河南教育的现代化发展。教育是民生之基，也是经济社会发展之基。河南教育现代化建设的重点是全面提高各级各类教育的质量，提升教育公平

① 《中国人口大省河南出生人口性别比 30 多年持续偏高》，http：//news. ifeng. com/a/20141223/42777492_ 0. shtml。

② 《2010 年第六次全国人口普查主要数据公报》（第 1 号），http：//www. stats. gov. cn/tjsj/tjgb/rkpcgb/qgrkpcgb/201104/t20110428_ 30327. html。

性。第一，要进一步推进城乡义务教育均衡发展，彻底解决城乡义务教育大班额问题；第二，要普及高中阶段教育，一方面支持普通高中多样化发展，另一方面支持高中阶段职业教育的特色化发展；第三，要全面提升高等学校的教学水平和创新能力，以“双一流”大学建设为契机，推动河南省若干高校和学科达到国际或国内一流水平；第四，要加快推进现代职业教育体系建设，大力打造职业教育的“河南模式”；第五，要大力推进学前教育的普惠式发展，提高公立幼儿园和普惠性民办幼儿园比例，争取实现学前教育的普及化。

二是要推行更加积极的就业创业政策，解决好结构性就业矛盾。就业是民生之本。做好就业工作要围绕稳定扩大就业和提高就业质量两方面来进行。要继续实施就业优先战略，始终把就业工作摆在突出位置；要继续实施积极的就业政策，努力稳定和扩大就业岗位；要大力推动大众创业，以创业带动就业；要做好高校毕业生、农村劳动力转移人口和淘汰落后产能企业职工、失业困难群体等城乡重点群体的就业工作；要积极推进就业培训工作，提升劳动者就业能力；完善就业服务体系，提高就业服务能力；加强法治建设，维护职工和用人单位的合法权益。

三是不断完善收入分配制度，努力增加城乡居民收入，缩小收入差距。收入分配是民生之源。完善收入分配制度，就是要在持续扩大收入的同时增强分配的公平性，缩小过大的收入差距。要提高城乡居民收入，完善初次分配制度；遏制城乡之间、区域之间、行业之间收入差距过大趋势，建立健全再分配调节机制，不断扩大中等收入群体比重，切实提高共享发展水平。

四是完善社会保障制度，给人民以安全感。社保是民生之依，是民众最后的安全线和保护网。要建成兜底线、全覆盖、可持续、多层次的社会保障体系。第一，要完善多层次社会保障体系，完善社会保险制度，鼓励补充保障制度发展，健全社会救助体系；第二，要统筹城乡社会保障体系建设，实现基础养老金在省内乃至全国的顺畅转移接续，统筹推进企业和机关事业单位社会保险制度改革，完善整合城乡居民基本养老保险和基本医疗保险制度，推进城乡保险的平等和共享，建立兼顾各类人员的社会保障待遇确定机制和正常调整机制；第三，要健全社会保障管理经办体系，合理确定社会保障项目统筹层次，协调不同社会保障项目管理，加强经办机构建设；第四，要完善社会保障筹资和投资制度，完善社会保险筹资机制，建立多缴多得、长缴多得的激励机制，调整财政支出结构，加大社保投入力度，改进社会保险基金投资管理，在保障安全性的前提下实现基金的保值增值。

五是深化医疗卫生领域改革，推进健康中原建设。医疗是民生之需。生老病死是人之常情，解决好民众“看病难、看病贵”问题是提升民众生活质量的重要部分。第一，要坚持将健康融入一切医改政策的总体思路，发挥好医保对深化医疗卫生体制改革的引领作用；加强支付机制刚性约束；加强国际合作和部门联动机制建设。第二，要建立更加合理可持续的卫生总费用筹资机制；扩大社会资本投入卫生领域的比例，缩小个人卫生支出；区分政府间卫生投入财权和事权责任；建立政府卫生投入绩效考核和问责机制。第三，持续深入推进公立医院综合改革，全面推进药品“零差率”改革；明确政府补偿标准，建立医保购买服务机制；支持公立医院拓宽服务范围，增加“以技养医”收入来源；完善慈善捐赠制度；建立医疗服务人员竞争性薪酬制度，优化公立医院医务人员薪酬结构；继续完善公立医院治理结构，建立现代医院制度，落实医院独立法人地位，探索公立医院产权制度改革；积极做好公立医院债务管理和化解工作；构建和谐的公立医院医患关系。第四，加强基层医疗卫生机构建设，加快实施分级转诊改革；加强基层全科医生队伍建设；发挥“互联网+”医疗的基层服务作用。

（二）大力推进养老服务体系建设，积极应对人口老龄化问题

总体上看，河南的养老服务体系还有很多欠缺之处，面临着养老服务和产品供给不足、市场发育不健全、城乡区域发展不平衡等突出问题。针对这些问题，一是要持续推进养老服务综合改革。首先，要加快公办养老机构改革。充分发挥公办养老机构的托底作用，同时创新公办养老机构运营模式，支持民间资本通过委托管理等方式运营公有产权的养老服务设施。其次，要逐步全面放开养老服务市场。按照河南省 2017 年发布的《关于全面放开养

老服务市场提升养老服务质量的实施意见》要求，加快养老服务市场放开步伐，到2020年，全省养老服务市场全面放开，养老服务和产品有效供给能力大幅提升，供给结构更加合理。同时还要优化养老服务市场营商环境；为养老机构连锁经营提供便利。再次，大力推进养老服务创新。一方面，要利用政府购买服务的形式促进养老服务供给质量的提升；另一方面，要大力发展智慧养老服务，提高服务供给效能，利用“互联网+”技术实现对机构入住老人服务需求的精准识别和服务的精准供给。最后，要促进医养结合。利用社保杠杆引导卫生资源更多地向养老服务倾斜；落实基层医疗卫生机构的为老服务职能；促进闲置医疗力量转向医养融合服务机构。

二是逐步建立完善覆盖城城乡的社区居家服务体系。首先，通过加大农村社区养老服务建设力度和推动城市社区居家养老服务均等化供给来推进服务能力建设的均衡化。其次，要推进服务内容标准化建设。规范社区服务平台设施条件，明确老年人享有的服务的基本内容和服务流程，建立社区和居家养老服务质量管理体系。最后，要实现服务对接无缝化。大力发展社区嵌入式养老模式，把小型化养老机构和专业社工团队嵌入社区服务平台，整合社区周边资源，聚集和培育居家养老服务企业和机构。通过打破居、养界限，提高社区服务与居家供养的结合度，改变居家、社区之间衔接失序的情况。

三是加强养老护理人员队伍建设。首先要建立养老服务人力资源保障机制。加强专业人才培养工作，支持高等学校和职业教育学校开设老年护理、养老服务管理等相关的专业和课程，加快培养养老护理员、社区养老团队管理人员等从业人员。制定社区居家养老服务专业人才培养制度，不断提高养老服务人员的专业理念、理论知识、方法和技巧。其次，要制定养老服务从业人员优惠政策。积极鼓励相关专业学生从事养老服务行业，通过定向委培、助学贷款、奖学金等形式，引导养老服务相关专业的高校和职业技术学校毕业生到养老机构工作。综合运用物质激励和精神激励方式。一方面，逐步提高工资福利待遇，加强劳动保护、职业保护和改善工作条件；另一方面，加强宣传引导，开展多种形式的保障奖励活动，吸引从业者。

四是加大养老服务政策优惠力度，吸引更多资源进入养老服务行业。首先，要强化养老服务业用地保障。对于配置场所、设施存在困难的老旧小区，鼓励整合已有的卫生、文化、体育等公共服务资源，充分挖掘现有社区公共服务中心的服务潜力；对于城乡新规划社区，比照非营利性养老机构，优先安排城乡社区居家养老服务中心及服务设施建设用地。创新养老服务供地方式。可把养老设施用地、住宅用地和商业用地混合捆绑配建，使企业通过住宅、商业等多元化项目开发削减一部分养老设施建设投资压力。其次，要创新养老服务融资方式。进一步加大养老服务信贷投放力度，推动开发性金融与养老服务深入融合，鼓励各地政府简化开发性金融资金参与的养老服务业建设项目的各项审批手续，并提供供地、税收等多方面政策优惠。在发挥好财政资金的引导作用方面，可以设立养老服务业发展政府引导基金，建立完善财税激励政策体系，支持社会资本扩大养老服务业投资规模，大力推广养老服务项目建设政府与社会资本合作（PPP）模式，优化财政资金补助结构。

（三）打好扶贫攻坚战，全面决胜精准脱贫

按照既定计划，河南要在未来两年内实现 51 个贫困县全部摘帽脱贫，160 万贫困人口脱贫，可以说任务艰巨，是一场硬仗。要打好这场脱贫攻坚的硬仗，要从以下几个方面实施。一是扶贫开发要与低保制度相结合。农村最低生活保障制度是国家解决农村贫困人口温饱问题所设立的兜底性的制度安排。这一制度的建立不但保障了贫困人口的生存权，也在缩小贫富差距、巩固扶贫开发成效等方面发挥了重要作用。建议要全面提高农村低保标准，特别是经济欠发达地区、革命老区、少数民族贫困地区的低保标准。城乡低保标准要在全覆盖基础上加快实现均衡化目标，缩小或取消城乡低保差距，增强政策的均衡性和普惠性。

二是做到政府主导与社会扶贫相结合。河南农村贫困人口基数大、结构复杂、表现多样，政府作为扶贫开发的主导力量和单一扶贫主体，难以形成弹性的贫困治理体系来回应多元贫困的现实需求，需要动员多元化的社会资

本协同应对。从国家治理的理念出发，培育多元化社会扶贫主体，动员多方社会力量自愿共同参与贫困的治理，是构建并完善国家治理体系的重要途径，也是提高国家治理能力的有效措施。除了定点扶贫制度外，政府有关部门（包括农业、水电、林业、金融、煤炭、交通、机械、冶金等）应积极帮助贫困地区发展经济。另外，也要让社会各界力量积极参与，形成社会共同治理贫困的大格局。

三是大力推进新农村建设，切实保障贫困地区基础生产生活条件。统筹城乡发展，积极推进小城镇建设，把加强贫困地区基础设施建设、改善贫困地区基本生产生活条件和生态环境、促进贫困地区发展放在优先位置，给予重点倾斜，特别要对基本农田建设和促进粮食增产的项目给予优先支持。对于居住在生存环境差、不具备基本发展条件的贫困地区农村居民，应在群众自愿的前提下，实施易地搬迁脱贫，确保贫困地区居民的基本生产生活得到保障。

四是扶贫开发要与普惠性农村政策相结合。河南贫困人口主要集中在农村，农民是贫困人口的主体。在农民收入增长缓慢、农村基础设施薄弱、社会事业相对滞后的现实背景下，省委、省政府在农村基础设施建设、农村公共事业、农村养老保险制度、新型农村合作医疗、农村文化教育事业发展等方面，应该进一步加大农村政策普惠性的覆盖面和力度。

五是加强贫困治理要与加强社会建设相结合。第一，要以“区域发展与扶贫攻坚”为契机，借助外部援助大力推进基本公共服务均等化，缩小甚至完全消除与发达地区在教育、医疗卫生、科技文化体育、社会保障等方面的差距。第二，要利用国家和省里对集中连片特困地区、三山地区的扶持、优惠政策，积极创新社会治理模式，提高社会服务效率和水平，积极鼓励民营资本进入金融体系、大力发展农村银行、全面推进小额信贷和农业产业保险等，最大限度地减少金融抑制对三山地区经济社会发展的影响。第三，要以增强扶贫对象自我发展能力为着力点，不断增强贫困乡村和贫困群众的内生动力和发展活力。注重对贫困地区的人力资本投资，注重发展贫困地区的教育（尤其是远程教育）事业，鼓励高校毕业生到片区农村支教，为贫困家庭子女提供平等的受教育与其他发展机会，逐步改变贫困地区传统、落后、安贫的文化习惯，有效阻断贫困代际传承。第四，要注重开发、利用三山地区独特的资源优势、发展潜力，积极向外推介，增强三山地区整体的吸引力与美誉度。

六是贫困治理要与积极“探索对贫困人口实行资产收益扶持制度”相结合。“资产收益扶持制度”，是中央层面针对我国贫困治理首次提出的新举措，目前四川、湖南等省份已开展了“资产收益扶持制度”扶贫，先行开展了探索。各地做法大体类似，即把财政专项扶贫资金或部分支农资金，以投资招标方式形成资产，再将其股份化并授予贫困户，以增加贫困人口的财产性收入。还有些省份探索以土地经营权确权入股开展资产收益扶贫。建议省委、省政府就此课题尽快组建研究团队，结合河南省实际，借鉴外省好的做法和成功经验，积极“探索对贫困人口实行资产收益扶持制度”，助推河南贫困治理工作。

（四）深化基本公共服务供给侧改革，推进基本公共服务的均等化和标准化

基本公共服务体系建设是保障基本民生、增进人民福祉的重要部分，深化基本公共服务供给侧改革，就是要拓展基本公共服务的内容项目，扩大基本公共服务的受众群体，不断提高基本公共服务的供给能力和共享水平。

一是要持续推进城乡基本公共服务均等化。重点保障义务教育、公共卫生与基本医疗服务、公共文化等与民众切身利益息息相关的领域。加快建立制度统一、覆盖城乡的社会保障体系，建立统一规范的人力资源市场，建立覆盖城乡居民的公共卫生体系、医疗服务体系等，促进城乡教育、医疗卫生、文化等事业的均衡发展。加大农村基本公共服务支持力度，健全以流入地为主的流动人口基本公共服务制度。

二是要推进区域基本公共服务均等化发展。以有利于主体功能形成的基本公共服务为推进重点，缩小同一个区域内城乡之间、不同户籍之间基本公共服务的差异，逐步实现不同区域的基本公共服务均等化的目标。要进一步

加大对贫困地区、刚脱贫地区、经济发展薄弱地区的支持力度。政府基本公共服务投资项目要优先向这些地区倾斜。鼓励发达地区采用定向援助、对口支援、对口帮扶等形式对这些地区的基本公共服务建设提供支持，并形成长效机制。同时，要建立完善省一级的公共服务均等化协调机制，着力加强省级政府推进区域内公共服务均等化的统筹职能，加强各级政府和各部门之间的磋商协调，力争实现全省范围内基本公共服务范围和标准的基本一致，做好投资、财税、产业、土地和人口等政策的配套协调。

三是扩大开放，构建基本公共服务供给主体的多元化格局。一方面，公办机构应该积极适应市场化发展的要求，脱离政府附属机构的地位，建立起完全独立的法人，参与政府购买公共服务的竞争，行业主管部门不再直接插手公办机构的具体事务，除产权属性不同外，公办机构应该与民办机构同场竞争、逐步趋同；另一方面，社会力量提供基本公共服务方面，在鼓励社会资本参与基本公共服务供给的同时也要大力推动社会组织的参与，逐步提高参与基本公共服务供给的社会力量中社会组织的比重，充分发挥社会组织的作用，形成有利于社会组织承担社会事务的政策氛围。

四是创新政府购买基本公共服务的机制。鼓励和引导社会资本以兼并、收购、参股、合作、租赁、承包等多种形式参与基本公共服务的提供，拓宽社会资本进入渠道。逐步实现公共服务由政府直接提供变为通过购买服务来间接提供，探索将一部分政府建设资金转变为购买服务资金，完善购买服务资金的使用管理制度。同时进一步完善政府购买社会力量提供公共服务的定价机制、招投标机制、购买流程和购买服务评估机制。

（五）进一步加强和创新社会治理，建立共建共治共享的社会治理格局

创新社会治理要服务于改善民生、维护民权、增进民主；要实现党委坚持方向治理，政府完善行政治理，社会组织自我管理，公众积极参与治理，大力打造共建共治共享的社会治理格局。

一是要进一步完善社会治理格局。各级政府要在民生建设上起主导作

用，把更多的作为，更多的人力、物力和财力用于民生事业，同时积极鼓励和支持社会各方面力量支持民生事业。二是要注重源头治理，及时预防和化解社会矛盾。推动关口前移，建立重大事项社会稳定风险分析和评估机制，对涉及群众利益的重大工程、重大政策，把社会风险评估作为政府决策的必需程序；建立完善基层大调解工作体系，努力把矛盾纠纷化解在萌芽状态。三是要注重解决当前社会治理的盲区和薄弱环节。进一步加强对流动人口的服务管理，建立健全流动人口动态管理机制；强化食品安全、安全生产和公共安全全程监管，进一步提高城市安全水平；加强虚拟社会管理，建立网上网下一体化管理体系，完善网上舆情引导机制，第一时间回应社会关切；进一步强化对城中村、城乡接合部的社会治理。

参考文献

习近平：《决胜全面建成小康社会　夺取新时代中国特色社会主义伟大胜利》，人民出版社，2017。

陈润儿：《2018 年河南省政府工作报告》，《河南日报》2018 年 2 月 2 日。

陈润儿：《2017 年河南省政府工作报告》，《河南日报》2017 年 1 月 22 日。

河南省政府：《河南省国民经济和社会发展第十三个五年规划纲要》，《河南日报》2016 年 5 月 18 日。

王世炎等：《2018 年河南经济形势分析与预测》，社会科学文献出版社，2018。

张侃、冯庆林：《“十三五”时期河南社会发展问题研究》，河南人民出版社，2017。

评 价 篇

Evaluation Reports

B.2
2017年河南省县、市级政府网上政务公开评估报告*

付光伟**

摘 要： 在坚持结果导向、公众视角、政策为本的原则下，本文构建出评估政府网上政务公开质量的指标体系。据此对河南省106个县级政府门户网站的政务公开综合质量进行量化评估，结果显示，2017年，河南省106县（市）政府门户网站政务公开平均得分为63.3分，首次突破及格线，得分前五名的是柘城、巩义、沁阳、舞钢、许昌和内乡。采用相同的指标体系，对河南省18个地市级政府网上政务公开情况进行评估，结果显示，

* 基金项目：国家社科基金项目“基层政府推行权责清单制的限权功能生成机制研究（BSH059）”。

** 付光伟，河南大学哲学与公共管理学院公共管理系副教授，河南大学地方政府与社会治理研究所研究员。

2017 年，河南省 18 省辖市政府门户网站政务公开平均得分为 80.2 分，高出县级政府近 17 分，得分前五名的是郑州、许昌、南阳、驻马店、开封和洛阳。研究还发现，县级政府网上信息公开水平主要受地级市政府和人均公共财政收入的影响，而省辖市政府网上政务公开得分则不受此因素的影响。

关键词： 政务公开　指标体系　县级政府　地市级政府

一　问题的提出

政务公开是现代国家治理体系和治理能力建设的重要组成部分。改革开放以来，党和政府高度重视政务公开工作。尤其是 2003 年的“非典”时期，信息公开在政府公共危机管理中的重要意义得到社会各界的高度重视和普遍认可。2008 年 5 月 1 日，《中华人民共和国政府信息公开条例》正式实施，标志着我国政府的政务公开工作进入法治化、常态化的轨道。2013 年，中共十八届三中全会将推进政务公开作为国家治理体系和治理能力现代化的重要组成部分。2016 年，中共中央办公厅、国务院办公厅印发的《关于全面推进政务公开工作的意见》指出，公开透明是法治政府的基本特征，全面推进政务公开，要坚持以公开为常态、不公开为例外，推进行政决策公开、执行公开、管理公开、服务公开和结果公开。在“互联网 +”的新时代背景下，政务微服务、政务微公开成为政府网上信息公开的新形式，将各级政府部门的政务公开工作推向一个新的阶段。2017 年底，中共中央印发《中国共产党党务公开条例（试行）》，将信息公开从政府行政部门扩展到党务部门，促进了信息公开在公共部门的全覆盖，彰显了党中央推进政务公开、强化权力监督的坚强决心和战略定力。

为贯彻落实党中央、国务院加强政务公开工作的战略方针。从 2008 年起，河南省政府相继出台了《河南省政府信息公开指南编制规范》《河南省政府信息公开目录编制规范》《河南省政府信息公开保密审查制度》《河南省依申请公开政府信息工作制度》《河南省政府信息公开新闻发布会管理制度》《河南省关于违反政府信息公开规定行为责任追究制度》《中共河南省委办公厅河南省人民政府办公厅关于全面推进政务公开工作的实施意见》等一系列规章制度，全省各级地方政府信息公开工作全面铺开并进入常态化、全方位的实施阶段。

从2008年算起，河南省各级政府开展政务公开工作已经整整十个年头。在十年的探索性实践中，有些地方政府部门做得较好，而有些地方政府部门则做得不够到位，但是由于没有统一的量化指标和排名，做得好的政府部门不知道自己做得好，做得不好的政府部门还不知道自己与先进地区的差距以及差距多大。这样的局面造成各级、各地政府部门在政务公开工作中的“故步自封”，无法形成相互比较、相互学习、后进追赶先进的蓬勃发展势头。基于此，本报告延续2015年、2016年的评估指标体系，将评估对象从县级政府扩展到地市级政府，以市、县级政府门户网站的政府信息公开专栏为评估内容，对2017年全省市、县级政府部门的网上政务公开情况进行全面的评估。依据此次评估结果，各级、各地政府部门可以看到自身政务公开工作在全省的位置，起到找差距、补短板、后进赶先进的作用。

二　指标体系的构建

（一）指标设置的基本原则

1. 结果导向

目前，国内为数不多的有关政府政务公开的评估指标，不仅考虑到实际的公开结果，而且将相关机构对政务公开的组织实施以及领导人的主观认识都纳入了评估指标体系之中，而且这一部分所占分值还不算低，有的指标体系中该部分的比重甚至占到30%左右。本次评估坚持结果导向，不问参评政府部门的主要领导人对政府政务公开工作有多重视，也不管参评政府部门在政府政务公开的组织实施方面有多严密，我们只看政府门户网站中政府政务公开的实际状况。

2. 公众视角

政府政务公开的根本目的在于方便社会大众对政府行为的了解和监督。基于此，衡量政府网上政务公开质量高低的一个重要标准就是是否有利于社会大众对政府行为的认识和监督。所以，本次评估坚持公众视角的原则，从公众政务需求的强烈性以及获得政务信息的方便性、及时性、实用性上，设计各项指标及其权重。比如，目前很多政府领导人最害怕公布自己的照片，生怕被人民群众看到自己昂贵的“首饰”或者不恰当的举动，那我们的指标体系中就专门设计一个指标——领导简介中是否有照片。还比如，由于公众最关心政府部门的“三公经费”支出，我们的指标体系对这一方面的政务公开就赋予了更高的权重。

3. 政策为本

在现行的行政管理体制之下，地方政府的行为绝大多数都是“奉命行事”。河南省各级政府的网上政务公开工作，都是以国务院和省政府的相关政策规定为依据而展开的。那么，相关政策文件规定的标准也是本次评估指标体系设计的重要依据。比如河南省政府办公厅于2013年印发的《关于贯彻落实国办发〔2013〕73号文件精神做好政府信息公开重点工作的通知》以及《河南省2017年政务公开工作要点任务分解表》（豫政办明电〔2017〕69号），对各级政府政务公开的重点领域和重点工作都做出了明确的规定，这些政策成为评估指标体系设计的重要依据。

（二）评估指标体系

在上述三个原则的指导下，课题组将评估指标体系分为主动公开、政策解读、申请公开三个一级指标，分别赋值为80分、10分和10分。一级指标下面又分出众多二级指标及其相对应的三级指标，不同指标的权重又根据其对群众实际意义的大小和上级政府的重视程度而赋予不同的分值。在评分细则部分，对各三级指标的具体评分要求做出了详细的规定，具有较强的可操作性，细化到每条信息上，力求精确与客观，有效地减少了评分过程中评分者主观因素对评分结果的干扰。

表1　河南106县（市）政府网上政务公开评估指标体系

一级指标	二级指标	三级指标	评分细则
主动公开(80)	领导简介(5)	简历(2)	详细生平介绍2分,简略得1分,无0分
		分工(1)	有职责分工1分,无0分
		照片(2)	有2分,无0分
	专栏建设(5)	目录(3)	有3分,无0分
		指南(1)	有1分,无0分
		索引号(1)	有1分,无0分
	预算决算(6)	数量(3)	1年1分,2年2分,超过3年3分
		及时(3)	在4月1日之前公开,每个得1分,最多3分
	三公经费(12)	数量(6)	3条以下1分,每增3个加1分,最多6分
		详细(6)	部门公开3条以下1分,每多3个加1分
	行政收费(12)	全面(8)	1个条目1分,最多8分
		及时(4)	2017年公开的项目每个得2分,最多4分
	行政审批(10)	全面(6)	3条以下1分,每增3个加1分,最多6分
		及时(4)	2017年公开的项目每个得2分,最多4分
	征地拆迁(10)	全面(4)	1条1分,最多4分
		及时(3)	2016年、2017年发布的,每条1分,最多3分
		详细(3)	有补偿标准的,1条1分,最多3分
	教育公开(10)	全面(4)	3条以下1分,每增3个加1分,最多6分
		及时(3)	2017年的信息,1条1分
		详细(3)	学校列表或收费方面的信息,每条1分
	计划规划(10)	规范(3)	背景、目的、措施1项1分
		全面(4)	5个以下1分,每增加3个1分,最多5分
		详细(3)	专项规划1个1分,最多5分
政策解读(10)	政策解读(6)	全面(2)	5条以下1分,每增加5条再得1分
		及时(2)	2017年的解读,1条1分
		详细(1)	针对本县的政策解读,1条1分
		规范(1)	有政策文本的解释和说明得1分,否则0分
	政民互动(4)	渠道(2)	3条以上得1分,每增加3条再1分
		回应(2)	有效回复,1个1分,最多2分
申请公开(10)	申请指南(5)	规范性(5)	咨询电话2分,监督电话2分,通讯地址1分
	申请渠道(5)	全面性(5)	一个渠道2分,最多5分

三 评估过程及结果分析

（一）调查过程

本次评估工作的时间在2017年10月10日至11月10日，课题组6名学生依据评估指标体系，打开全省106个县级政府（包含县级市）、18个省辖市政府门户网站中的“政府信息公开”栏目进行评分。[①] 为了确保评分尺度的基本一致，本次评估采取每人负责两个二级指标的做法，而不是一个人将一个参评对象进行“全包”的做法，这样做的好处是保证同一指标的评分标准的一致性和稳定性，但是也大大增加了研究人员的工作量。尽管如此，课题组成员都尽心尽力，按时完成了评分任务。

（二）县级政府网上政务公开结果分析

1. 全省106县（市）政府网站政务公开平均得分为63. 3分，首次突破及格线

调查结果显示，2017年，河南省106县（市）政府门户网站政务公开的平均得分为63. 3分，2015年、2016年的平均得分分别是51. 5分和57. 1分，2017年的平均得分首次突破及格线。全省106个县（市）政府，2017年网上政务公开得分最高的是柘城县，为87分，得分最低的是商水县，为29分，两者相差58分。得分前五名的县（市）依次是柘城县、巩义市、沁阳市、舞钢市、许昌县和内乡县，得分后五名的县（市）依次是杞县、宝丰县、温县、虞城县和商水县（具体排名见附表1）。从图1可以看出，得分在及格线及以上的县（市）占多数（具体比例是65%），不及格的占少数，数据呈现整体偏右的负偏态分布。

2. 三公经费公开的得分率最低

如图2所示，公开内容不同，公开的程度也不同。2017年，河南省106

---

① 负责评分任务的课题组成员是河南大学哲学与公共管理学院2016级本科生：申佳丽、陈露、付凤娇、符彩玲、冯文静、姬葱葱，在此向她们的辛勤工作表示感谢。

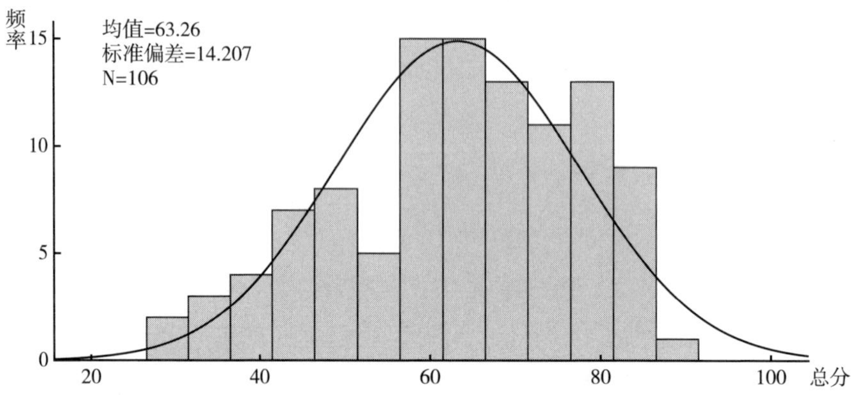

图1　2017 年河南省 106 县（市）网上政务公开得分

县（市）政府网上政务公开得分率最高的是计划规划，为 90%，其次是专栏建设，为 86.42%，得分率最低的是三公经费，只有 39.23%。结果表明，河南省县（市）级政府网上政务公开的基本框架（政务公开专栏建设）已经较为完备，但大多数内容的公开都只停留在及格线以上的水平，仍然有较大的提升空间。而三公经费的公开一直是各级政府政务公开的薄弱点和短板，需要加大公开力度来补齐这个短板。

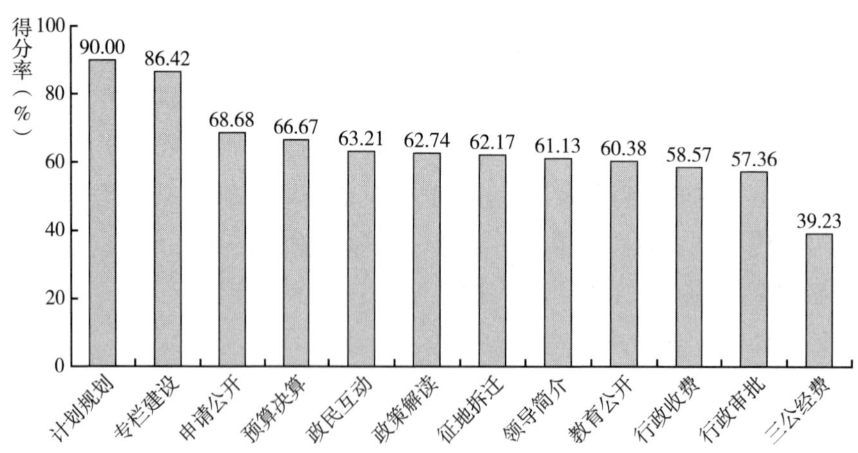

图2　2017 年河南省 106 县（市）政府网上政务公开各项目得分率比较

3. 政务公开的数量和规范性较好，但及时性和详细性较差

政府政务公开水平的高低，可以从数量、及时性、详细性和规范性四个向度去衡量。2017 年的评估结果显示，河南省 106 县（市）政府网上政务公开数量的得分率最高，达到 68. 33%，其次是规范性，得分率为 63. 42%。得分率偏低的是及时性（59. 48%）和详细性（47. 82%）。在及时性方面，部分县（市）政府网上公开的信息陈旧，比如财政预决算报告，没有在当年地方人代会之后及时地给予更新。在详细性方面，部分县（市）政府在门户网站公开的政务信息过于笼统和粗略。

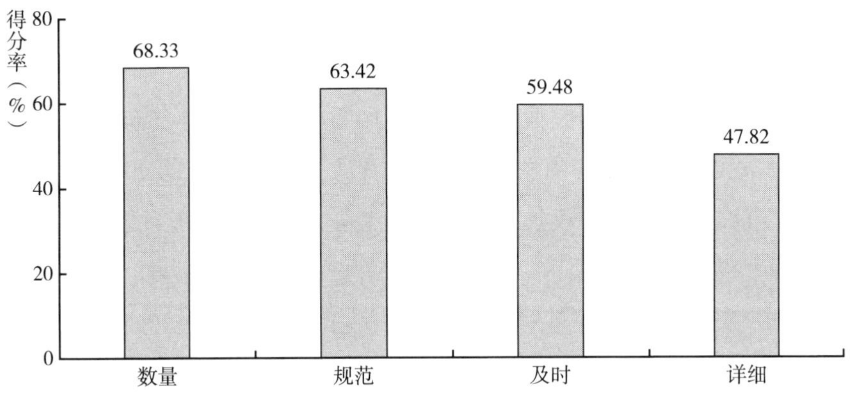

图 3　2017 年河南省 106 县（市）政府网上政务公开各向度得分率比较

4. 原因分析

为什么同在一个省级政府辖区之内，各县（市）级政府网上政务公开的水平会存在那么大的差异？如果说县（市）级政府实施网上政务公开工作需要一定的财政投入的话，那么，一个县（市）的公共财政实力会在一定程度上影响政府网上信息公开的水平。因此我们假定县域人均公共财政收入对该县的政务公开得分产生正向影响，即人均公共财政收入越高的县（市），网上政务公开的得分也越高，反之，人均公共财政收入越低的县（市），网上政务公开的得分也会越低。

从需求角度讲，公众对通过网络获取相关公共信息的需求越强烈，政府推行网上政务公开的社会压力将会越强，从而会提高门户网站政务公开的质

量和水平。与农村相比，城镇居民更有能力也更有意愿通过政府门户网站获取相关政务信息。基于此我们假定，城镇化率越高的县（市），政府网上政务公开得分则可能越高，反之，城镇化率越低的县（市），政府网上政务公开的得分则可能会越低。

此外，在自上而下推进政府政务公开的行政实践中，县（市）级政府的网上政务公开行为，不仅受到国务院和省政府的宏观政策的约束，而且受到地市级政府的直接微观约束。因此，我们假定，如果地市级政府领导层重视政务公开工作，那么，辖区内所有县（市）级政府的网上政务公开得分将会普遍较高，反之，如果地级市政府领导不太重视政务公开工作，那么辖区内的县（市）级政府网上政务公开得分则会普遍较低。

为了检验上述三个研究假设，我们利用 2017 年 106 县（市）网上政务公开得分数据以及从《河南统计年鉴（2017）》中查找到的 2016 年河南省 106 县（市）一般公共财政收入、年末常住人口、城镇化率等数据，进行协方差分析。结果如表 2 所示，如果以 0.05 作为显著度的标准，人均公共财政收入和地级市两个自变量对县（市）级政务网上政务公开得分具有显著的影响，城镇化率的影响则不具有统计显著性。因此，我们的结论是影响县级政府网上政务公开质量的主要因素是县级公共财政收入状况和所属地级市政府的领导。

表 2　106 县（市）政府网上政务公开得分的协方差分析

来源	Ⅲ型平方和	自由度	均方	F	Sig.
校正模型	7631.007	19	401.632	2.552	0.002
截距	3565.114	1	3565.114	22.655	0.00
人均公共财政收入	1086.97	1	1086.97	6.907	0.010
城镇化率	92.28472	1	92.28472	0.586	0.446
地级市	5734.317	17	337.3128	2.144	0.012
误差	13533.22	86	157.363		
总计	444402	106			
校正的总计	21164.23	105			

（三）省辖市政府网上政务公开结果分析

1. 全省18省辖市网上政务公开平均得分为80.2分，高出县级政府近17分

根据相同的评估指标体系，对全省 18 个省辖市政府网上政务公开的评估结果显示，2017 年，全省 18 省辖市网上政务公开平均得分为 80.2 分，比县（市）级政府网上政务公开的平均得分高出 16.9 分（具体排名见附表 2）。结果表明，省辖市政府门户网站的政务公开工作做得明显比县（市）级政府要好。但是，18 个省辖市之间也存在明显的差异性，得分最高的是郑州市，为 98 分，得分最低的是三门峡市，只有 58 分，两者相差 40 分。从图 4 可以看出，全省 18 个省辖市政府网上政务公开得分的分布并不是一个正态分布，而是整体向右偏，得分在 75 分以上的省辖市占大多数。

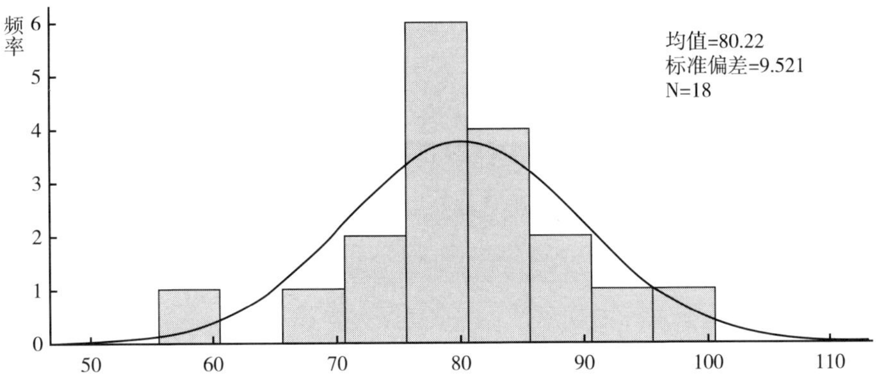

图 4　2017 年河南省省辖市政府网上政务公开得分

2. 与民众日常权益越密切的事项，政务公开的得分越低

如图 5 所示，2017 年，河南省 18 省辖市政府网上政务公开各项目的得分率呈现出阶梯状分布特征，得分率最高的是领导简介，为 100%，其次是政民互动，得分率为 98.61%，第三是计划规划，得分率为 96.67%。此后的政务公开类型，得分率依此下降，得分率最低的是三公经费，为 64.35%，这与县（市）级政府的评估结果是一致的。得分率次低的是征地拆迁，为 66.11%。三公经费、征地拆迁、教育公开和行政收费等得分率偏

低的项目，恰恰与老百姓的日常权益关系最直接、最紧密，公开的压力相比其他类型的公开项目而言可能更大，因而得分率相对较低。

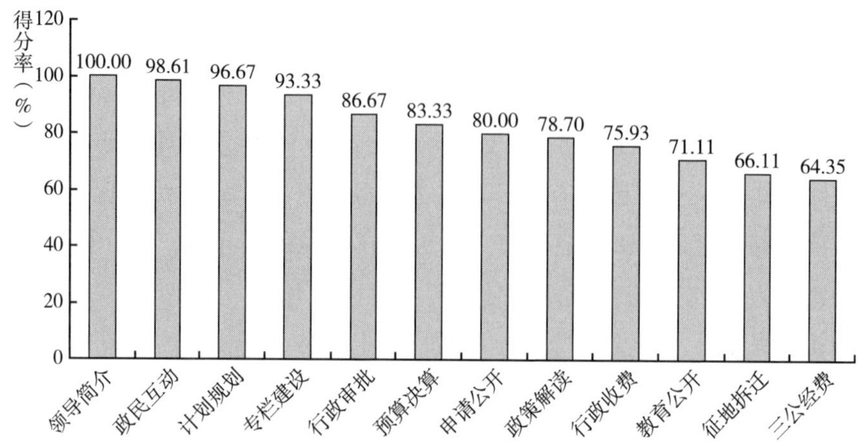

图5　2017 年河南省 18 省辖市政府网上政务公开各项目得分率比较

3. 政务公开的数量较多，但详细性有待提高

如图 6 所示，与县（市）级政府相同，省辖市政务网上政务公开的信息数量方面是做得最好的，得分率为 86. 11%。及时性和规范性居中，得分率在 74% 左右。相对而言，得分率最低的是公开信息的详细性，为 64. 24%。

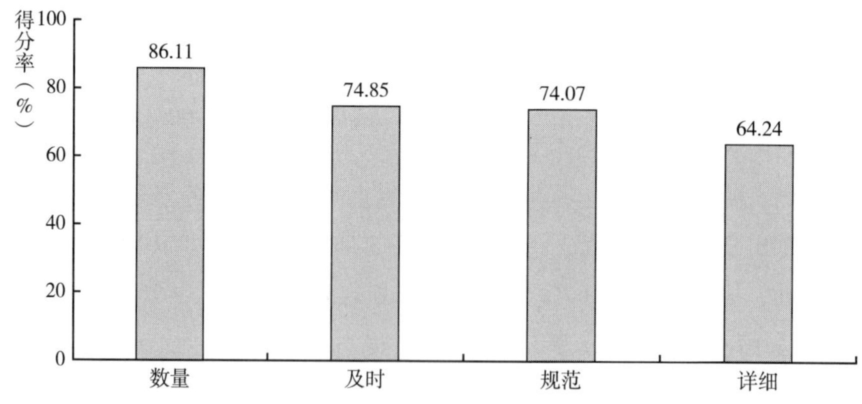

图6　2017 年河南省 18 省辖市政府网上政务公开各向度得分率比较

4. 原因分析

依据前述有关县（市）级政府网上政务公开得分影响因素的分析思路，选取人均财政收入、城镇化率作为自变量对 18 个省辖市政府网上政务公开得分做协方差分析。结果如表 3 所示，城镇化率和人均财政收入对于省辖市政府的网上政务公开行为都没有显著的影响。这表明，作为供给侧的财政收入因素和作为需求侧的城镇化率因素都不是影响省辖市政府网上政务公开质量的主要原因。

表 3　18 省辖市政府网上政务公开得分的协方差分析

来源	Ⅲ型平方和	df	均方	F	Sig.
校正模型	265.615 *	2	132.807	1.562	0.242
截距	1278.104	1	1278.104	15.031	0.001
城镇化率	7.498	1	7.498	0.088	0.771
人均财政收入	5.790	1	5.790	0.068	0.798
误差	1275.497	15	85.033		
总计	117382.000	18			
校正的总计	1541.111	17			

* $R^2 = 0.172$（调整 $R^2 = 0.062$）

四　不足与改进建议

（一）存在的不足

对比前述评估指标体系，河南省县、市两级政府网上政务公开工作还存在如下几点不足之处需要加以改进。

1. 政务公开缺乏统一的规范和标准

评估过程中发现，同一个省内不同的省辖市政府，同一个省辖市内不同的县级政府，网上政务公开的目录存在很大差异，有的政府是严格按照河南省政府推进重点领域信息公开的几大领域而设计的，有的政府又不是严格按照省政府的目录而设计。即使严格按照省政府指定的几个重点领域而设，各板块出现的先后顺序也非常不一样。在信息的呈现方式上，有的政府是只给一个链接，有的政府却是在网页上显示。不仅形式上千差万别、五花八门，在公开内容方面也是存在很大的差异性，比如最基本的年度预决算报告、年度政府工作报告，各地、各级政府的公开也不一样。在三公经费方面的公开，更是没有统一的程式和标准，随意性很强，让阅读者无法在同类政府之间进行比较。

2. 政务公开的深度有待加强

评估结果表明，2017 年，河南省县（市）级政府网上政务公开工作比 2015 年和 2016 年都有明显的进步，平均得分首次突破及格线，省辖市政府网上政务公开的平均得分已经达到 80 分以上。在看到这些成绩的背后，我们也应该看到，河南省县市级政府网上政务公开得分升高的重要原因在于广度方面，而在政务公开的深度方面还有诸多不足和欠缺。首先，政务公开的时效性不强，信息陈旧，更新不及时，信息的价值密度低。其次，公开的信息以正面信息为主，而有关存在问题的信息则少之又少，比如行政处罚方面的信息，河南省绝大多数县市级政府在信息公开中根本就没有设置这一项，最终将政务公开工作异化为唱赞歌的遮丑行为，违背了通过政务公开接受社会监督的原初目的。最后，公开的信息详细性不够，多数县市级政府在政务公开工作表现出“重宏观、轻微观”的特点，政策解读、计划规划铺天盖地，而征地拆迁、三公经费则语焉不详。甚至有许多政府部门网站上连联系电话和办公地址都找不到。

3. 政民互动渠道少且不畅通

政府网上信息公开不仅仅是单向的信息发布，而且以网络为中介还可以进行政府与人民群众的双向互动，这也是政府信息公开工作的重要组成部分。比如新郑市政府网站，设置了多种政民互动的渠道，不仅有市长信箱和部门信箱，还有网上信访和民意征集。对于诸如居民通过网络反映的“关于炎黄广场噪音扰民”的投诉，新郑市政府相关部门给予了及时解决。洛阳市政府将市长热线扩展为“110”联动，下属各县级政府也设置了相应的

“110”联动中心，及时回应公众的诉求。但是，与此形成鲜明对比的是，个别县市政府门户网站根本没有设置“政民互动”的栏目，有些设置了但是根本打不开，反映的问题如石沉大海，没有任何回应。

4. 政务公开的功能没有得到充分发挥

河南省县市级政府网上政务公开工作虽然取得了不小的成绩，但是这更多地体现在政务公开的形式上。如果回到政务公开工作的原初目的和实质意义，我们不难发现，河南省县市级政府网上政务公开的实质性功能没有充分发挥出来，很多地方政府只是被动地执行中央和省政府下达的政务公开指令，为了公开而公开，没有将推进政务公开和转变地方政府的工作作风、强化地方政府的服务功能、提升地方政府的治理能力、优化地方治理体系融合起来。正是基于此，很多地方政府的领导人认识不到政务公开的重要性，政务公开工作的人员配置、岗位设置、资金分配等都明显不足。

（二）改进建议

针对前述的问题，我们提出如下改进建议，供相关部门参考。

1. 加强全省各级政府网上政务公开工作的标准化建设

2017 年 5 月，国务院办公厅印发的《开展基层政务公开标准化规范化试点工作方案》指出：基于政务公开的基本要求，探索建立全国统一的政务公开标准体系，并根据实际情况定期调整和更新，推进政务公开与政务服务标准化有机融合。河南省各级地方政府应该以此文件为指导，大力推进全省各级政府政务公开的标准化建设工作，分别针对县（市）级政府、省辖市政府制定统一的公开事项清单、公开事项的公开标准、政务公开的工作流程、政务公开的方式等，让群众看得到、听得懂、易获取、能监督、好参与。

2. 推进各级政府网上政务公开的深入发展

将政务公开工作上升到转变政府职能、推进政府自我革命的高度上来抓，推进全面的政务公开，以门户网站为依托，全面推进决策公开、执行公开、管理公开、服务公开和结果公开，依法依规明确政务公开的主体、内容、标准、方式、程序，最终实现以公开促落实、以公开促规范、以公开促服务，推动政府简政放权、转变职能，着力打造法治政府、创新政府、廉洁政府和服务型政府。全面推行权力清单、责任清单、负面清单公开制度，实现政府权力公开透明运行，公开范围覆盖权力运行全流程、政务服务全过程。为了将政务公开推向深入，需要强化考核和监督督查工作，构建上级政府、人大政协和社会力量三位一体的监督督查机制。

3. 以政务公开推进政务数据融合

如果将各级、各地政府的政务信息融合起来，就是一个政务大数据，利用它可以使政府变得更聪明、更智慧。但是，目前的政务信息公开只是简单的部门信息的简单汇集，没有形成大数据。因此，河南省今后政务公开的推进，应该将政务公开和政务大数据建设结合起来，按照国务院促进大数据发展的有关部署要求，全面加强对河南省政务服务网信息资源的共享管理，建立全省统一的政府信息资源管理服务系统，建立政府部门和事业单位等公共机构数据资源清单，建立政务信息资源共享、开放制度，逐步整合构建统一的数据共享平台，加快推动跨部门、跨层级、跨区域、跨行业涉及公共服务事项和协同管理事项的信息互通共享、校验核对。搭建全省统一规范的数据开放平台，制订公共机构数据开放计划，规范数据开放的目录、格式、标准和程序。

4. 积极尝试政务微公开

在“互联网+”的新时代背景下，政府除了门户网站之外，微博和微信也逐渐成为政府信息发布的重要平台。本次评估的主要是门户网站上的政务公开，而很多地区的政府部门已开始越来越多地利用微博、微信发布政务信息，推进政务微公开。2017 年，在 24 个河南省政府组成部门中，既有政务微博又有政务微信的部门只有 5 个，即省工业和信息化委员会、省教育厅、省环保厅、省国土资源厅和省监察厅。因此，在推进政务微公开方面，河南省仍然有很大的发展空间，省政府及各职能部门应该先行先试，各基层政府要大胆尝试，方便社会大众获取政务信息，打造服务型政府。

参考文献

余凌云主编《开放政府的中国实践——〈政府信息公开条例〉实施的问题与出路》，清华大学出版社，2016。

王敬波：《政府信息公开：国际视野与中国发展》，法律出版社，2016。

吕艳滨、Megan Patricia Carter：《中欧政府信息公开公开制度比较研究》，法律出版社，2008。

段尧清、汪银霞：《政府信息公开制度研究》，高度教育出版社，2014。

李洋、刘行：《行政机关信息公开：败诉案例判解研究》，中国法制出版社，2016。

附表1　2017年河南省106县（市）门户网站政务公开得分排名

<table>
<tr><th>县(市)</th><th>得分</th><th>排名</th><th>县(市)</th><th>得分</th><th>排名</th><th>县(市)</th><th>得分</th><th>排名</th></tr>
<tr><td>柘　城</td><td>87</td><td>1</td><td>泌　阳</td><td>71</td><td>35</td><td>鲁　山</td><td>58</td><td rowspan="3">73</td></tr>
<tr><td>巩　义</td><td>86</td><td rowspan="2">2</td><td>汝　州</td><td>69</td><td rowspan="3">38</td><td>禹　州</td><td>58</td></tr>
<tr><td>沁　阳</td><td>86</td><td>正　阳</td><td>69</td><td>项　城</td><td>58</td></tr>
<tr><td>舞　钢</td><td>84</td><td>4</td><td>新　蔡</td><td>69</td><td>郏　县</td><td>57</td><td rowspan="2">76</td></tr>
<tr><td>许　昌</td><td>83</td><td rowspan="2">5</td><td>商　城</td><td>68</td><td rowspan="3">41</td><td>义　马</td><td>57</td></tr>
<tr><td>内　乡</td><td>83</td><td>郸　城</td><td>68</td><td>尉　氏</td><td>56</td><td rowspan="3">78</td></tr>
<tr><td>荥　阳</td><td>82</td><td rowspan="4">7</td><td>平　舆</td><td>68</td><td>孟　州</td><td>56</td></tr>
<tr><td>淇　县</td><td>82</td><td>洛　宁</td><td>67</td><td rowspan="4">44</td><td>睢　县</td><td>56</td></tr>
<tr><td>桐　柏</td><td>82</td><td>南　乐</td><td>67</td><td>淅　川</td><td>53</td><td>81</td></tr>
<tr><td>淮　滨</td><td>82</td><td>鄢　陵</td><td>67</td><td>遂　平</td><td>52</td><td>82</td></tr>
<tr><td>中　牟</td><td>81</td><td rowspan="4">11</td><td>卢　氏</td><td>67</td><td>辉　市</td><td>51</td><td>83</td></tr>
<tr><td>登　封</td><td>81</td><td>浚　县</td><td>66</td><td rowspan="3">48</td><td>延　津</td><td>50</td><td rowspan="5">84</td></tr>
<tr><td>林　州</td><td>81</td><td>息　县</td><td>66</td><td>卫　辉</td><td>50</td></tr>
<tr><td>长　葛</td><td>81</td><td>汝　南</td><td>66</td><td>灵　宝</td><td>50</td></tr>
<tr><td>栾　川</td><td>80</td><td rowspan="2">15</td><td>新密市</td><td>65</td><td rowspan="2">51</td><td>西　华</td><td>50</td></tr>
<tr><td>新　乡</td><td>80</td><td>安　阳</td><td>65</td><td>确　山</td><td>50</td></tr>
<tr><td>新　安</td><td>79</td><td>17</td><td>社　旗</td><td>64</td><td>53</td><td>宁　陵</td><td>48</td><td>89</td></tr>
</table>

续表

县(市)	得分	排名	县(市)	得分	排名	县(市)	得分	排名
嵩县	78	18	兰考	62	54	扶沟	47	90
滑县	78		汝阳	62		临颍	46	91
长垣	78		伊川	62		通许	45	92
襄城	78		叶县	62		西峡	45	
孟津	77	22	修武	62		原阳	44	94
偃师	77		清丰	62		淮阳	44	
固始	76	24	渑池	62		太康	43	96
汤阴	75	25	潢川	62		宜阳	42	97
范县	75		西平	62		武陟	40	98
濮阳	75		内黄	61	63	新野	40	
博爱	74	28	封丘	61		沈丘	38	100
舞阳	74		南召	61		民权	37	101
永城	74		唐河	61		杞县	36	102
光山	73	31	罗山	61		宝丰	35	103
上蔡	73		获嘉	60	68	温县	32	104
郑州	72	33	新县	60		虞城	30	105
鹿邑	72		新郑	59	70	商水	29	106
台前	71	35	方城	59				
夏邑	71		镇平	59				

附表 2　2017 年河南省 18 省辖市政府门户网站政务公开得分排名

省辖市	得分	排名	省辖市	得分	排名
郑州	98	1	新乡	79	10
许昌	94	2	漯河	78	11
南阳	90	3	信阳	78	
驻马店	87	4	济源	77	13
开封	85	5	平顶山	76	14
洛阳	85		安阳	75	15
焦作	84	7	商丘	72	16
鹤壁	82	8	周口	66	17
濮阳	80	9	三门峡	58	18

B.3

2017年河南省食品安全问题研究报告

陈 安*

摘 要： 国以民为本，民以食为天。食品安全关系到千家万户，关系到社会稳定和国家的长治久安。我国自20世纪80年代开始就在食品安全建设方面做了诸多探索和实践，随着时代的发展，食品安全问题越来越具有复杂性和艰巨性，在食品安全形势总体向好的背景下，新的问题不断出现。本文以2017年度河南省食品安全为研究对象，通过调查统计，搜集资料，发现本年度河南省食品安全趋向良好。结合现实生活中的网络订餐，食品谣言，以及河南省正在全省范围开展的“互联网+明厨亮灶”建设，分析了目前河南省食品安全方面面临的新问题，并提出政策建议。

关键词： 食品安全 监督管理 网络订餐 明厨亮灶

一 背景意义

健康是国民幸福生活的基本要求，没有全民健康，就没有全面小康。而食品安全是国民健康的基础。随着国家经济持续发展，人们生活水平提高，消费者对食品的安全性提出更高要求。让百姓吃得放心，吃得安全是对政府

* 陈安，中国科学院科技战略咨询研究院研究员，博士生导师，主要研究方向为风险与应急评价。

执政能力的考验，也是和谐社会建设的应有之义。党的十八大以来，党中央对食品药品监管工作高度重视，食品安全监管力量得到加强，食品安全形势稳定向好。相比前几年发生的“瘦肉精”事件、三鹿奶粉事件、染色馒头事件等一系列影响极其恶劣的食品安全事件，近两年类似重大食品安全事件的数量明显减少，食品安全监管取得一定成效。然而目前我国食品行业依然存在一些侵犯消费者权益，威胁消费者生命健康安全的不良现象。坚持以最严谨的标准、最严格的监管、最严厉的处罚、最严肃的问责，切实提高食品安全监管水平和能力，确保人民群众“舌尖上的安全”仍然是党和政府未来工作重点。特别是党的十九大召开后，新时期社会主要矛盾已发生变化，食品安全建设面临着新的局面。应对新挑战，把握新形势，才能保障食品安全持续健康发展，促进社会和谐稳定，人民生活幸福。

二　现状分析

（一）总体情况

河南省作为中原人口大省，截至 2016 年底，全省总人口 10788.14 万，常住人口 9532.42 万，位居全国第三。庞大的人口带来巨大的生产总值和消费需求。2016 年全年全省实现地区生产总值 40160.01 亿元，比上年增长 8.1%。社会消费品零售总额 17618.35 亿元，其中，批发业 1898.79 亿元，零售业 13259.08 亿元，餐饮业 2320.78 亿元。在限额以上批发和零售业商品零售额中，粮油食品类比上年增长 14.4%，饮料类增长 12.5%，烟酒类增长 12.1%。

食品监管方面，河南省 2016 年全年共立案查处食品违法案件 11365 起，其中，公安系统立案侦办危害食品安全刑事案件 837 起，抓获犯罪嫌疑人 791 人，捣毁各类假劣食品窝点 905 处，涉案总价值近 3700 万元。2017 年 1～5 月，全省各级食药监部门共查处一般程序违法案件 7078 起，罚没金额 5065.4 万元，捣毁制假售假窝点 22 个，吊销许可证 6 件，移送公安机关

122起。向工商行政管理部门移送违法广告1014条，省食品药品监管局公告严重违法广告2期，在全省范围内暂停销售产品1个。正是在有力的监管下，2017年河南全省、全年未发生重大食品安全事故和系统性、区域性风险，食品安全态势稳定向好。

（二）食品安全监督抽检结果

根据河南省食药监局数据，截至2017年10月，全省前三季度共抽检了32大类64867批次食品样品，检验项目合格的样品63429批次，不合格样品1438批次，样品总体合格率为97.78%，且食品抽检合格率逐渐提升。其中，粮食加工品、冷冻饮品及速冻食品、乳制品、水产制品、保健食品等大宗日常消费品的样品合格率高于平均水平。如表1、表2、图1所示。

表1　河南省前三季度食品样品监督抽检结果统计

季度	抽检总批次	合格批次	不合格批次	合格率(%)
第一季度	23179	22624	555	97.60
第二季度	21858	21372	486	97.80
第三季度	19830	19433	397	98.00
合计	64867	63429	1438	97.78

表2　2017年前三季度各类食品监督抽检结果汇总

序号	食品种类	样品抽检批次	不合格样品批次	合格率(%)
1	粮食加工品	4660	23	99.50
2	食用油、油脂及其制品	2266	17	99.25
3	调味品	3416	101	97.04
4	肉制品	2117	37	98.25
5	乳制品	791	0	100.00
6	饮料	5268	195	95.30
7	方便食品	2603	117	95.51
8	饼干	722	6	99.17
9	罐头	589	23	96.10
10	冷冻饮品	202	17	91.58

续表

序号	食品种类	样品抽检批次	不合格样品批次	合格率(%)
11	速冻食品	1272	5	99.61
12	薯类和膨化食品	1125	17	98.49
13	糖果制品	850	12	98.59
14	茶叶及相关制品	461	0	100.00
15	酒类	3144	34	98.92
16	蔬菜制品	1520	40	97.37
17	水果制品	729	23	96.85
18	炒货食品及坚果制品	1083	64	94.09
19	蛋制品	280	5	98.21
20	可可及焙烤咖啡产品	17	0	100.00
21	食糖	260	3	98.85
22	水产制品	268	2	99.25
23	淀粉及淀粉制品	1410	96	93.19
24	糕点	5320	150	97.18
25	豆制品	1406	5	99.64
26	蜂产品	460	18	96.09
27	特殊膳食食品	78	1	98.72
28	婴幼儿配方食品	61	0	100.00
29	餐饮食品	6848	212	96.90
30	食品添加剂	426	0	100.00
31	食用农产品	14104	214	98.48
32	保健食品	1096	1	99.90
合计		64852	1438	97.78

注：由于每一季度抽检产品种类略有不同，故表2样品抽检批次合计与表1数据略有不同。

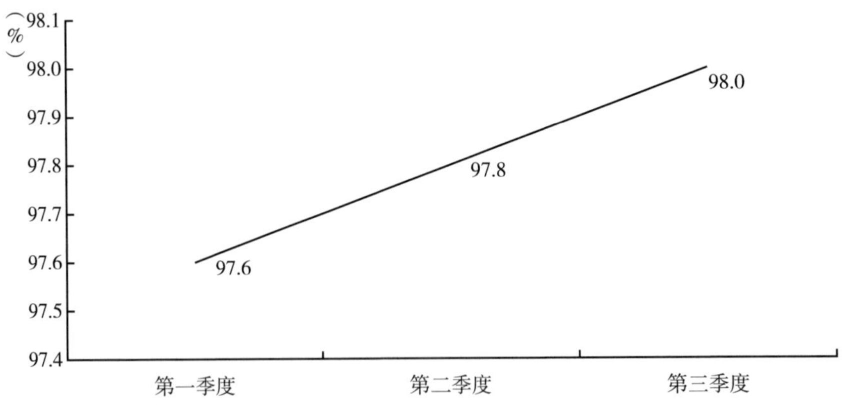

图1　2017年前三季度食品样品抽检合格率折线

抽检发现的主要问题有：一是食品中微生物污染问题，占不合格总数的28.97%；二是食品中超范围、超限量使用食品添加剂问题，占不合格总数的35.10%；三是质量指标不符合标准问题，占不合格总数的12.33%；四是农药残留超标问题，占不合格总数的6.23%；五是兽药残留超标和检出禁用兽药问题，占不合格总数的8.42%；六是食品中重金属等元素污染问题，占不合格总数的2.84%；七是其他污染物超标问题，占不合格总数的3.71%；八是食品中检出非食用物质问题，占不合格总数的1.63%；九是标签标识问题，占不合格总数的0.38%，如图2所示。

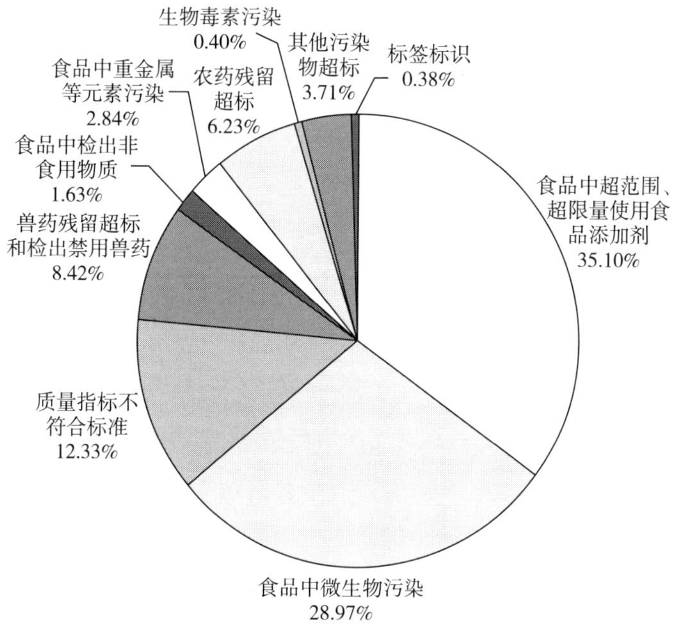

图2　抽检发现的主要问题

三　新时代食品安全建设面临的问题及分析

2017年，党的第十九次全国代表大会在京召开，会议指出，经过长期努力，中国特色社会主义进入了新时代，这是我国发展新的历史方位。我国社会主要矛盾已经转化为人民日益增长的美好生活需要和不平衡不充分的发展之间的矛盾。过去的五年时间，全面深化改革取得重大突破，我国经济建设、民主法治建设、思想文化建设、生态文明建设都取得重大进展及成就，人民生活不断改善，对未来的美好幸福生活有了更多期待，而发展不平衡不充分的矛盾也进一步暴露出来。新时代的食品安全建设面临着一些新的问题和挑战。

（一）网络订餐兴起，外卖食品安全成焦点

随着我国经济社会的飞速发展，新兴事物层出不穷。互联网的普及、新兴技术的衍生使人们越来越离不开网络，从单纯的网上搜索、收发邮件、网络视频到网上购物、网络订餐，线上线下的商业行为逐渐统一起来，形成了“互联网+”的新型商业模式。外卖即通过智能手机、互联网等途径在线订餐，并由配送人员将餐食送到人们手中，已成为现代人们生活中常见的消费方式。有数据显示，中国在线餐饮市场从2011年以来一直保持高速增长，2016年市场规模达到1662.4亿元，2017年预计将达到2045.6亿元，市场规模将趋向稳定。互联网外卖应用软件的用户规模在2016年12月达到20856万，半年增长率为41.6%，成为互联网用户规模增长最快的应用。截至2017年6月，外卖订餐平台用户规模已达到29534万。从市场格局来看，饿了么、美团外卖、百度外卖三家占有绝对的市场优势。三者虽然在用户地域分布上略有不同，但是在用户渗透率上，河南省均排在三大平台用户渗透率前十的榜单中。仅郑州市入驻美团外卖、百度外卖、饿了么三大网络订餐平台的餐饮门店就将近2万家。据初步统计，河南省重点餐饮企业“上线率”达到80%以上，餐饮业线上销售额约占全部销售额的10%以上。引导餐饮业转型发展，加快其信息化、网络化、标准化、集约化已成为河南省商务部门的发展目标。

然而在外卖行业市场份额与用户规模大幅度增长的背后，食品安全问题频发、用户门槛低、平台审核难已成为我国外卖行业的痛点。2016年央视“3·15”晚会曝光网络订餐店铺无证经营，卫生不合标准，没有消毒设施，

从业人员没有健康许可证等行为，“黑外卖”问题浮出水面。原本为人们带来便捷享受的外卖服务，俨然成为黑心作坊的庇护所，对消费者的健康权益造成极大损害。

外卖行业存在的食品安全问题被曝光后，河南省多地市食品药品监督管理局开展了针对辖区内网络订餐的督导和整治活动。郑州市食药监局随即约谈饿了么、美团外卖、百度外卖、口碑等网络订餐第三方服务平台辖区内负责人及个别线上餐饮企业，并就如何加强网络订餐食品安全监管进行座谈。信阳市食药监局开展了为期一个月的网络订餐专项整治活动，约谈网络订餐平台负责人和入网餐饮企业经营者。鹤壁市、洛阳市、登封市、平顶山市等地食药监局在不同时段开展了针对网络订餐的督导检查工作。2017 年 3 月起，省市两级食药监部门再次加大对网络订餐的审查整改力度，截至 2017 年 6 月，郑州市已有 5363 家不合格的网络订餐门店下线。

绝大多数消费者选择通过第三方平台即外卖 App 进行网络订餐，这些外卖平台与政府食品安全监督管理部门之间实际存在着博弈关系。外卖平台可以选择按照规定定期检查在本平台注册的商家，也可以选择敷衍执行；监管部门可以选择定期开展监督检查，依法严惩不合格的平台，也可以选择怠政，不作为。

如果外卖平台严格审查入网商家，对不合格的店铺责令整改或强制关闭，尽管存在检查成本，也会损失部分利益，但同时会获得社会声誉。如果外卖平台选择不作为，默许不合格商家继续通过自身平台营业，一旦政府监管部门查出问题，外卖平台将受到处罚，同时自身商业信誉也将受影响。对监管部门而言，定期检查督导外卖平台，对不合格项目进行通报整改，会产生监管成本。此时若平台不作为，监管部门必定会查出问题并进行处罚，则监管部门将获得奖励和声誉效用。而如果监管部门不履行职责，任由不合格店铺通过外卖平台赢利，那么一旦发生食品安全问题并被媒体曝光，监管部门的声誉将受到损失。

对社会公众而言，我们希望看到外卖平台和政府监管部门都积极作为，共同保证外卖食品的安全。因此应考虑加大社会声誉对双方的影响，同时增大对问题平台的处罚力度，降低监管成本。此时双方会存在均衡策略，即外卖平台会选择积极履行职责，严格审查登记入网餐饮店铺的资格证件，定期检查其是否存在食品安全违法行为，保障消费者权益。政府监管部门将积极开展日常监督管理，依法查处外卖平台的违规违法行为，保证外卖食品安全。

（二）朋友圈食品安全谣言纷起不断

近年来，随着新媒体的广泛使用，人人都可以在互联网上发声，信息传播途径发生了根本性变革。而新媒体病毒式的传播特征，导致了网络食品安全谣言在微信、微博、论坛等自媒体平台上肆意传播，泛滥成灾。表3是近年来传播较广、影响较大的食品安全谣言。

2010年12月22日《大河报》曾曝出不实消息，称郑州一豆芽生产商在培育无根豆芽时所用的无根生长素是一种激素类药物，其中五种添加剂均可致癌。随后有媒体对此进行辟谣，但2011年无根豆芽生长剂中的两种物质被卫生部和国家质检总局排除出食品添加剂目录，无根豆芽自此被视为“毒豆芽”开始遭到各地清查。此后数年，多家媒体趁机夸大无根豆芽的危害，进行不实报道，朋友圈里也时不时曝出“毒豆芽五毒俱全”的论调。

表3　近年来传播较广、影响较大的食品安全谣言

序号	话题	舆情源
1	塑料大米	网络视频
2	笔直的黄瓜是喷了药的	微信朋友圈
3	喝牛奶致癌	网站
4	打针西瓜致人中毒	微博、微信
5	塑料紫菜	网络视频
6	粉丝可燃烧含荧光剂	网络视频
7	自来水中氯可致癌	媒体报道
8	肉松面包是棉花做的	网络视频
9	吃荔枝会得手足口病	微信朋友圈
10	吞下樱桃核会氰中毒	微信朋友圈

续表

序号	话题	舆情源
11	活跃的鱼含鱼浮灵可致癌	各大媒体
12	面条煮不烂是因为加了塑化剂	网络视频
13	小龙虾用来处理尸体	微博微信
14	地沟油疑似流入金龙鱼工厂	纸媒报道
15	娃哈哈含肉毒杆菌	各类社交媒体

资料来源：人民网。

有数据显示，网络谣言中与食品安全有关的谣言占45%。这些食品安全谣言具有刻意编造、偷换概念、旧闻翻炒、刻意抹黑等特征，有些还配有图片、视频片段，很容易让人信以为真。谣言的内容涉及多个领域，粮油、蔬菜瓜果、糕点饮品都未能幸免，而这些都是消费者日常生活中经常接触到的，因此这些网络食品谣言有了传播的基础和强大的生命力。特别是在微信朋友圈里，很多受众缺乏较好的辨别能力，出于“善意”助长了谣言的传播，扰乱了更多人的消费判断，损害了行业发展，干扰了正常的食品药品监管工作，甚至影响了我国的国际声誉。网络食品安全谣言已经成为我国食品安全建设新的“受灾区”。

究其原因，民众对食品安全问题的负面印象和集体记忆是食品谣言诞生的温床。三鹿奶粉事件已经过去9年，而民众的心理依然脆弱。2016年10月，“中国又现毒奶粉”的消息在朋友圈刷屏，然而仔细辨别文章内容会发现消息源头是上海破获一起违法加工、销售过期烘焙用乳制品案，后有不良用心者将烘焙用乳制品与婴幼儿配方奶粉混淆视听，再冠以“毒奶粉”的标题。谣言的盛行可以从侧面看出民众对目前食品安全的满意程度较低，曾经爆发的一系列食品安全事件引发了群众的焦虑和恐慌情绪，尽管政府一再表示加大对食品安全的监管力度，目前国内食品安全形势乐观，可是一旦有个别人表示自己遇到了问题食品并发布到网络上，就会有一大批人表示同理心和同情心，即产生所谓“共情效应”。面对朋友圈里不知真假的食品谣言，大多数人还是会选择“宁可信其有，不可信其无”，

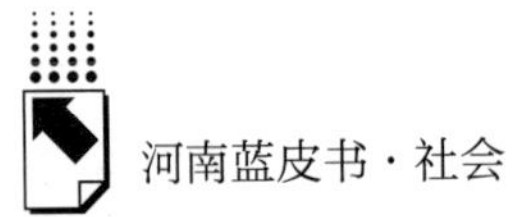

本着保护自己和家人、朋友的心理，继续将谣言转发扩散，促进了谣言的持续发酵。

鉴于食品安全问题的敏感性和舆论环境的复杂性，食品安全谣言会引发社会公众普遍的担忧和恐慌，影响产业健康发展和公共安全。2017 年 7 月，国务院食品安全办等 10 部门联合发布了《关于加强食品安全谣言防控和治理工作的通知》，要求各级食品安全监管部门主动公开政务信息，加强动态监测，及时组织辟谣，落实媒体抵制谣言的主体责任，严厉惩处谣言制造者和传播者。

食品安全领域谣言常年肆虐，很大程度上是因为公众缺乏基本的辨别意识和能力。虽然谣言兴起后科普贴并不缺乏，但往往收效甚微。这就首先需要政府有意识地在食品药品日常监管中及时发布信息，进行科学报道，普及食品安全。坚持科普先行，才能保证民众更理智地面对食品安全问题，辨别食品谣言的真假。其次应加大对故意捏造散布谣言者的惩处力度。有部分食品的造谣者无事生非，捏造事实，恶意竞争。根据《刑法》，捏造并散布虚假食品安全谣言造成严重后果的，可能涉嫌损害商业信誉等多种犯罪，公安机关将予以严厉打击。2017 年已有多起涉嫌损害商业信誉的造谣者被公安机关处以刑事拘留。而对那些利用谣言蹭热度、蹭流量的自媒体、公众号也要严厉打击，追究其第一责任人的法律责任。谣言止于“治”者，真正做到民众不信谣，不传谣，还需要重建民众对我国食品安全的信心，从源头上治理食品安全问题，保证人民群众舌尖上的安全。

（三）人民对“明厨亮灶”有更多期待

餐饮后厨在传统上是不对顾客开放的，很多餐饮店后厨门口还会有“厨房重地，闲人免进”的提示。然而近年来，随着消费的升级，餐饮业也在不断转型发展，从最初的“透明厨房”“阳光后厨”到多地推行的明厨亮灶工程，后厨变得不再神秘。

所谓明厨亮灶，是指餐饮服务提供者通过采用视频技术、透明展示、厨房开放活动和阳光公示等方式，公开厨房环境、加工过程、清洗消毒、食品原料储存状态等的行为。有数据显示，截至 2016 年底，全国各地已实施“明厨亮灶”的餐饮服务单位达 90.26 万户，较 2015 年同期增长 115%，占持证餐饮服务单位总数的 27.52%。近年来，河南省也在大力开展餐饮服务明厨亮灶工程，以及加强“互联网 + 明厨亮灶”建设。截至 2017 年 6 月底，全省实施“明厨亮灶”的餐饮单位达 68342 家，占餐饮服务单位总数的 35.53%，其中，开展“互联网 + 明厨亮灶”的餐饮服务单位有 3422 家。通过“互联网 + 明厨亮灶”，监管人员和消费者可以用手中电脑、手机等移动终端实时观看餐饮后厨加工过程，对餐饮后厨的卫生状况、操作情况一目了然。

学校是人员聚集场所，学校食堂集中就餐人数多，食品安全风险高，学校食品安全工作一直是教育部门、食药监部门工作的重点。自 2016 年 4 月起，河南省教育厅联合省食品药品监管局在全省范围启动了中小学食堂“互联网 + 明厨亮灶”工程建设项目，计划通过五年时间，到 2020 年底，按照省辖市城区、县（市）城区、农村中小学校食堂的顺序逐步覆盖全省中小学校食堂。通过发挥“互联网 +”的作用，督促餐饮服务从业人员规范操作过程、提升服务质量，吸引广大师生家长和社会公众广泛参与、共同监督，提高食品安全监管水平，更好地保障学生的饮食安全。国家食品药品监督局充分肯定了河南省在学校食品安全方面所做的工作，指出学校食堂“互联网 + 明厨亮灶”建设是河南省食品安全监管方式创新的有效探索，为全国学校食品安全工作起了很好的引领作用。

在全省“明厨亮灶”工程建设取得初步成就的同时，一些问题和不足也随之而来。首先，大型餐饮单位、学校食堂的“明厨亮灶”参与率远高于中小型餐饮单位。中小餐饮企业财力有限，改造厨房、安装视频监控设备占用成本固然是阻力因素之一，而法律意识和食品安全意识淡薄，不愿公开或不想公开则是中小餐饮经营者参与率较低的首要因素。其次，监督举报机制尚不成熟。消费者在“明厨亮灶”环节中发现餐饮单位存在有违食品安全的行为时如何投诉举报？监管部门如何调查取证？涉事人员和责任单位应承担怎样的责任等问题并未有详细的规范指导。“明厨亮灶”不仅要让后厨看得见、看得清、看得远，更重要的是让消费者可体验、可参与、可监督，真正将这一创新监督方式落实到实处。最后，食品安全不能止步于“明厨亮灶”。这一工作固然可以提高餐饮业自律意识，加强社会力量监督，但餐桌污染不止存在于后厨，食品原料的采购把关不是仅仅通过公开后厨就可以看得到的。“明厨亮灶”不能替代食品安全监管部门的日常监督抽查，而是要作为食品安全监管的重要抓手，以此延伸食品加工的现场监督，提升餐饮服务从源头到终端的质量安全。

四 推进河南省食品安全建设工作的政策建议

现阶段是全面建设小康社会的决胜阶段，食品安全关系到全面小康和社会主义现代化建设，关系到广大人民群众的切身利益，为此，推进河南省食品安全建设工作应从以下几点入手。

（一）加快构建食品安全法治秩序，形成保障食品安全的长效机制

各方要协同推进食品安全法治建设，政府要提高依法监管水平，坚持有法必依、执法必严、违法必究。企业要增强诚信守法意识，落实食品安全主体责任，自觉履行法定义务。公众要依法积极参与治理，行业协会要依法强化自律约束，新闻媒体要做好舆论监督，让全体社会成员都成为食品安全法治的崇尚者、遵守者、捍卫者。同时要完善食品安全长效机制，建立统一、协调的食品安全信息整合机制，保障从农田到餐桌食品信息的可追溯。建立突发食品安全事件应对机制，提高抵御重大食品安全事件风险的能力，加强食品安全风险监测、评估，防患于未然。完善监督举报机制，畅通投诉渠道，加大有奖举报力度，引导和鼓励消费者关注和参与食品安全管理工作。要立足长效，巩固食品安全专项整治成果，提高问题意识、风险意识、责任意识，攻坚克难、坚持不懈地推进食品安全长效监管机制走向成熟。

（二）充分利用互联网新媒体渠道，创新食品安全监督管理模式

随着食品行业的快速发展，面对前所未有的新形势，以不变应万变的监管模式显然已经落后。政府部门应考虑创新食品安全监督管理新思维、新路径、新方法，借助信息化手段，利用微博、微信公众号、网络直播等新媒体，通过人们喜闻乐见的方式创新食品安全监管模式。河南省“互联网+明厨亮灶”工程建设，就是一次监管方式的有益创新。除此之外，河南省正在建立覆盖全省的白酒质量追溯体系。消费者只需轻点鼠标，便可知晓所查询的白酒来自酒厂的哪个生产车间、哪个班组，还能锁定这瓶白酒来自哪一批生产原材料。在此基础上，监管部门应充分利用“互联网+”对政府和市场的数据资源加以整合，建立覆盖全省的食品安全网络，成立商户信息基础数据及动态监管信息库，搭建食品药品监管新媒体平台，提高监管效率，降低人力物力成本，树立食品药品监管新形象。

（三）重建民众对食品安全的信心，形成食品安全社会共治新局面

食品安全工作要以“群众满意”为标准，要把“社会认可、群众满意”放在首位。不论是习近平总书记提出的“四个最严”重要指示，还是十九大提出的健康中国战略，都是把为人民群众谋福祉作为最终奋斗目标。食品安全建设为了人民群众，食品安全监管离不开人民群众。要形成齐抓共管、人人参与食品安全的共治格局，需要树立正确的舆论导向，激发人民群众的主人翁意识和参与意识。充分发挥媒体监督作用，建立和完善新闻媒体的沟通协商、信息发布、应急处置机制，客观及时地报道食品安全事件。加强食品行业协会的监督指导作用，强化行业自律，培养诚信意识，及时防范和化解行业食品安全风险，努力解决行业共性问题。政府要掌握实情，听取民意，真正了解群众关心的食品安全问题，按时公布有关政策及抽检情况，曝光不合格食品和生产经营企业，及时辟谣，释疑解惑，进行群众满意度调查，不断发现问题，改进问题，坚守食品安全底线，让群众吃得放心、安心。

改善民生与共享发展

Reports on Improve People's Livelihood and Share Development

B.4
农村共享经济发展困境及其提升路径研究
——以河南省为例

梁信志*

摘　要： 本文基于河南省农村地区的抽样调查和实地访谈，了解共享经济在农村地区的发展现状，分析其发展困境和制约因素，并在此基础上提出农村共享经济的发展路径，从而激发农村资源的潜力和活力，培育农村经济发展的新动力，推进农业供给侧结构性改革，最终实现农业农村现代化。

关键词： 农村　共享经济

* 梁信志，河南省社会科学院社会发展研究所，主要研究方向为农村社会学。

党的十九大报告提出："在中高端消费、创新引领、绿色低碳、共享经济、现代供应链、人力资本服务等领域培育新增长点、形成新动能。"[①] 由此可见，在经济增长和社会发展方面，共享经济已经成为重要的增长点和新动能。共享经济的本质是通过整合线下的闲散物品或服务者，以较低的价格提供产品或服务。其核心特质是对个人闲置资源的共享，并获得一定的收益。对需求方而言，不直接拥有物品的所有权，而是通过租、借等共享的方式使用物品；对于供给方来说，通过在特定时间内让渡物品的使用权或提供服务，来获得一定的金钱回报。[②] 因供给方提供的商品或服务是闲散或空余的，而非专门为需求方提供的，供给方从商业组织演变为线下的个体劳动者，因此就产生了共享经济的平台公司。当前，在城市的日常生活中，"滴滴打车""小猪短租""共享单车"等共享经济的各种形态方兴未艾，给人们带来了极大的便利，同时也产生了巨大效益。而对于农村地区来说，共享经济的表现形式有哪些？它的发展成效如何？发展共享经济会给农村带来什么改变？这些问题都将是未来共享经济扩散到农村时，我们所要面对的。因此，如何利用信息化科技手段，通过互联网大数据平台，让农村资源动起来、活起来，已成为当前需要研究并亟须解决的重要课题。

一　农村共享经济发展现状

《中共中央国务院关于实施乡村振兴战略的意见》提出："发展乡村共享经济、创意农业、特色文化产业。"[③] 由此可见，共享经济已经成为乡村振兴战略具体工作要求中新的增长点。由于社会发展成熟、基础设施完善以及互联网的普及，城市地区的共享经济发展较为成熟，共享的理念也深入人

① 习近平：《决胜全面建成小康社会　夺取新时代中国特色社会主义伟大胜利》，人民出版社，2017，第30页。

② 《农村将会是共享经济下一个"蓝海"》，人民网，http：//rmfp. people. com. cn/n1/2016/1130/c406725－28911962. html，2016年11月30日。

③ 《中共中央国务院关于实施乡村振兴战略的意见》，中国政府网，http：//www. gov. cn/zhengce/2018－02/04/content_ 5263807. htm，2018年2月4日。

心。而广大农村地区，虽然也出现了类似“共享农庄”“农机共享”“乡村货的”等不同形式的共享经济模式，但整体上仍相对比较薄弱。为了了解农村共享经济的发展状况，课题组对河南省平原和山区进行实地调研，共对6个村庄进行了实地访谈，发放了200份调查问卷。

（一）农民对共享经济了解甚微

调查结果显示，农民对于共享经济了解甚微，基本上对共享经济的发展前景持悲观态度。从问卷调查数据结果看：农民对农村共享经济不了解的占54.2%；了解但对发展前景不看好的占35.7%；了解并认为发展前景一片光明的只占10.1%。由此可以看出，超过半数农民对共享经济的认识有限，基本不熟悉共享经济。在访谈的过程中发现，相当数量的农民对新鲜事物的接受程度仍比较低，基本上处于一种封闭状态。特别是一些偏远山区，对计算机、互联网的了解比较少，基本上没有在网络上进行购物、交易等。信息的闭塞和认知能力的缺乏，再加上学习能力的不足都严重制约了农村共享经济的发展。

（二）农民对共享经济态度乐观

虽然对共享经济的了解不多，但在对农民进行大概的描述之后，大多数农民对共享经济持乐观态度，认为共享经济的发展对农村是有利的。调查数据显示：农民认为共享经济对农村经济发展有好处、符合农村未来的发展方向的占86.7%；无所谓并认为与个人没有多大关系的占10.5%；不支持并认为不符合农村发展方向的占2.8%。虽然仍有一小部分农民不认可共享经济，但绝大多数农民认为共享经济对农村经济发展有促进作用，并表示如果有机会的话愿意参与其中，并对未来共享经济引入本地区有很大的期待。

（三）农村资源闲置现象突出

在调研的过程中发现，农村地区的资金、房屋、村庄、人力和宅基地方面闲置现象突出，大量有用的资源被搁置在一旁，农民并没有过多地去有效开发利用。数据显示：农村耕地闲置占 16.3%（特别是丘陵山区闲置更严重）；村庄闲置占 62.7%；房屋闲置占 69.1%；人力闲置占 53.3%；资金闲置（钱存银行）占 95.8%；机械闲置占 31.1%；畜力闲置占 19.5%；其他闲置占 20.9%。农村闲置较多的是资金、房屋、村庄、人力和宅基地，这些资源是可以有效开发利用的，虽然单个的农户资源相对较少，但集中在一起可以形成一定的规模。所以，共享经济发展可以从这几个方面加强引导，实现资源的有效配置。

（四）农村共享经济发展潜力巨大

农村共享经济模式虽然很少，但已经出现了很多可供探索的模式，共享经济在农村逐步发展且日益壮大，发展潜力巨大。例如，“嘀嘀顺风打车”已在节假日搭起农民工回家或进城的有效桥梁；“小猪短租”利用农户民房构建生态农业体验、自然创意和田园生活的线下产业，打造生态美丽、可持续的乡村美宿社区；“农速通 App 和 020 模式”实现消费品下乡和农产品进城的双向物流交易；“共享收获农场”重构农民和市民友好互动、和谐发展的城乡关系；等等。这些共享模式都预示着农村共享经济的发展潜力巨大，未来有广阔的前景。

二　农村共享经济发展困境

随着共享经济的不断发展，农村地区开始逐步出现各种共享模式，这极大地增加了农村经济发展的新动能。但由于农村地区长期存在的产业发展模式较为单一、资源分散且难以整合、人才匮乏且组织化程度较低、基础设施相对落后、信息技术和网络建设发展缓慢、物流体系建设不足等诸多问题，时时刻刻制约着农村经济的发展，同时也影响着共享经济在农村的“孵化”。目前，农村共享经济发展面临着各种问题和瓶颈，主要表现在以下几个方面。

（一）农村管理体制和管理能力相对滞后

当前分散的土地管理体制，一定程度上导致农民原子化、离心化现象严重，再加上小农经济在相当一部分农村仍占主导地位，小农意识仍然大量存在，这就导致农村资源整合的难度越来越大。农村组织管理体制不完善，党支部与村民自治组织（村委会）之间不协调，甚至相互冲突，影响了村民再组织化的积极性；村委会与村集体经济二合一导致“政企不分”，引发农村公共集体产权不清，纠纷增多，引起农民对村委会管理的抵制情绪，再加上集体经济的不公开和不公正运营，在一定程度降低了农民的参与意识，由此整合农民及其农村闲置资源就难上加难了。农业生产管理体制弱，缺乏为农民提供服务和连接农业产前、产中、产后各环节的各类专业合作组织，导致农产品竞争力不强，农产品商品化程度低。农村共享经济缺乏发展理念，一些领导干部自身不去主动学习新知识，也不愿去引导农民去学这种经营方式，这样对农村共享经济的发展产生一定的阻力。另外，政府政策的滞后性也导致农村共享经济发展缺乏一个相对合理的发展规划。

（二）农民组织化程度低、科技推广能力不足

近年来，由于政府加大对农业的投入和补贴，农业发展与资金不足的矛盾得到很大缓解，但整体上看，农民组织化的积极性仍不高，农业方式仍表现为种地分散和经营细碎的特征，现代农业科技在农村得不到推广和应用，人们仍然沿袭千百年来的耕种模式，农业科技含量不够高，机械化水平低。除此之外，农村文化教育事业落后，人口素质低下，整体文化程度偏低，文盲率高，这些也严重影响了劳动力资源质量，种种限制因素使得他们在接受和学习新知识、新技术、新方法上显得较为落后。即使县、乡派技术人员到农民的田间地头，农民也依旧不愿意学习，甚至对技术人员抱着怀疑和不信任的态度。

（三）共享经济信息化平台建设滞后

自从“互联网 +”概念被提出以后，农村虽然也制定了相关的发展政策，政府也投入了相当多的资金，但这些投资依旧呈现流向非农业部门的趋势，直接投资在农村信息化上的资金仍然较少，成为制约“互联网 + 现代农业”建设的一大瓶颈。网络平台公司是共享经济的核心，应通过网络技术使闲置资源在供方与需方之间得到精准配置，最终实现“物尽其用”和“按需分配”的价值目标。[①] 而现实农村网络建设相对薄弱，这主要表现为：农村互联网普及率较低，信息更新速度缓慢，信息平台建设不完善，难以满足共享经济发展的信息需要。同时，共享经济主体——农民，受其自身条件限制，对信息化认识不足，缺乏信息化应用能力，特别是农村共享经济网络推广、平台运行管理以及物流配送、售后服务等方面的专业信息化人才比较匮乏，这就导致农村共享经济发展较为缓慢。

三　农村共享经济发展路径

鉴于农村经济和科技发展落后于城市的局面，应充分识别农村经济特征和制约条件，建议推动农村共享经济按照以下路径进行发展。

（一）保障农民土地承包权益，构建城乡一体化的土地市场体系

第一，扩大土地承包经营权的市场开放范围，建立土地承包经营权抵押制度。允许农民跨村组流转土地。允许并鼓励进城农户在一定期限内将土地承包经营权流转出去。

第二，对于符合流转条件的经营性或私人性的存量集体建设用地，允许土地使用者或受让者交纳一定标准的土地增值收益后，在保留集体土地所有权的情况下取得出让土地使用权，并依法进行转让、出租、抵押和作价出资

① 董成惠：《共享经济：理论与现实》，《广东财经大学学报》2016 年第 5 期。

（入股）。建立集体建设用地有偿使用和市场流转机制，实行土地出让、转让制度，将其纳入城乡一体的土地有形市场体系。

第三，按照平等原则，建立公开市场价值、对集体土地和国有土地实行同地同价补偿的分区补偿机制。只要土地的区位、条件相当，土地使用权性质和用途相同，对其补偿就应当一致，实现同地同价补偿。提交土地征收补偿标准，直接补偿给农户，让集体经济组织从土地征收中退出，培育和发展集体建设用地流转市场，缩小土地征收范围，形成城乡一体化的建设用地市场体系。

第四，建立和完善以土地利用规划为依托、对土地使用进行分区管理、对用地规模进行计划控制，对土地开发实行许可管制，对土地利用行为进行经济奖惩、对相关损失进行合理补偿，对违法行为进行相应处罚的一整套规划管制规则和管理制度。

第五，建立统一的土地登记法，统一的土地登记机构，统一的土地登记程序，统一的土地权属证书，城乡统一土地登记体系。不管集体土地还是国有土地，统一标准征收土地转用的政策性税费，统一标准收缴土地增值收益。在集体土地建设用地使用权流转中开征契税、印花税、土地增值税和营业税，实现土地税和房产税的并轨，统一城乡不动产税制。

（二）构建多元化、竞争性、城乡互动的农村金融体系

第一，深化农村信用社、农业银行改革，建构服务三农发展的商业银行体系。取消农村商业金融经营的行政区域限制，允许不同区域的农村商业金融展开跨区域竞争，进一步提升服务功能，拓宽服务领域，改善服务方式，增加服务品种。

第二，进一步发挥农业发展银行的政策性金融功能。继续支持国家粮、棉、油储备体系建设，同时提供农业综合开发贷款、农村基本建设和技术改造贷款、扶贫开发贷款等业务。

第三，设立社区合作金融机构，培育农村小额贷款组织和乡村银行，引导农户发展资金互助组织，组建土地互助银行和土地中介组织，培育土地资

本化市场体系，建立适合其特点的有效监管体系和措施。

第四，建立区域统一的数据库网络信息平台，构建第三方交易支付、跟踪、信用评价与物流信息实时发布于一体的信息服务平台，健全农村信用体系，建立信贷登记、支付结算、农村不动产和固定资产抵押担保贷款等服务体系，完善区域资源市场网络信息平台建设，对农村资源进行数据化的经营管理和服务交易并与外部进行有效对接。

第五，大力发展农产品期货市场和农业保险市场，为农户、农业合作社、农业企业提供风险管理，促进订单农业健康发展，发展互助合作保险、农业商业保险，保险农业、政策性农业保险及农村人身保险和财产保险。

（三）提高农民素质，构建城乡人力资源双重循环回路

第一，构建城乡人力资源双重循环回路。农村不应只是“抽水机”，应构建城乡人才“回流通道”，针对 16 岁以下农村青少年，纠正“离农化”倾向教育；对 16 岁以上的，应建立完善的农民职业教育体系，针对农业现代化，以社区教育为基础，根据不同职业需求，分别提供各种培训和教育服务。提升农民职业化、专业化水平，使得农民在第一、二、三产业之间实现“无缝衔接”和合理流动。

第二，整合培训资金来源渠道，建立政府主导、部门协作、统筹安排、产业带动的培训机制，优化农业从业者结构，重点培育现代青年农场主、林场主和新型农业经营主体带头人、农业职业经理人，构建农村教育培训、认定管理、政策扶持“三位一体”的培育体系。

第三，提升农民共享经济的应用能力。共享经济主要是利用信息技术和互联网平台实现资源优化配置，实现供需方的利益诉求。所以，要加强对农民信息化和互联网应用的培训，提高农业从业者的素质和水平。以此为突破口，举办信息化和互联网应用展示培训，系统引导和鼓励农民积极运用互联网和信息化技术，提高农民的“互联网 +”的信息化能力，对农民开展应用技能和信息化能力培训，提升农民信息供给能力、传输能力、获取能力，特别是利用手机上网发展生产、便利生活和增收致富的能力。

（四）培育和发展多种形式的新型农村专业经济组织

第一，巩固和培育经济专业合作社，加强龙头企业带动型（公司＋基地＋农户）、市场带动型（专业市场＋农户）、中介组织带动型（合作经济组织＋农户）经济组织的建设。有效的组织形式是靠市场的力量形成的，但又离不开政府的引导和支持，政府的引导主要体现在对龙头企业的培育、专业化商品基地的建设、利益机制的构建上。① 专业市场在农村商品流通体系中占有重要地位，在小农户与大市场之间的矛盾缓冲当中发挥着关键作用。应以中介组织为纽带，联合众多力量分散的小规模生产经营者，实现规模效益。

第二，构建土地、金融、劳动力、信息技术等要素合作社，整合要素资源，提高要素配置效率。农村经济涉及多方面的要素，农民可以通过参与合作社，实现各种要素的共享与互助，② 实现各要素的合理有效配置。

第三，在乡镇范围内，组建跨行业、跨村组、跨专业的村社共同体。把农户、村组自治组织、合作社、协会与理事会、社会组织等有机整合起来，形成新的价值利益共同体。村社共同体以其特有的组织力和凝聚力，能更有效解决超过个体农户能力范围的公共事务，由此构成了跨行业、跨村组、跨专业整合的可能性条件。乡村治权是村社共同体的权力形式，能直接聚集物质资源，发挥权威的组织及协调作用，从而有效完成乡村社会所需要自主完成的公共事务。③

借助互联网，通过共享经济模式，可使得农村资源得以充分利用，农器具租赁，农村闲置人口再就业，农村闲置土地流转，各种资源再次得到利用，实现共享经济与“三农”的相互融合。在战略上要重视农村共享经济，

---

① 赵树丛、顾江：《农业产业化过程中组织形式的演变》，《现代经济探讨》2003 年第 1 期。

② 王曙光：《农民合作社的全要素合作、政府支持与可持续发展》，《农村经济》2008 年第 11 期。

③ 韩鹏云、刘祖云：《农村社区公共品自主供给的逻辑嬗变及实践指向——基于村社共同体到村社空心化的分析路径》，《求实》2012 年第 7 期。

共享经济是农村经济发展培育新动能的途径和平台载体，是农村经济发展的战略支撑。用共享经济思维构建现代农业发展新体系，是要使共享经济融入农业经济发展的全过程，是一个动态、渐进的长期过程。要加强和完善农村共享经济的顶层设计①，制定农村共享经济的发展规划，从基础设施、转向应用、服务体系等入手，将共享经济有机融合到现代农业发展的各个环节，构建农村资源要素发展体系，对农村资源进行合理布局和优化配置。改变传统思想，让资源共享，达到共赢目的，“互联网＋信息化＋农业”将会成为新趋势，共享经济模式也将进一步融入农村生活中。

①

B.5
河南省“老漂族”在社会融合中的突出问题及对策研究*

闫　慈**

摘　要：“老漂族”问题是社会民生建设中不可忽视的重要问题，也是当前向老龄化社会过渡中的突出问题。调查发现，当前河南省存在着大量“老漂族”，并且在社会融合中面临着诸多问题。本文通过讨论“老漂族”社会融合困境的表现及成因，分析其异地生活现状、主要阻力以及探寻相应完善和提高“老漂族”异地生活质量的社会支持的实践路径，从而促进“老漂族”顺利实现社会融合，帮助他们适应异地的生活，提升他们的存在感、幸福感和满足感，从而维护家庭及社会的稳定和谐。

关键词：“老漂族”　社会融合　河南省

“老漂族”群体即为实现家庭团聚或为帮助子女照顾孙辈而来到陌生城市与子女同住的老年群体。由于离开原住地，脱离原来的社会支持体系，缺乏社会交往，他们面临文化不适、心灵漂泊的问题。根据《中国流动人口

---

* 本文为2017年度河南省哲学社会科学规划项目“独生子女异地就业下的‘老漂族’问题研究”（批准号：2017CSH022）及2018年度河南省社会科学院基本科研费项目“‘老漂族’的社会融合问题研究”（批准号：18E26）的阶段性成果。

** 闫慈，河南省社会科学院社会发展研究所实习研究员。

发展报告2016》，流动老人规模不断扩大，流动老人占流动人口总量的7.2%，2015年我国户籍不在原地且离开户口登记地半年以上的60岁及以上的流动老年人口数量接近1800万，未来会有更多“老漂族”出现。“老漂族”是社会变迁中出现的新群体，是城乡二元结构、区域分化之下的产物，与特定时期的生育制度也直接相关。“老漂族”跟随外出就业、定居的子女进入异地生活，面临诸多社会问题，他们不是作为一种单纯的社会群体而存在，而是当下老龄化社会中的一种社会现象。化解“老漂族”所面临的异地生活的阻力和困境不仅关系到老年人的养老问题，更是关系到家庭、社区和社会的整体和谐和有序发展，同时也是增强他们获得感和幸福感的基础所在。

一 “老漂族”在社会融合中的基本现状

（一）“老漂族”群体的形成原因

“老漂族”现象的出现是现实情况下的非自然选择，但已经具有普遍性。随着城镇化进程的不断推进，城乡之间和区域之间的人口流动显得更为普遍，且流动规模逐年扩大，尤其家庭中的年轻一代因外出求学和就业等引发了当前中国最大规模的迁移浪潮，也就随之造成了空巢老人现象，再加上老龄化社会的提前形成，养老问题成为当下社会最受关注的焦点之一。因此，伴随家庭中年轻一代在迁入地经济实力的不断积累，在传统养老观念的影响下，老一代开始选择随子女生活，“老漂族”开始出现。同时传统家庭养老模式偏好及子代家庭现实需要催生了“老漂族”群体的产生。在中国传统伦理文化中的尊老及孝道文化的影响下，家庭养老仍然是我国主要的一种养老模式。传统价值观中的“父母在，不远游”的思想正逐步被劳动力流动化所打破，但是尊老及孝道文化依然在延续，子代唯有将父母接到工作地生活才能兼顾工作、家庭和敬老。再者，由于“老漂族”的子女大多数处于事业和家庭的发育期，年轻人必须将精力放在获取经济收入上，所以必须委托父母来照料无暇顾及的子女和家庭。同时，多数“老漂族”能够领取退休金和养老金，在不拖累儿女的同时还能为儿女提供帮助，这也是他们相对于其他“漂泊”群体能够长期异地生活的物质基础和必备条件。

（二）“老漂族”群体的特征及漂泊原因

“老漂族”群体在长期的异地生活中，已经形成区别于其他外来随迁人员的明显特征。

1. 无根性

由于“老漂族”选择在新的环境中生活，自然就放弃了熟悉已久的生活故地，因而缺失原有的血缘和地缘关系，如同浮萍一样毫无根基，长时间的异乡生活必然会使他们产生强烈的孤独感和寂寞感，在社会融合过程中难以完成对自我身份的认同和重塑。

2. 异质性

“老漂族”由于来自不同的地域，之前所处的社会环境、文化素质和生活背景的差异十分明显，尽管迁移动机相同，但较为明显的异质性使得该群体结构较为松散，群体认同感微弱，因此缺少相应的社会交往功能和价值，也就造成他们对迁徙地社会的疏离感和排斥感。

3. 牺牲性

大多数“老漂族”选择到子女就业地生活，很大程度上是用自我牺牲来换取子女生活的便利，他们不得不面临经济、文化、社会交往等诸多方面的困境，同时家庭内部的隔代教育、世代隔阂、老来分居等问题也接踵而来，因此“老漂族”只有选择自我牺牲来满足家庭需要。

4. 被动性

“老漂族”与其他漂泊群体的最大差异，就是他们不是为了主动寻求就业或理想的生活而离开家乡，外出奋斗。他们之所以放弃熟悉的生活环境和生活方式，来到异地生活，最主要的原因是为了帮助子女照顾孙辈、操持家务，在这其中被动的意愿远远大于主动。

二 “老漂族”在社会融合中面临的问题及原因分析

社会融合是指通过各项政策措施缩小少数弱势群体与社会主流群体之间的差异，促进不同群体之间的平等和融合，确保每个人享有均等的权利和参与的机会。不可否认的是社会排斥现象仍存在于当下的中国社会，“老漂族”群体就是被社会排斥的对象之一，因此帮助“老漂族”融入社会显得尤为重要。当前“老漂族”面临的社会融合困境主要包括经济排斥、文化排斥、社会关系排斥和心理适应等几个方面。

（一）“老漂族”在社会融合中面临的问题

1. 经济整合存在缺失

大多数“老漂族”群体的经济收入来自退休金和养老金，但由于我国地区差异所造成的影响，各地在养老金标准、医疗保障、交通出行、文化休闲等生活领域都有着不同的规定，因此，“老漂族”在子女就业地生活时难免受当地条件制约，或因标准习惯不同，存在着诸多不便。

2. 文化接纳出现断裂

文化融合是产生一切社会交往的前提，但由于“老漂族”群体在长期的工作生活中已经形成固有的价值理念和处事原则，到了新环境，地区差异和社会交往原则的更新迭换，导致他们在社会中面临着重重的融合困难。一方面是要面临地区间的语言差异，这就直接影响着“老漂族”的沟通和交流，进而影响他们日常生活中的交往。另一方面是异地文化属性的差异，包括消费理念、闲暇方式、饮食习惯、节日风俗等诸多方面带来的文化冲击，使带有强烈异质性的“老漂族”群体很难快速适应。

3. 社会参与表现匮乏

“老漂族”在异地社会交往中呈现出几点特征：①初入陌生环境，导致交际圈狭窄，难以融入当地固有的交际圈；②由于缺少亲缘关系及交友方式，大多数“老漂族”社会交往程度浅显，多是礼貌性交往；③社会交往的频率低下，“老漂族”的日常生活基本都围绕着对子女家庭的照料，很少有时间和精力参与社会交往，扩展自身社会交际圈；④社会交往难以固定化，多数“老漂族”属于阶段性迁移或周期性迁移，很难形成长期的固定的交际圈。因此，“老漂族”群体在社会参与中多处于边缘地带。

4. 身份认同模糊不清

由于“老漂族”对迁移地的身份认同受到地区经济、文化、政策、制度的多重影响，难以在异地从根本上探求迁移的价值和生存意义。同时异地缺失的归属感也是造成他们重塑身份认同的巨大阻力，从而造成他们身份上的失根和精神上的失落。

5. 心理健康急需得到重视

由于心理预期与现实生活的差异，很多“老漂族”出于对城市生活的陌生感和不适应，引发了诸多心理问题。一方面是精神上的孤独感。“老漂族”远离熟悉的家乡，难以适应新环境中的人际关系和生活方式，每天过着枯燥乏味的生活，寂寞感和孤单感难以避免。另一方面是焦虑感。老年人普遍有对身体衰老和疾病甚至死亡的焦虑，“老漂族”在这方面的焦虑更为明显，他们担心身体衰老之后在异地生活更加不方便，害怕生病进医院，以及后续造成的医保报销不便等状况。因此，“老漂族”的心理健康问题不容小视，子女的陪伴和关心，政府的关注和认同，社区的关怀和帮助，周围人群的友好和慰藉，都会让“老漂族”远离心理问题，感受到异地的温暖，心理适应是“老漂族”融入异地生活的最高层次，表明他们对一个城市的认同程度，也是他们真正融入异地的标志。

（二）“老漂族”社会融合困境产生的社会原因

社会排斥理论强调，社会排斥很大程度上来源于制度安排，当制度机制不能为特定的社会群体提供必要的资源和支持，就会出现社会排斥现象。我国现行的某些社会制度安排使“老漂族”面临严重的社会融合困境。

1. 户籍制度排斥性严重

“老漂族”是我国人口流动和严格的户籍制度下所特有的一个产物。目前政府对于“老漂族”的管理以及优待政策，还在摸索阶段，因此“老漂族”在迁移地无法获得本地老年人应享有的社会优待福利，同时又放弃了原有户籍地的社会保障，导致双重缺失。再者由于养老保险制度在建立之初便是以户籍制度作为依据，按照户籍制度的区别来制定的。因此，户籍制度对于“老漂族”的养老问题具有极大的制约作用，很多城市甚至采取限制非本地户口老年人入住养老院等极端措施保护本地区公共服务资源，严重剥夺了“老漂族”应当享有的社会福利保障。

2. 养老金政策地域差异大

我国现阶段的养老保险尚未实行全国统筹，截至目前，实现省级统筹的地区尚未过半，同时由于各统筹区域间的经济发展水平、人口结构、基本养老保险制度的覆盖范围不同，各省市制定的养老金的具体政策也各不相同，包括养老金的计算标准、养老金的最低发放标准以及养老金调整额度等。养老金制度的地域性差异，从侧面反映了社会公平性和区域发展不均问题，影响着“老漂族”异地生活的质量和水平。

3. 医保报销政策统筹层级低

“老漂族”异地生活中最不可避免的事就是“看病”问题。由于我国医保实行属地管理，加之各省经济发展水平不同，各地现行医保政策也不一样，报销范围和报销比例存在较大差异，收费水平、诊疗项目等也都不同，由此造成医疗保险统筹层次低的问题。同时新型农村合作医疗、城镇居民基本医疗保险、城镇职工基本医疗保险三项医保制度并未完全并轨，给异地结算带来一定困难，这就造成“老漂族”看病难、报销难的“心病”。

4. 住房限购政策要求高

继 2010 年北京出台“国十条”后，全国各大城市相继推出限购政策，房价得到了明显遏制。但是对于“老漂族”来讲，这些政策无疑增加了他们在异地“安居乐业”的难度。当地户籍和一定年限的当地纳税证明或社会保险缴纳证明的购房要求对于“老漂族”来说绝非易事。

三 消解“老漂族”社会融合困境的路径及对策

当前我国正处在改革发展的重要时期和关键阶段，随着十九大的召开，全社会的开放性和现代化进程正在全力推进，地域发展、时代变化的影响和城乡居民生活方式、思想观念的转变，使得社会的人员流动结构正在发生翻天覆地的变化。随着人口老龄化程度的提高，我国已先行进入老龄化社会，老年流动人口的数量正在与日俱增。因此，解决好“老漂族”的社会融合问题意义重大，并且成为事关当前社会有序运行、政治稳定和家庭和谐幸福的重要问题。本文通过对河南省“老漂族”在异地社会融合现状及其环境影响因素和带来结果的讨论，结合当前时代发展和社会背景，提出以下对策建议。

（一）政府需高度重视“老漂族”的社会融合问题

河南省作为人口大省，一直在人口流动方面存在着不少困境和难点，尤其当前正处于社会转型的重要时期，整个国家都在进行大规模的人口流动，综合群体性特征和社会融合理论来看，“老漂族”的社会融合状态直接影响着各群体间的相处状态，从而进一步影响着全社会的整合和团结。“老漂族”人员是一个家庭不可缺少的重要部分，是家族成员间的重要纽带，尽管在物理状态下实现了流动和迁徙，但如果在迁移地未能实现心理上的融合，那就不算实现真正的社会融合，因此政府应该在政策层面给予“老漂族”真正实惠的便利。结合老龄化社会的发展规律和我国自古以来对孝道的传承与推崇，政府应真正将“老漂族”的社会融合纳入各方面政策的制定当中，让他们感受到归属感与幸福感。

（二）全力推进制度改革，不断提高配套保障程度

一是要加快户籍制度改革，为人口迁移和劳动力流动减少阻碍，打破户籍制度下社会保障、社会福利、公共服务等造成的地区差异，逐步降低社会

保障体系对户籍制度的依附程度。二是进一步加强公共服务体系建设，以解决大中城市资源配置不足的问题，以开放包容的态度，加强对流动人口的服务管理，确保流动人口获得当地的基本公共服务，并努力创造条件使流动人口融入当地社会。三是逐步推进公共服务的均等化，使“老漂族”群体在异地也能享有同等的公共服务，真正感受到“老有所依”。四是建立医疗保险报销系统的全国联网制度，从源头上消除“老漂族”最为关心的看病难问题。

（三）以“社区融合”为着力点，健全服务型流动人口管理体系

由于家庭年轻成员多数时间都在外打拼，“老漂族”群体脱离原有的生活圈必然会感到寂寞和孤独，因此要鼓励他们积极加入社区参与。社区参与是实现迁移群体在社会生活中顺利完成社会融合的首要环节。首先，在日常社区事务管理以及社区组织等方面要积极吸引“老漂族”参与其中，为其提供认识交流的平台，增强他们的归属感，构建出和谐温暖的社区氛围。其次，要完善社区养老服务体系，提供“一站式”服务。切实针对“老漂族”的需求提供相应的社区服务，开展丰富多样的社区活动，增加他们与本地居民的接触，真正起到促进“老漂族”社会融合的作用。“老漂族”的异质性意味着他们是一个多特征、多需求、多元化的群体，但是“老有所依”“老有所为”“老有所医”“老有所乐”是他们的共同愿望。因此，需要政府不断开发出更多能够满足“老漂族”需求的养老服务模式，同时借助社会工作对个体、家庭、社区的介入，推进社会层面与个体层面的结合，真正解决“老漂族”的社会融合问题。

（四）加强构建“老漂族”文化体系，塑造促进社会融合的软环境

家庭是“老漂族”群体参与度最高的社会交往场域，也是他们全身心付出的目标和心灵寄托所在。因此，家庭生活的和谐美满对于“老漂族”的生活质量有着直接而重要的影响，也是鼓励他们走向社会交往的积极推动力。一是要倡导内容丰富、积极向上的家庭文化建设，推动传统文化中敬老

和慈孝文化的延续，增强家庭凝聚力。二是要加快“老漂族”文化体系建设，倡导包容与和谐的文化氛围，共同建立友善、宜居的生活环境，不断满足他们的文化需求、丰富他们的精神生活、使他们加快融入迁移地的社会发展中。三是“老漂族”自身也应加强主动性，提高自身的社会适应能力，调动自发性积极融入新环境中。四是要积极建构“老漂族”居家养老体系，为创立有中国特色的社会养老模式提供创新思想。

参考文献

杨芳、张佩琪：《“老漂族”面临的政策瓶颈与突破路径——基于广州 H 社区的实证分析》，《社会保障研究》2015 年第 3 期。

刘庆：《“老漂族”的城市社会适应问题研究——社会工作介入的策略》，《西北人口》2012 年第 4 期。

唐钧：《关注老漂一族》，《中国社会保障》2010 年第 10 期。

刘亚娜：《社区视角下老漂族社会融入困境及对策——基于北京社区“北漂老人”的质性研究》，《社会保障研究》2016 年第 4 期。

张新文：《城市社区中随迁老人的融入问题研究——基于社会记忆与社区融入的二维分析框架》，《青海社会科学》2014 年第 6 期。

崔岩：《流动人口心理层面的社会融入和身份认同问题研究》，《社会学研究》2012 年第 5 期。

B.6

河南民办教育转型发展分析报告

胡大白*

摘　要： 客观上由于国家政策导向提供了顶层设计，河南民办教育具备了转型发展的外部条件，但更重要的是经过30多年的发展，河南民办教育已经初具规模，具备了转型发展的内生动力。主动适应经济社会发展的需求，真正实现教育的自身价值，是河南民办教育清醒的理性选择。探索中的转型发展为河南民办教育注入了新的生机和活力。

关键词： 河南　教育转型　民办教育

河南当代的民办教育，经过30多年的发展，已经具备了一定的规模。由开始作为公办教育必要的补充，到成为整个教育事业的重要组成部分，在发展的过程中克服了许多困难，奠定了比较坚实的基础，正在成为推动教育改革的主要力量。

一　河南民办教育发展规模

20世纪80年代初期，中国改革开放的大潮方兴未艾，各行各业的发展对人才的需求空前迫切，仅仅依靠当时有限的公办教育资源已经远远无法满足。经济社会的发展对单一的公办教育体系提出了新的课题，社会力量办学

* 胡大白，中国民办教育协会监事会主席，河南民办教育协会会长。

应运而生。在河南，由于传统观念和经济发展滞后的影响，新生事物总是千呼万唤才出来。1984 年，以“郑州高等教育自学考试辅导班”的创立为标志，河南当代民办教育迈出了关键的一步，从此一发不可收拾。30 多年来，河南民办教育由落后一步步跨越发展，一步步走到全国前列，到 2017 年，规模已稳居全国第二。

表 1　2007～2016 年河南民办教育在全国民办教育中的占比情况

年份	全国民办教育总规模			其中河南民办教育					
	学校数（万所）	招生数（万人）	在校生数（万人）	学校数（所）	占比（%）	招生数（万人）	占比（%）	在校生数（万人）	占比（%）
2007	9.52		2583.50	5162	5.42	75.38		197.03	7.63
2008	10.09		2824.40	6149	6.09	86.43		239.08	8.46
2009	10.65		3065.39	7034	6.60	95.14		270.52	8.82
2010	11.90	1300.45	3392.96	8466	7.11	102.49	7.88	318.43	9.39
2011	13.08	1400.88	3713.90	10539	8.06	132.02	9.42	374.02	10.07
2012	13.99	1454.03	3911.02	12761	9.12	156.86	10.79	421.68	10.78
2013	14.90	1494.52	4078.31	14244	9.56	175.76	11.76	454.98	11.16
2014	15.52	1563.84	4301.91	15337	9.88	178.21	11.40	471.14	10.95
2015	16.27	1636.68	4570.42	16707	10.27	194.20	11.87	525.68	11.50
2016	17.10	1640.28	4825.47	17718	10.36	171.81	10.47	566.64	11.74

从规模扩张的数据看，到 2007 年，河南民办教育的在校生规模已经占据了全国民办教育总规模的 7.63%。近十年来，面临学龄人口的不断减少，经济发展增速的起伏，河南的民办教育在底子薄、经费缺、师资队伍不稳定等条件下实现了健康快速的发展，到 2016 年，在校生总规模达到 566.64 万人，占到全国民办教育在校生总规模 4825.47 万人的 11.74%。换算一下，在全国每 100 名民办学校在校生中，为河南民办学校在校生的就有近 12 人。

2007 年，全国总人口为 132129 万人，全国民办教育在校生总规模为 2583.50 万人，占 1.96%。河南省常住人口为 9869 万人，民办教育在校总规模为 197.03 万人，占比不到 2%，基本上是全国的平均数。到 2016 年，全国总人口为 138271 万人，民办教育在校生总规模为 4825.47 万人，占到

3.49%。河南省常住人口9532.42万人，民办教育在校生总规模为566.64万人，占到5.94%，不但超过了全国平均数两个百分点，而且是2007年的2.98倍。2016年，全国每万人口中，有350人正在民办学校就读，而在河南，这个数字接近600人。再与河南全省教育事业发展的总规模相比较，河南的民办教育也是一路发展的势头。

表2 2007～2016年河南民办教育在全省教育总规模中的占比情况

年份	全省教育总规模			其中民办教育					
	学校数（所）	招生数（万人）	在校生数（万人）	学校数（所）	占比（%）	招生数（万人）	占比（%）	在校生数（万人）	占比（%）
2007	57555	674.06	2691.69	5162	8.97	75.38	11.65	197.03	7.32
2008	58122	661.46	2744.41	6149	10.58	86.43	13.07	239.08	8.71
2009	58019	654.70	2789.66	7034	12.12	95.14	14.53	270.52	9.70
2010	61430	654.67	2768.58	8466	13.78	102.49	15.66	318.43	11.50
2011	65576	723.61	2797.40	10539	16.07	132.02	18.24	374.02	13.37
2012	64752	740.26	2789.96	12761	19.71	156.86	21.19	421.68	15.11
2013	61206	708.34	2505.39	14244	23.27	175.76	24.81	454.98	18.16
2014	60688	688.99	2554.48	15337	25.27	178.21	25.87	471.14	18.44
2015	58745	703.29	2553.99	16707	28.44	194.20	27.61	525.68	20.58
2016	57163	666.61	2601.31	17718	31.00	171.81	25.77	566.64	21.78

规模扩张，总量增加，是河南民办教育近十年的主要发展趋势。2007年，河南民办教育在校生规模仅占全省教育事业总规模的7.32%，到2016年达到21.78%。从2007年到2016年，河南全省学校数和在校生数都呈现缩减的趋势，学校数由2007年的57555所减至57163所；在校生数由2007年的2691.69万人减至2601.31万人。最低的2013年，全省在校生数仅有2505.39万人，比2007年减少了186.30万人。同期河南的民办教育却逆势增长，学校数由2007年的5162所猛增至2017年的17718所，增加了12566所；在校生数由197.03万人剧增到566.44万人，增加了369.41万人，每年平均以37万人的增速在增长。同期公办教育规模在不断缩减，学校数由2007年的52393所缩减到39445所，10年减少了12948所；在校生数由

2007 年的 2494.66 万人减少到 2034.67 万人，10 年间减少了 459.99 万人。

2016 年，河南的民办教育机构已经达到 17718 所，招生 171.81 万人，在校生达到 566.64 万人，全省民办学校教职工达到 43.41 万人。2014～2015 学年，河南民办教育在校生比位居第一名的广东少了 106 万人，比第 3 名的四川多出了近 230 万人，稳居第二。广东民办教育的生源，多数来自外地，据报道，2014 年，广东省义务教育阶段民办教育在校生 254 万人，其中非本地户籍的学生占 78.35%。[①] 如果去除这些因素，河南民办教育的总规模应该和第一名相差不大。

二　河南民办教转型发展成因分析

（一）外在条件

1. 生源减少

实际上从 21 世纪初开始，中国的学龄人口已经有了减少的趋势，到 2005 年，减少的势头越来越明显。2007 年，全国小学招生数虽略有增加，但学校数、毕业生数和在校生数都在继续减少，分别比上年减少 2.15 万所、58.31 万人和 147.53 万人。以后 2008 年、2009 年连续减少，两年间减少了 98.27 万人。2010 年、2011 两年呈增加势头，两年间增加了 99 万人。以后三年又是减少的趋势，到 2015 年又实现了增长。10 年间全国小学在校生由 1736.07 万人，到 1752.47 万人，略有增加。小学招生数是所有学前后教育生源的基础，从数据情况看，自 2010 年起，以后十年全国教育在校生总规模应该是一个减少的趋势。从河南省的情况看，2012 年全省各级各类学校招生数达到峰值，为 740.26 万人，以后逐年下降，2015 年虽有反弹，但总体还是减少的趋势。

---

① 许青青：《广东民办学校超 4 成多，在校生规模全国第一》，中国新闻网，2016 年 2 月 26 日。

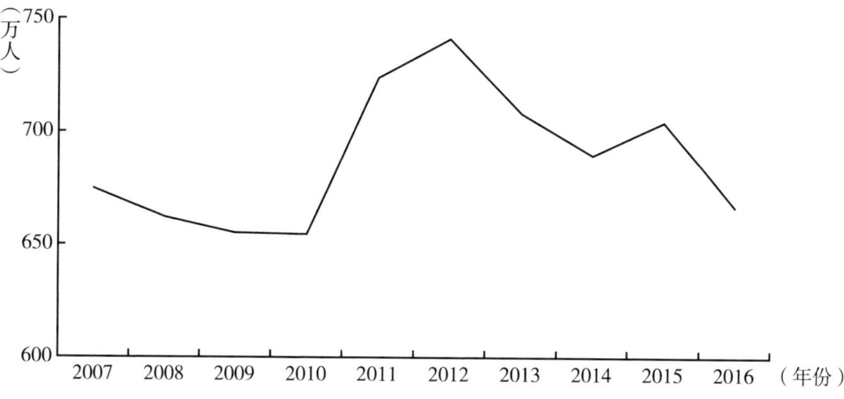

图1　全省各级各类学校总招生数

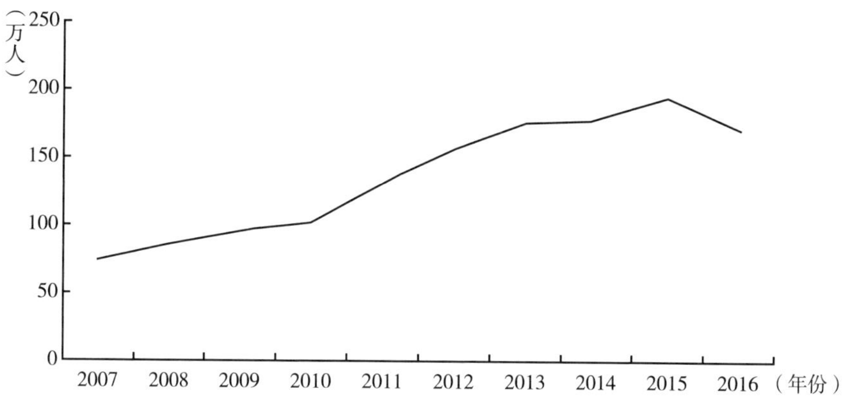

图2　全省各级各类民办学校招生数

河南各级各类民办学校的招生数在2012年、2013两年实现了跨越式发展，2015年达到峰值，到2016年出现回落，回到理性发展的水平。

2. 社会诉求

随着经济社会的不断发展和人民群众生活水平的不断提升，家长和学生对高质量、有特色的教育的选择需求越来越迫切。社会要求民办教育实现由规模扩张到内涵提升的转型。

3. 政府推动

早在2003年9月1日实施的《民办教育促进法》在第一章中就明确规定：民办学校应当遵守法律、法规，贯彻国家的教育方针，保证教育质量，致力于培养社会主义建设型的各类人才。14年后，2017年9月1日实施的新修订的《民办教育促进法》中，这个提法依然未变。2016年12月，国务院发布的《关于鼓励社会力量兴办教育促进民办教育健康发展的若干意见》也明确提出了育人为本，德育为先；分类合理，公益导向；优化环境；综合施策；依法管理，规范办学；鼓励改革，上下联动的基本原则。要求民办学校要服务社会需求，更新办学观念，深化教育教学改革，创新办学模式，加强内涵建设，提高办学质量。

可以看出，国家对民办教育发展的顶层设计，其落脚点都在提高人才培养质量上。河南省人民政府2015年12月出台的《关于加快推进民办教育发展的意见》明确提出，要正确引导民办教育规范发展，指出“各级各类民办学校要全面贯彻国家教育方针，坚持立德树人，全面实施素质教育，把促进学生全面发展和满足经济社会发展需要作为根本任务”，从而引导民办学校不断提高管理水平，提升人才培养质量。

（二）内生动力

1. 理性的选择

河南民办教育所以能在30多年间实现规模的快速扩张，除了政府和社会各界的大力支持外，主要还是民办教育自身的正确选择。在长期的发展过程中，河南民办教育的实践者一直保持着清醒的头脑，在规模达到一定程度后，面对经济和社会发展的需要，根据党和政府的要求和社会各界的诉求，结合自身发展的规律，审时度势，理性选择转型。

2. 发展条件初步具备

一般情况下，事业的发展在具备了一定的规模后，再简单追求粗放式的扩张，只能导致自杀式发展。目前河南的民办教育总规模已经占据了河南教育总规模的20%以上。仅从河南民办高等教育的37所学校来看，其中已有

14 所在校生规模超过了万人，而黄河科技学院和郑州工商学院在校生已近 3 万人，郑州科技学院、郑州工业应用技术学院、河南师范大学新联学院、商丘学院、郑州升达经贸管理学院等高校在校生已经超过两万人。

同时，这些学校的办学条件也具备了发展的保障。黄河科技学院产权占地面积达到 2314 亩，建筑面积达到 833728 平方米，图书馆藏书 240 万册，教学科研仪器设备价值 25593 万元。郑州科技学院、郑州工业应用技术学院、黄河交通学院、河南师范大学新联学院、信阳学院、新乡医学院三全学院、郑州工商学院、商丘学院等高校的教学科研仪器设备价值均已超过了亿元。转型的条件已经初步具备。

3. 学校发展的需要

新时代经济社会发展对教育的要求，是面对经济社会发展的需要，培养高素质的、多元化、特色化的人才，这样的要求必然推动民办教育的多元化、特色化办学，而其中最根本的，是由规模扩张转变为内涵提升，提高人才培养质量。

4. 社会责任心的推动

有良知的教育工作者，其从教的出发点和归宿都是为了促进人的全面发展。一个好的民办教育工作者绝不会仅仅满足于学校的做大，更加关注的是如何使自己的学生成才，成为对经济社会发展有用的人才。

5. 现代学校的呼唤

构建基础扎实、发展持久的教育机构，是每个民办教育创始人和引路人的最终目的。如何走得更好，走得更远，仅靠规模扩张是远远不够的。世界顶尖学校的发展史对河南民办教育的启示，最重要的一条就是保证毕业生的质量。

三　河南民办教育转型发展的基本成效

1. 积极探索产教融合、校企合作的人才培养模式

2013 年，教育部启动“应用科技大学改革战略研究试点”工作，作为

在全国最有影响力的民办高校之一，黄河科技学院成为全国首批试点单位。在30多年的发展经历中，黄河科技学院由“郑州高等教育自学考试辅导班”起步，发展成为全国第一所具有大学专科学历教育资格的民办高校，此后继续发力，又成为全国第一所具有大学本科学历教育资格的民办高校。这是当代中国民办教育发展史上的两个里程碑。在发展的重要时期，学校主动选择转型并得到了国家的支持。未来，黄河科技学院将以深化创新创业教育作为建设高水平应用技术大学为突破口，推进转型。

2. 引导部分高等院校向应用型大学转型发展

2013年1月河南省启动了本科学校转型发展试点工作，确定5所本科院校为第一批试点，并于2014年9月对试点学校进行中期评估。2014年9月，在学校自愿申报、专家评审的基础上，确定10所本科院校作为第二批试点，分为整体转型和专业（集群）转型两个类别。最终，共确定15所本科院校作为试点高校，占全省地方本科院校数量的27.3%，其中公办高校14所，黄河科技学院是唯一的民办高校。之后，郑州工商学院（原河南理工大学万方科技学院）、郑州成功财经学院、新乡医学院三全学院等本科院校和独立学院整体转型成应用型大学。郑州交通职业学院于2014年5月29日升格为民办普通本科高等院校，定名为黄河交通学院。

2014年6月，经教育部批准，郑州华信学院直接更名为郑州工业应用技术学院，是新形势下国家实施技术技能型人才培养战略和推进新建地方本科院校转型发展以来，首批更名为“应用技术学院”的应用型本科高校。根据教育部“应用科技大学”改革试点建设要求，分别设立了黄河科技学院应用技术学院和商丘学院应用科技学院。

3. 学科专业建设紧密结合地方经济发展的需要

黄河科技学院结合中原经济区建设和郑州航空港经济综合实验区建设对人才的需求，深入推进和创新发展“本科学历教育与职业技能培养相结合”的人才培养模式。郑州财经学院坚持开门办学，主动贴近市场，深化校企合作，推动高水平就业，突出应用型大学办学特色。郑州科技学院坚持“实基础、重实践、强能力、会创新”的应用型人才培养目标，创新实施“学历证 + 技能证 + 综合素质证”的人才培养模式，不断深化产教融合、校企合作，注重培养大学生的实践能力与综合素质。黄河交通学院实施“三学期制”人才培养模式和“学生中心、能力中心”的现代教学模式。郑州工业应用技术学院遵循应用型人才培养规律，着力推进教学改革，依据地方产业发展需要，构建了先进制造、现代服务、康复养老、城乡建设等 4 个专业集群；依托企业集团办学优势，搭建了学研产一体化发展平台；强化了基础技能训练、专业综合实训、企业实战训练三层对接的实践教学体系，开展了应用型人才培养的系列改革，取得了一定成效。

四　转型发展中的困难和问题

（一）经费依然是制约发展的瓶颈

民办教育的经费不足是长期以来一直没有解决的问题。多年来，河南民办教育在人口多、底子薄的大环境里发展，比起其他省份的民办教育，经费困难的状况更加突出。2012 年，省财政设立 2000 万元民办教育发展专项资金，到 2016 年已达 5000 万元，但由于民办教育不能和公办教育一样享有生均教育经费，其发展的过程依然步履维艰。

（二）师资队伍建设困难重重

河南的民办教育目前虽然已经拥有了一支数量可观、能力较强的师资队伍，但是由于编制、政策、社会认识等原因，一直无法建立科学的梯次教师队伍。近年来更是出现了优秀教师跳槽的现象。往往是一个青年教师在民办学校接受培养，受到锻炼，具有了一定的职称和教育教学经验之后，即被公办学校挖走。业内将民办学校称为公办学校教师的培训基地。虽然戏谑，但实属无奈。

（三）发展不平衡

这里的不平衡主要指两个方面。

1. 整体结构不平衡

就2016～2017学年河南民办教育各学校的规模看，这种不平衡十分明显（见表3）。

表3 2016～2017学年河南各层次教育基本情况

类别	教育总规模				民办教育							
	学校数（所）	毕业生数（人）	招生数（人）	在校生数（人）	学校数（所）	占比（%）	毕业生数（人）	占比（%）	招生数（人）	占比（%）	在校生数（人）	占比（%）
高等教育	129	486850	606034	1874751	37	28.68	98279	20.19	131592	21.71	417180	22.25
中职教育	800	423714	477911	1282509	190	23.75	47698	11.26	85358	17.86	196205	15.30
普通高中	792	633076	695330	1995960	242	30.56	87494	13.82	125738	18.08	330981	16.58
普通初中	4557	1295021	1441316	4158272	758	16.63	221191	17.08	257814	17.89	740792	17.81
小学	22822	1441616	1731619	9655895	1748	7.66	219258	15.21	200765	11.59	1290041	13.36
学前教育	18695	1556017	1579348	4086838	14743	78.86	871028	55.98	916780	58.05	2687521	65.76

由表3可以看出，河南民办教育在学前教育阶段占比最高，民办幼儿园在园幼儿占据了同一学段全省在园幼儿总规模的近2/3。小学阶段占比最低，占同一学段全省小学教育招生数的不到1/8。民办高等教育学校数占比超过了1/4，毕业生数、招生数和在校生数占比都超过了1/5。

2. 同一学段的发展不平衡

以民办普通高等教育为例，在37所民办高等院校中已有14所在校生规模超过了万人，7所超过了两万人，其中两所已达到3万人。而一些发展较慢的学校还没有形成规模效应，有7所学校在校生规模在3000人以下，其中有两所还不到1000人。从办学基本条件来看，规模较小的学校在师资队伍、占地面积、建筑面积、图书数量和教学科研设备仪器总值等方面都比较薄弱。这些学校应对困难和风险的能力也不够强。

整体来看，河南的民办学校大体为分三种类型。第一种是具备了转型条件且已经进行转型的，这类学校大致占到60%；第二种是初步具备了转型条件的学校，正处于规模扩张和质量提升并行的过程中，这类学校大致占到25%；第三种是规模效益都比较低下的学校，依然在艰难地进行规模扩张，这类学校大致占到15%。如不努力提升办学效益，少数学校很可能在未来的竞争中会被淘汰出局。

五　对策建议

（一）加大政策支持力度

政府要在落实新的《民办教育促进法》的同时，加大对民办学校政策、资金、用地和师资队伍建设等方面的支持，使民办学校在这些方面和公办学校享有同等的待遇，使正在转型中的河南民办教育逐步突破瓶颈，实现又好又快发展。

（二）社会推动

社会对民办教育发展的支持主要体现在两个方面：一是对民办教育有正确的认识和公允的评价，不但要看到河南民办教育在河南教育发展中的重要贡献，看到民办教育工作者的求新奉献精神，还要据实宣扬传播民办教育的成就和业绩；二是以实际行动支持民办教育，通过捐赠、合作办学、项目开发等活动解决民办学校在发展中遇到的具体困难。

（三）内部完善

民办学校要认真学习贯彻党的十九大精神，依据新的《民办教育促进法》不断规范自己的办学行为，主动为当地经济和社会发展服务，认真创新内部管理机制，提升人才培养质量，真正从粗放的规模扩张式发展转变为质量提升的内涵式发展。

B.7 河南省农民工返乡创业问题研究报告

李红见　张 涛*

摘　要： 经济新常态下，我国的产业布局和产业分工格局出现分化，区域产业结构调整和产业梯度转移步伐日益加快，农村劳动力转移就业创业随之出现新的变动。河南作为农业人口大省，农村劳动力转移也呈现出新的特点：务工流不再是向外单向流动，出现就业创业流向回归逆转；劳务经济也正在实现由“输出一人致富一家”的打工效益，向“一人创业造福一方”的创业效应转变。这一情况的出现，符合农村劳动力转移发展的客观规律，也是我国和河南省宏观经济发展的必然结果。在当前国家和地方各级政府大力提倡“双创”的背景下，研究和关注农民工返乡创业问题尤其具有非常重要的现实意义。

关键词： 河南　农民工　返乡创业

经济新常态下，我国的产业布局和产业分工格局出现分化，区域产业结构调整和产业梯度转移步伐日益加快，农村劳动力转移就业创业随之出现新的变动。河南作为农业人口大省，农村劳动力转移呈现出新的特点：务工流不再是“孔雀东南飞”的单向流动，而是出现就业创业“春暖燕回巢”的流向逆转；劳务经济正在实现由“输出一人致富一家”的打工效益，向

---

* 李红见，河南省劳动科学研究所，研究室主任，高级经济师；张涛，郑州科技学院，经济学硕士。

“一人创业造福一方”的创业效应转变。这一情况的出现，符合农村劳动力转移发展的客观规律，也是我国及河南省宏观经济发展的必然结果。在当前国家和地方各级政府大力提倡“双创”的背景下，研究和关注农民工返乡创业问题尤其具有非常重要的现实意义。对此，为了更加深入了解河南省农民工返乡创业的基本情况，发现和梳理农民工返乡创业出现的问题，及时关注农民工返乡创业的期望和诉求，提出相应的合理化建议，我们开展了相应的专题调研。

一　当前河南省农民工返乡就业创业基本情况和发展特点

河南是劳务输出大省。目前，河南省农村劳动力有4800多万人，农村劳动力转移就业2900多万人（其中，省外转移1100多万人）。根据河南省人社厅公布的最新数据，截至2017年8月底，全省返乡创业人数累计94.95万人（其中，贫困劳动力实现自主创业5.9万人），带动就业人数483.69万人，创办企业48.57万个，发放农民工返乡创业担保贷款累计222.39亿元。河南省农民工返乡创业经过近几年的发展，呈现出符合河南省基本省情和地方实际的一些基本特点。

（一）创业群体相对年轻化

从历年外出务工的农村劳动力整体年龄结构看，河南省农民工初次务工的年龄普遍偏小，有些十几岁中学毕业后就开始外出务工了。由于外出务工起步较早，部分人经过多年的务工历练，在有了一定的经验和财富积累后，开始选择返乡创业。这部分人主要以中青年为主。此外，近几年随着互联网技术的发展和智能手机的普及，农村务工人员获得知识、信息的途径也变得越来越开放，“80后”、“90后”甚至“00后”利用自身优势，通过网络销售开始成为创业主体，农民工返乡创业群体呈现出日益年轻化的特点。

（二）创业业态高度相关化

就返乡创业农民工群体来说，整体素质不高，专业技术优势不足，资金有限，创业进入的行业门槛一般相对较低。他们刚开始返乡创业时，大多数创业都是从自己熟悉的行业及相关领域以个体户、手工作坊形式开始，然后才逐渐多元化、正规化、公司化。通过调研我们发现，大多数返乡创业农民工选择现在行业的初衷是因为在外打工从事过这一行业，或者创业所在地具有相应的资源或传统优势。如鲁山县墨子古街创业园依托当地丰富的自然环境旅游资源和墨子名人文化资源优势，逐渐发展起休闲旅游类产业。舞阳县河南华宝农业技术开发有限公司属于依托当地有香菇种植的传统发展起来的农业类企业，还有的依托当地人力资源优势和自己在外打工积累的经验创办了制鞋制衣、尾毛加工等劳动密集型企业等。

（三）以就地就近创业为主

返乡创业农民工群体大多数选择就近就地创业，这有多方面原因。一是中原人家乡情结特别重，即便是很多人背井离乡、外出多年，他们依然对家乡念念不忘，一有机会他们便首先选择在家门口创业。二是返乡创业者对家乡资源和环境状况非常熟悉，容易将其与自己的经验和技能结合起来，发现商机。三是受家乡政府政策导向影响。地方政府在招商引资时，对本地人有一定的倾向性，认为这些人本身就是家门口人，既便于了解，好说服，而且长期看也能够留得住。

（四）以特色产业园区为创业基地

地方政府高度重视农民工返乡创业工作，依托地方特色产业和资源优势建设相应的产业园区，通过出台实施相关扶持优惠政策，积极吸纳农民工返乡创业。如汝州市通过建设汝绣产业园，鹿邑县通过建设尾毛产业园，平舆县通过建设防水产业园，搭建农民工返乡创业的专业化平台，方便返乡创业企业入驻。同时，各地兴办的电子商务产业园也为广大返乡农民工搭建了创业平台。

（五）日益成为河南脱贫攻坚的重要助力

河南是农业人口大省，经济发展整体落后，各地发展不均衡。要实现2020年全部脱贫的目标任务，对河南来说，压力很大，需要调动各方面资源共同参与。从推动河南脱贫攻坚战略角度看，支持农民工返乡创业是一个很好的点。外出务工人员本身对贫困人员具有亲近感、不排斥，有帮扶意愿。同时农民工返乡在家门口创业一般贴近贫困地区，为农村贫困劳动力提供了就近就地就业的机会，为增加贫困家庭工资性收入带来机遇。特别是国家和各地围绕扶贫攻坚还出台了很多的扶持政策。地方政府通过开展就业扶贫、产业扶贫、金融贷款、到户增收等项目，既能够一定程度上缓解创业者启动资金难题，也能稳定持续增加贫困户收入。如舞阳县河南省华宝农业技术开发有限公司采取承包模式、务工模式、分红模式，带动周边3个村100多户贫困户发展食用菌产业，实现了在家门口脱贫致富。2016年，光山县返乡农民工新办企业587家，带动贫困劳动力就业3277人。

二　河南促进农民工返乡创业的主要做法

（一）健全工作机制

省委、省政府高度重视农民工返乡创业工作，推动建立了省部合作、部门协同推进、地方贯彻实施的工作机制。省政府与人社部签署共同推进河南省农民工返乡创业工作备忘录，加强创业培训、资金支持等方面的合作，发挥河南省在中西部地区的示范带头作用；省政府成立推进农民工返乡创业工作领导小组，召开全省推进农民工返乡创业大会进行动员部署，进一步细化实化各项政策措施，从产业发展、项目实施、金融支持、公共服务、新闻宣传等方面，全方位助力农民工返乡创业；各市、县建立了政府主要领导亲自抓、分管领导具体抓的体制机制，形成政府主导、部门协同的工作格局。

（二）完善相关政策

对农民工返乡创业工作，省级部门出台了相关的支持政策和配套措施，各地也出台了地方性的扶持政策。如省级部门出台了《河南省人民政府办公厅关于支持农民工返乡创业的实施意见》，省财政厅、省人社厅等部门也出台了相关配套措施，加大对农民工返乡创业的财政、法律等支持保障。河南省设立了“河南省农民工返乡创业投资基金”，总规模达 100 亿元。漯河市、许昌市制定支持农民工返乡创业的一系列政策措施，建立推动农民工返乡创业的工作机制。兰考县设立 500 万元农民工返乡创业专项扶持资金，清丰县设立 2000 万元农民工返乡创业投资基金，平舆县设立 400 万元返乡农民工创业基金，用于提供创业场地、水电等费用方面的优惠政策支持，助推农民工返乡创业企业做大做强。

（三）强化创业培训

河南省各地各部门针对返乡创业人员的意愿和特点，把创业培训与创业指导相结合，提供多层次、多类别、多阶段的创业培训。如漯河市积极推进“校企合作”，形成了“企业下单、学校接单、政府买单、农民受益”培训模式，每年有 2.3 万名农村劳动力参加免费技能培训。荥阳市鼓励知名培训机构进农村、走基层，与县乡合作开展培训，邀请浙江义乌焦点电商学院高级讲师到乡镇为返乡农民工举办电商培训班，有效解决培训“最后一公里”问题。兰考乐器、长垣厨师、鹿邑尾毛、平舆防水等，都是围绕当地主导产业发展出来的培训品牌，具有鲜明的产业属性和地方特色，使培训更具有针对性和有效性。

（四）优化创业服务

各地积极发挥基层就业和社会保障服务平台作用，主动拓展服务职能，为返乡创业者提供贴身式、保姆式、个性化服务。采取自然人担保、园区担保、财产担保、公司+农户担保等形式，加大对农民工返乡创业贷款支持力度。1~7月，全省为农民工发放创业担保贷款24.05亿元。鹿邑县为每个返乡创业示范园区确定一名帮扶领导、一个帮扶班子，提供全天候保姆式服务，解决返乡创业者生产经营中的实际问题。孟津县选聘100多名专家和创业成功人士组成“创业指导师志愿团”，开展“一对一”“多对一”结对指导服务。平舆县224个村（居）委都建立了人社部门创业服务工作站，让返乡创业的农民工在家门口就能享受到便利的就业创业服务。鲁山县投资850多万元，利用闲置的2万平方米标准化厂房，建成跨境电商孵化园、丝绵产业创业园，吸纳返乡农民工创办电子商务企业28家。

（五）坚持示范带动

各地按照布局相对集中、主导产业突出、创业服务完善的基本要求，结合农村特色经济，发展“一村一品”“一乡一业”创业园区。按照“发展前景好、具有代表性、示范性、可复制”的标准，从不同行业、不同领域筛选一批农民工返乡创业项目，重点指导、重点服务，培育典型、示范带动。目前，全省已认定28个省级示范园区、50个省级示范项目、20个返乡创业示范县和30个返乡下乡创业助力脱贫攻坚优秀项目。各地也相继评审认定了一批市级、县级示范园区、示范项目、示范乡镇。

（六）营造社会氛围

社会各界发挥合力重视营造农民工返乡创业的良好社会氛围。如政府及各部门领导非常重视农民工返乡创业工作，非常关注并注重解决返乡农民工创业难题。各地注重利用广播、电视、报纸、网络、微博、微信等多种媒体，开设专题专栏，广泛宣传鼓励支持农民工返乡创业的政策措施和创业典型，为农民工返乡创业营造良好的舆论氛围，强化舆论导向，以示范带动更多农民工返乡创业。

三　河南农民工返乡创业存在的问题

（一）返乡创业农民工群体自身存在很多限制和不足

返乡创业农民工因为种种原因，与其他创业群体相比，还存在很多的限制和不足。一是群体意识相对保守。总体来说，返乡创业农民工还相对保守，现代市场意识、开拓创新意识还不是很强，尚没有树立先进企业经营理念、管理理念和科技理念。二是文化技能素质整体偏低。这个群体大部分外出打工比较早，很多是初中、高中文化水平，外出打工从事的也是相对较低技术含量的工种和岗位，整体文化技能素质较低，这限制了他们的创业活动。三是创业和管理经验不足。返乡创业农民工大部人在外自己创业或从事企业中高层管理岗位的很少，缺少相应的创业和管理经验。

（二）政府引导推动作用尚没有充分发挥

从调研情况看，部分地方政府相关人员对农民工返乡创业的认识还有局限性，没有认识到农民工返乡创业的综合带动作用，推动农民工返乡创业的工作思路不够宽，还没有从农村经济社会发展全局出发去谋划、去推动，而是就事论事，缺乏统筹安排。此外，目前部分地方政府领导体制和工作机制还需要进一步理顺，责任分工还不够明确，存在部门分割问题，没有真正形成多部门合力推进的工作格局，致使支持农民工返乡创业的政策措施不够系统、不够完善，直接影响着支持农民工返乡创业工作的推进力度。

（三）创业项目层次较低，发展后劲不足

从调研情况看，目前河南的农民工创业项目整体结构比较单一，以分散式小规模种养和家庭作坊式简单加工制造为主，从事的产业基本都是较低门槛、较低层次的第一产业或劳动密集型产业。这些企业，由于处于产业链的

最末端，市场的议价能力很差，容易受宏观经济形势波动的冲击。很多项目短期内靠政策红利尚能生存，但应对市场风险能力较差，也缺少长远发展规划，发展的后劲不足。

（四）社会认可支持的氛围尚需营造

从整个社会来看，农民工返乡创业还没有深入人心，也没有得到社会的认可，获得社会各界的支持。调研中我们发现，有些地方对农民工返乡创业政策的宣传还不够深入，外出农民工对家乡支持农民工返乡创业政策的知晓度不够高，优惠政策的吸引力还不够强，特别是对返乡创业典型的宣传还不够多、不够活，农民工返乡创业典型的示范作用还没有得到充分发挥。社会公众对农民工返乡创业也不看好，对这类企业生产的产品还有偏见，全社会支持农民工返乡创业的氛围还有待进一步营造和优化。

四　相关建议

（一）开展更加有针对性的创业培训

各级政府要结合返乡创业农民工群体的特点，充分考虑他们创业的基本情况和实际需要，结合他们的创业意向和创业项目，开展更有针对性的创业培训。一是分层次开展培训。根据返乡农民工的个人情况，按不同年龄、不同文化素质或者依据创业项目类型、性质，对创业者进行分层培训。二是创新培训的形式。优化创业培训队伍，引入更多的创业成功者、企业职业经理人等创业典范或某些领域的专家，开展相关专题培训；把创业培训引入田间地头、引入工厂车间，通过让返乡农民工亲自观摩体验，了解创业的流程和注意事项。此外通过具体的案例教学，增强学习的效果，提升他们的认同感。三是注重培训效果监控。要对培训机构进行有针对性的监管，不能“一培了之”。应摸索建立培训市场化模式，注重对培训的考核，提高培训机构的积极性和自我要求。

（二）进一步理顺体制机制

省级政府要进一步理顺体制机制，整合部门资源，形成合力。一是以省部共建为契机，积极协调沟通，力争从人社部获得更多的政策支持和业务指导，争取创造出更多能够在全国推广的好经验、好做法。二是统筹考虑，理顺部门职能，形成合力。打破部门分割、条块分化的现状，进一步理顺部门职能，强化责任分工与合作，整合部门资源，形成部门相互支持配合、协同推进的良好格局。三是强化整体考核与监督。强化对农民工返乡创业工作的整体考核，出现问题不仅要追责直接责任部门，还要追责关联或协作部门，以此调动各部门参与协作、协调的积极性和自觉性。

（三）建立农民工返乡创业项目资源库

地方政府一定要摸清自己的家底，依据地方资源和传统优势，制定好地方发展规划，明确地方发展方向，引导地方产业发展。根据地方发展规划，建立农民工返乡创业项目资源库，长期广泛征集创业项目，定期组织相关领域的行业专家对创业项目进行评估，有针对性地选取项目进行推介、扶持，进行产业项目培育，优化农民工返乡创业项目结构，提升农民工返乡创业的项目层次。此外，每年通过定期公开举办各类农民工返乡创业项目大赛，评选出优秀项目进行表彰扶持，引导主管部门合力打造创业典范，聚焦产业发展方向，进一步激发社会创业激情。

（四）进一步完善农民工返乡创业金融支持体系

资金问题是农民工返乡创业的最大障碍之一，也是最难解决的问题之一。地方政府应主动协调金融主管部门和有关金融机构，不断完善金融支持体系。如进一步拓宽抵质押物范围，加快建立农村林权、水域滩涂使用权、宅基地、大型农机具、股权、应收账款等抵质押担保机制，开展将农村承包土地的经营权、农民住房财产权、林地承包（租赁）经营权及林木、畜禽、水产品等活体资产作为有效担保物试点，进一步增加农村资源资产的抵押担保权能，提高农民工返乡创业贷款可获得性。

（五）大力发展创业市场专业化服务平台

以现有人力资源和社会保障服务平台为基础，可以通过专业培训，引导培育和壮大专业化市场中介服务机构，提供市场分析、管理辅导、专业技术指导、产品开发、专利申请和使用等深度服务，帮助返乡创业农民工选择创业项目、提升管理能力。鼓励大型市场中介服务机构跨区域发展，推动形成专业化、社会化、网络化的创业市场中介服务体系，为农民工返乡创业提供多方位社会化服务。

参考文献

王立娜：《“互联网+”背景下农民工返乡创业的契机、挑战与对策》，《理论导刊》2016年第6期。

谢启文：《社会支持视角下的返乡农民工创业》，《特区经济》2010年第12期。

胡俊波：《制约农民工返乡创业的现实因素分析——来自四川省金堂县的调查》，《农村经济》2010年第11期。

高伟：《我国新生代农民工返乡创业问题研究》，山东师范大学硕士学位论文，2015。

刘溢海、王琳：《农民工返乡创业金融支持模式研究》，《河南科技大学学报》（社会科学版）2017年第2期。

吴碧波：《农民工返乡创业促进新农村建设的理论和现状及对策》，《农业现代化研究》2013年第1期。

张秀娥、郭宇红：《农民工返乡创业的现实困境及其化解之策》，《社会科学战线》2012年第11期。

陈文超、陈雯、江立华：《农民工返乡创业的影响因素分析》，《中国人口科学》2014年第2期。

B.8

河南省妇女福利事业的发展研究报告*

郑州大学课题组**

摘　要： 当前，河南省在妇女福利事业的建设方面取得了重大进展，呈现出福利供给主体多元化、服务对象广泛化、福利内容丰富化以及服务方式多样化的发展态势。进一步分析发现，河南省妇女福利事业的发展仍存在诸多问题，主要表现为福利服务不充分、城乡发展不均衡、财政投入尚不足以及社会福利组织发展不完善等。为此，需要从社会治理的角度出发，进一步促进河南省妇女福利事业的长足发展，主要包括强化社会治理理念，增强社会性别意识；完善妇女福利政策，加强妇女权益保障；加大政策监督力度，促进城乡均衡发展；关注特殊妇女群体，推动福利机构建设；扩大财政专项投入，满足妇女福利需求等，以提升广大妇女的获得感、幸福感与安全感。

关键词： 妇女福利　社会治理　河南

一　河南省妇女福利事业发展的时代背景

在我国大力推进适度普惠型福利社会的构建过程中，妇女福利事业发展

---

* 本文为河南省政府决策研究招标课题（立项编号：2017B312）、河南省教育厅人文社会科学研究重点项目（课题序号：2016—zd—001）、河南省社科规划项目（项目批准号：2015BSH011）和河南省高校科技创新人才支持计划“转型期河南省女性福利获得的社会空间研究”的阶段性成果。

** 课题组负责人：蒋美华，郑州大学公共管理学院，教授；课题组成员：朱琦、谷晨晨、张菡、酒宇航、梁晶晶，郑州大学公共管理学院研究生。

如何直接关系着福利社会的整体发展水平。对于社会福利制度的内涵，学界有广义与狭义之分。广义的社会福利制度是国家为保障公民的基本生活需要和社会权利，通过法律和政策法规的形式为社会福利的实施所做的制度安排，如社会保险、公民住房及社会服务等。狭义的社会福利制度是社会保障体系中的一个组成部分，与社会保险相并列，通常是指由国家或社会为立法或政策范围内的所有对象普遍提供的在一定的生活水平的基础上尽可能提高生活质量的资金和服务的社会保障制度①。本研究主要从广义层面来理解妇女福利事业，包括妇女的就业保障、生活保障、安全保障、教育福利、生育福利、老年福利、健康福利、住房福利等一系列福利获得状况。其中，就业中的特殊劳动保护、生育中的相关福利的获得、健康福利中对女性的关照等是女性因其生理性别身份所具有的特殊福利需求。

随着中国特色社会主义进入新时代，我国社会福利制度建设面临机遇的同时也面临更多的挑战。党的十九大报告指出："中国特色社会主义进入新时代，我国社会主要矛盾已经转化为人民日益增长的美好生活需要和不平衡不充分的发展之间的矛盾。"进入新时代以来，女性对于福利的需求也发生了新的变化，尤其是对教育、就业、未来发展等提出了更高的福利诉求。十九大报告中多次提及妇女儿童事业，特别指出："坚持男女平等基本国策，保障妇女儿童合法权益。完善社会救助、社会福利、慈善事业、优抚安抚等制度，健全农村留守儿童和妇女、老年人关爱服务体系。"② 在新时代，进一步发展妇女福利事业是时代的必然要求。

妇女福利事业的进一步发展需要放在社会治理的视野下进行整体思考。早在党的十八届三中全会通过的《中共中央关于全面深化改革若干重大问题的决定》就指出："紧紧围绕更好保障和改善民生、促进社会公平正义、深化社会体制改革，改革收入分配制度，促进共同富裕，推进社会领域制度创新推进基本公共服务均等化，加快形成有效的社会治理体制，确保社会既

---

① 曲大维、罗晶、储丽琴：《社会保障基金管理》，清华大学大学大学出版社，2014。

② 十九大报告，中华人民共和国中央人民政府门户网站，http：//www.gov.cn/zhuanti/19thcpc/baogao.htm。

充满活力又和谐有序。”① 这是自党提出“五位一体”建设后，对社会建设的重要战略部署，也是党深化社会治理的重要安排。党的十九大报告明确提出：“打造共建共治共享的社会治理格局。加强社会治理制度建设，完善党委领导、政府负责、社会协同、公众参与、法治保障的社会治理体制，提高社会治理社会化、法治化、智能化、专业化水平。”“加强社会心理服务体系建设，培育自尊自信、理性平和、积极向上的社会心态。加强社区治理体系建设，推动社会治理重心向基层下移，发挥社会组织作用，实现政府治理和社会调节、居民自治良性互动。”这为妇女福利事业的发展指明了前行的方向。

作为全国人口大省和经济大省，河南省妇女福利事业在发展方面取得了长足的发展，但在新时代仍然面临着一系列需要解决的问题。对此，需要在社会治理视野下全方位加以审视，进而积极助推河南省妇女福利事业不断向前发展。

二　河南省妇女福利事业发展取得的成就

近年来，河南省多策并举，多元联动，推动妇女福利事业取得了较大进展，主要成就如下。

（一）妇女福利事业的供给主体多元化

近年来，河南省妇女福利事业发展形成了以国家政府供给为主、单位供给为辅、社会有效补充的妇女福利事业多元供给格局。国家政府提供的妇女福利主要体现在我国保护妇女享受应有的合法权益上。近年来，河南省先后出台了《河南省妇女发展规划（2001～2010年）》《河南省妇女发展规划（2011～2020年）》等一系列政策法规，并积极落实《中华人民共和国妇女权益保障法》（1992年通过，2005年修正）等有关保护妇女权益的法律法

① 《中共中央关于全面深化改革若干重大问题的决定》，中华人民共和国中央人民政府门户网站，http://www.gov.cn/jrzg/2013－11/15/content_2528179.htm。

规，有力地推动了妇女福利事业的发展。单位提供的妇女福利主要为用人单位依照《女职工劳动保护特别规定》（2012 年 4 月公布施行）等相关法律法规保障女性职员的健康安全和合法权益，并为妇女提供有关职业福利等。近年来，社会组织在为妇女提供福利服务方面也扮演了积极的角色。如河南省民政厅、郑州市金水区民政局向郑州市豫馨社会工作服务中心购买了“妇女家庭社会工作服务项目”和“反家庭暴力服务项目”，郑州市比邻社会工作服务中心承接了政府购买的“两癌”妇女特殊家庭社会工作服务项目等，这些妇女服务项目的开展，使受助的妇女群体在维护自身权益、保障身心健康方面获得了社会工作专业力量的支持，彰显了社会组织在妇女福利事业发展中的积极作用，推进了妇女福利服务事业走向深入。

（二）妇女福利事业的服务对象广泛化

妇女福利事业服务对象的广泛化主要体现在两个方面：年龄维度上的广泛化和区域范围上的广泛化。

年龄维度上的广泛化主要表现为河南省妇女福利事业服务对象覆盖了各个年龄段的女性，并针对不同年龄段的女性，实施个性化的福利项目。近年来，河南省积极创建儿童友好型社会环境，依法保护儿童合法权益。如 2016 年 12 月河南省开封市举行了关于“女童保护”项目的首次公开课，提高了女童的自我保护意识。新县妇联举办的“女童青春期保健知识讲座”，有助于帮助女童确立性别意识和健康意识。河南省妇联十分关注女童受教育状况，并在各地开展爱心捐助和举办助学款发放仪式。[①] 河南省对于农村中年妇女，开展了技能培训，以促进妇女就业；对于女职工，落实劳动保护政策，提高女职工职业福利；对于老年妇女，逐步完善养老保障制度，积极营造敬老孝老文化，并开展了一系列关爱帮扶工作。如郑州市多家社工机构承接了政府购买的社会工作服务，对失独老人、空巢老人、贫困老人等进行社

① 《“女童保护”项目在开封市举行首次公开课》，2016 年 12 月 29 日，河南妇联网，http://www.hnflw.gov.cn/n3296c15.aspx。

会工作介入，提升了老年妇女的生活质量。

区域范围上的广泛化主要表现为妇女福利从城镇妇女向农村妇女的延伸，基本公共服务均等化正在全力推进。如漯河市妇联启动城镇困难女性群体调研工作，通过调研，漯河市妇联进一步了解了城镇困难妇女的整体情况，并推动政府采取措施，开展针对性帮扶。对于农村妇女，在漯河市妇联的努力下近万名农村贫困妇女进行了“两癌”免费检查，进一步保障了农村妇女的身体健康。[①] 鲁山县张官营镇妇联依托“互联网＋”网络平台积极开拓农村电商市场，通过培训力争使所有学员能够独立进行淘宝开店等网上销售业务。[②] 灵宝市、濮阳市、商丘市关爱农村留守儿童的健康成长，努力促进社会和谐发展。[③] 河南省各地市关注农村妇女的精神文化生活，大力推进农村妇女文化生活建设，提升了农村妇女文化生活质量。

（三）妇女福利事业的服务内容丰富化

近年来，河南省妇女福利事业服务内容日益丰富，涵盖了就业、教育、养老、健康等诸多方面，切实地保障了妇女的权益。

在就业领域，开展了一系列富有成效的妇女服务工作。如 2017 年 3 月 8 日，河南省人力资源和社会保障厅、河南省妇女联合会联合举办了河南省第十五届女子专场招聘会暨女性就业创业咨询服务活动。[④] 商水县是国家级集中连片扶贫开发重点县，2012 年起，在河南省服装协会的指导下开始实施“巧媳妇工程”，既为大批留守妇女提供了就业岗位，又为她们找到了一条致富路。到 2016 年底，商水县“巧媳妇”工程已涵盖 20 多个领域，培

① 《漯河市妇联为近万名农村贫困妇女进行“两癌”免费检查》，2017 年 1 月 3 日，河南妇联网，http：//www. hnflw. gov. cn/n3299c9. aspx。

② 《鲁山县张官营镇妇联依托“互联网＋”网络平台积极开拓农村电商市场》，2016 年 1 月 29 日，河南妇联网，http：//www. hnflw. gov. cn/n2767c9. aspx。

③ 《商丘市召开关爱保护农村留守儿童工作推进会》，2016 年 2 月 26 日，河南妇联网，http：//www. hnflw. gov. cn/n2782c9. aspx。

④ 《河南省举办第十五届女子专场招聘会暨女性就业创业咨询服务活动》，2017 年 3 月 14 日，河南妇联网，http：//www. hnflw. gov. cn/n3352c13. aspx。

育出渔网编织、服装服饰、无纺布制品三大特色主导产业，遍布全县25个乡镇（场、办、集聚区）。目前，商水县共有“巧媳妇”工程示范基地、企业、加工点582家，其中规模在百人以上的130家，50人以上的135家，10人以上的312家，在建企业5家；稳定从业人数在11万人以上，人均增收1.2万元，年创产值46亿元，带动近2万名贫困人口脱贫致富，成为全县脱贫增收的主要渠道。[①] 在妇女劳动就业保护方面，根据《女职工劳动保护特别规定》，河南省制定实施办法，并积极推动落实。

在教育领域，积极提供有助于妇女成长的相关服务。近年来，河南省妇女整体受教育水平不断提升，妇女所享有的各类教育培训机会也日益增多，针对妇女成长的相关服务工作得到广泛开展。我们通过调研了解到，目前河南省依托社区为妇女们提供的电脑、厨艺、手工制作、职业技能等方面的培训充实了她们的生活，提高了她们的劳动技能。近年来，伴随着社会工作的蓬勃发展，河南省郑州市、洛阳市等多家社会工作服务机构积极承接政府购买的社会工作服务项目，针对社区中的老年妇女成立老年大学，对社区中遭遇家庭困境的妇女进行家庭关系调试方面的教育辅导等，助推了妇女素质的提升和妇女的健康成长。

在养老保障领域，养老保障享有的性别差异在逐步减小。在2010年第三期中国妇女社会地位调查中，全国女性养老保障享有比例为50.2%，男性这一比例为51.6%，基本没有性别差异。在1990年的第一期中国妇女社会地位调查中，女性能够在单位享受到养老退休金的比例为19.8%，比男性低5.3个百分点，性别差异较大。[②] 与全国发展趋势相一致，河南省妇女养老保障享有的性别差异也在逐步减小，这主要是因为21世纪以来基于居民身份的新型农村养老保险制度以及城镇居民养老保险制度的建立，使得养老保障只与居民身份相关，妇女的受益程度提高，性别差异缩小。

---

① 《2017河南（商水）产业扶贫研讨会会议纪要》，2017年10月19日，河南省人民政府发展研究中心网，http://www.hndrc.org/index.php?m=content&c=index&a=show&catid=21&id=1242。

② 黄桂霞：《妇女养老保障20年：发展及性别差异状况》，《中国妇女报》2016年4月26日。

在女性健康领域，相关的福利服务和福利设施建设持续跟进。《中华人民共和国母婴保健法》（1995 年施行、2017 年修订）明确指出“母婴保健事业应当纳入国民经济和社会发展计划”，规定了将婚前保健、孕产期保健等作为妇幼健康保障的主要内容，将医疗保健机构作为提供母婴保健服务的阵地。① 据此，妇幼保健医院和妇产医院在各地陆续建立。河南省近年来也在妇幼保健医院和妇产医院的建设中进一步强化了软硬件建设，为孕产期、育龄期妇女等提供了更好的福利服务。在发展妇幼保健事业的过程中，河南省积极推进妇女“两癌”（乳腺癌、宫颈癌）免费筛查项目。2010 年以来，郑州市政府已连续多年将妇女“两癌”（乳腺癌、宫颈癌）免费筛查项目列入十大民生实事，市妇联、市卫计委积极推动“两癌”免费筛查工作。自 2015 年起，郑州市开始对适龄妇女开展人类乳头状瘤病毒（HPV）免费检测，全市累计投入资金 1.4 亿多元，共进行宫颈癌、乳腺癌筛查各 70 余万人次、（HPV）DNA 检测 10 万人次。濮阳市连续两年推动农村妇女“两癌”筛查“龙都妇康”项目成为政府十项重点民生工程之一。两年来，市、县两级财政共出资 1088 万元，为全市 8.5 万名农村妇女免费进行“两癌”筛查。② 此外，有关女性心理健康的关爱服务活动也在河南省各地区广泛开展，并产生了积极的效果。

在休假福利、托育福利等方面，相关服务也被提上了议程。如根据新修订的《河南省人口与计划生育条例》（2016 年 5 月修正），“依法办理婚姻登记的夫妻，除国家规定的婚假外，增加婚假十八日，参加婚前医学检查的，再增加婚假七日；符合法律、法规规定生育子女的，除国家规定的产假外，增加产假三个月，给予其配偶护理假一个月；婚假、产假、护理假期间视为出勤”。③

---

① 《中华人民共和国母婴保健法》（中华人民共和国主席令第 33 号），1994 年 10 月 27 日，中华人民共和国国家卫生和计划生育委员会网站，http：//www. moh. gov. cn/zwgkzt/pfl/200804/17584. shtml。

② 《郑州“两癌”免费筛查工作已全面启动　附定点机构名单》，2017 年 8 月 8 日，河南省人民政府门户网，http：//www. henan. gov. cn/zwgk/system/2017/08/08/010733160. shtml。

③ 河南省人民代表大会常务委员会：《河南省人口与计划生育条例》，2016 年 5 月 30 日，河南人大网，http：//www. henanrd. gov. cn/hnrd/article_ content. jsp? ColumnID = 443&TID = 20160530105047169202230。

各级妇联积极建言献策，化解妇女“生二孩”的后顾之忧。此外，近年来，河南省还通过“2338”妇女维权热线宣传实施工作、“和睦家庭”创建工作等，维护妇女合法权益，提升为妇女服务的水平。[①]

（四）妇女福利事业的服务方式多样化

为了大力推进妇女福利事业的向前发展，近年来，河南省在妇女福利事业的服务方式上也积极进行了探索和创新。服务的方式有借助互联网平台开展线上服务，也有依托城乡社区开展线下服务；有运用社会工作方法对有需要的妇女开展个案社会工作服务、小组社会工作服务和社区社会工作服务，也有运用心理学方法开展心理咨询服务等；有针对有需要的妇女开展专题讲座服务，也有发放津贴、提供上门服务等。如濮阳市整合资源，完善机制，构筑维护妇女儿童权益新格局。以“建设法治濮阳·巾帼在行动”为主题，五年来累计开展“送法下基层”活动40余次，发放宣传资料5万余份，服务群众5万余人次，举办维权培训讲座、群众性宣讲活动158场。[②] 活跃在河南省的社会工作服务机构通过承接政府购买的社会工作服务项目、社会工作服务岗位，为服务所涉及的妇女提供了所需要的专业服务，发挥了积极的作用。

三　河南省妇女福利事业发展面临的问题

近年来，河南省的妇女福利事业发展虽然取得了令人瞩目的成就，但仍面临着一系列不容忽视的问题。

（一）福利服务发展不充分

十九大报告明确指出要按照兜底线、织密网、建机制的要求，全面建成

① 《砥砺奋进的五年·妇女事业发展篇：濮阳》，2017年10月23日，河南妇联网，http：//www.hnflw.gov.cn/n3468c9.aspx。

② 《砥砺奋进的五年·妇女事业发展篇：濮阳》，2017年10月23日，河南妇联网，http：//www.hnflw.gov.cn/n3468c9.aspx。

覆盖全民、城乡统筹、权责清晰、保障适度、可持续的多层次社会保障体系。全面实施全民参保计划。目前，河南省妇女福利服务发展尚不充分，妇女福利所覆盖的人群尚有限，有的福利项目落实不到位，离适度普惠型福利社会的要求还有距离。如在郑州等地有大量的进城务工妇女，她们的生活得不到应有的保障。根据我们 2012 年对河南省农村外出务工的妇女的调查，48.0% 的妇女选择“自己租房住”，3.7% 的妇女选择“在自己买来的房里住”，46.1% 的妇女选择“单位提供集体宿舍”，选择“其他”情况的占 2.2%，公共租赁房等她们很少能享用。在教育福利方面，调查显示，外出务工妇女中只有 28.6% 的人的所在单位提供技术培训，教育福利缺失较严重。① 另据国家统计局河南调查总队 2017 年的调查，高达 65.8% 的外出务工人员没有与雇主签订劳动合同。外出务工人员由于文化水平低，只能从事劳动密集型行业。调查发现，初中及以下文化水平的外出务工人员占 71.9%，大学专科及以上文化水平的仅占 11.4%。这其中包括大部分农村外出务工妇女。② 这说明外来务工妇女在教育、就业等方面获得的福利服务还远远不够。与此同时，在推进妇女福利事业发展的过程中，有的福利项目并不能落实到位，如妇幼保健医院等福利服务设施在一些地方还没能建设到位，生育津贴、产假标准、女职工特殊劳动保护规定等在一些单位还不能很好地落实，托育服务在一些地方还不能满足现实的需要等，这些都对充分发展妇女福利事业提出了更高的要求。

（二）城乡发展不均衡

我国特色社会主义进入新时代，社会主要矛盾已经转化为人民日益增长的美好生活需要和不平衡不充分的发展之间的矛盾。在妇女社会福利方面，河南省同样存在着这样的矛盾，河南省社会妇女福利存在着城乡发展不平衡、地区差距较大的特点。如河南省妇幼保健在城市中发展状况较好，各类

① 调查数据来源于笔者所主持的 2011 年河南省社科规划项目“社会流动中河南农村外出务工女性的阶层分化与福利获得”的结项报告。

② 《我省外出劳动力月均收入 3430 元》，《河南日报》2017 年 5 月 17 日第 3 版。

福利性服务相对完善，而在农村的发展却较为滞后。在公共服务的享有方面，农村社区经济文化条件落后，公共服务福利设施建设落后，工作人员队伍难以保证，使得农村妇女很难享有和城市妇女一样的公共服务。政府购买的社会工作服务项目很难惠及河南偏远的农村社区，社区文化活动、家庭关系辅导、生产技能培训等也不能覆盖到所有有需要的农村妇女群体。目前，在河南省的贫困县中，有许多处于贫困生活中的留守妇女群体，她们的就业、教育等福利获得意识较淡薄，所获得的福利资源和服务也非常有限，和城市妇女形成了较大的落差，是急需被关注的群体。

（三）政府财政投入尚不足

近年来，河南省在公共服务方面投入的力度虽逐步增大，但社会急剧增长的对社会福利服务的需求和现有的福利服务供给不足的矛盾却日益加剧，各级财政对妇女福利事业的投入还远远不足，针对妇女需要所投入的福利项目仍非常欠缺。如我们的课题组通过调研发现，近两三年，郑州市金水区的豫馨社会工作服务机构、比邻社会工作服务机构等虽然承接了政府购买的有关妇女家庭的社会工作服务项目，但由于经费支持的有限性和可持续性问题，项目所能惠及的地区只能是郑州市金水区的部分社区，并不能扩展到更多的地域。调查中，一些社会工作机构的负责人也道出了资金不足带来的发展困难。社工机构开展的项目需要有专门的社工来负责，去除社工的工资后，项目能用于服务对象的资金非常有限。资金方面的困难，导致妇女福利供给不足，满足不了妇女的多样化需求，也难以覆盖到更大范围的人群、地区等，制约了妇女福利服务的整体水平提升。而在郑州以外的其他地市，省内有关政府购买的妇女社会工作的服务项目少之又少。除此以外，针对妇女托幼服务的财政投入尚不足，尤其在全面放开二孩政策背景下，只有在托幼服务方面加大财政投入的力度，才能为妇女发展提供更好的保障平台。

（四）社会福利组织发展不完善

福利事业的发展离不开作为服务载体的社会组织的发展。目前，河南省社会福利组织发展尚不完善，不能为妇女福利事业提供良好的服务。河南省社会福利组织的发展仍面临诸多的制约因素，政策支持的力度、财政支持的力度等尚不足以支撑社会福利组织在数量上的发展和所提供的服务质量的提升。譬如，近几年，河南省的社会工作服务机构虽然在不断发展，但在数量上仍远远不能满足人民日益增长的对美好生活的需要，在服务质量上也有待进一步提升。其中，能够开展专项妇女社会工作服务项目的组织少之又少。与此同时，慈善公益组织、志愿服务组织等虽然也有了蓬勃的发展，但这些组织的发展还缺乏有力的社会支持，它们所提供的很多服务还没有很好地惠及城乡各类妇女群体。

四　社会治理视野下推进河南省妇女福利事业发展的对策建议

新时代，为了进一步推进河南省妇女福利事业的向前发展，需要在社会治理视野下进行整体的思考，主要应从以下几方面入手。

（一）强化社会治理理念，增强社会性别意识

党的十九大报告提出了要“打造共建共治共享的社会治理格局”，在社会治理视野下推进河南省妇女福利事业的发展，需要把社会治理理念和社会性别意识纳入河南省妇女福利事业发展中。新时代下，要想充分实现妇女权利和经济社会同步发展，必须强化社会治理理念，把妇女群体日益增长的美好生活需要作为政策研究的出发点和落脚点，做到人人共享妇女福利事业的发展成果。必须增强社会性别意识，深入挖掘和弘扬社会主义先进文化中的性别平等理念，主动跟进依法治国实践中妇女权益保障出现的新问题和新情况，注重将社会性别意识纳入社会治理的全过程。如在社会政策制定、执行评估、调整的全过程中加入社会性别意识。一方面，政策制定者应该充分具备社会性别意识。如果政策的制定者没有性别敏感度和平等意识，那么出台的政策就不能反映妇女的利益诉求，甚至在某一方面间接损害妇女的福利。

另一方面，需要将社会性别意识贯穿到政策的执行、评估、调整的其他环节之中。通过政策的执行、评估和调整，提高资源的整合度，使福利服务资源公平地惠及妇女群体。

（二）完善妇女福利政策，加强妇女权益保障

在社会治理的视野下推动河南省妇女福利事业的进一步发展，必须完善妇女福利政策，使妇女相关权益得到有效保障。其一，在就业领域完善相关政策。在我国，虽然法律明确规定男女享有平等的就业权，但现实中对女劳动者的歧视却屡见不鲜。因此在制定就业政策时，应鼓励企事业单位多雇用女职工，对雇用女职工达到一定比例的单位给予政策优惠、税收减免等。此外，政府应适当分担单位生育保险的费用压力，减少雇用女职工所带来的人力资源成本。鼓励女性积极创业，为女性创业者提供优惠待遇。其二，将性别意识纳入教育政策体系。政府在加大教育投入时，应增加对女童的专项教育投入，尤其要持续关注偏远落后地区的女童义务教育落实情况，关注流动女童的义务教育落实和质量问题，减少或者杜绝女童受教育权利被剥夺的现象。还应加强对女职工的职业教育培训，包括农村妇女劳动力转移就业培训和城镇妇女再就业培训。其三，加大针对非正规就业妇女的社会保险、劳动保护等政策的落实力度。进城务工妇女主要是在非正规就业领域就业，她们在养老保险、医疗保险、失业保险、工伤保险等社会保险和劳动保护等方面福利权益受损现象比较严重，亟须进一步加大政策落实力度。同时，还需要通过完善户籍制度，切实解决进城务工妇女的居住、落户等问题，化解由政策制度导致的妇女福利受损问题。

（三）加大政策监督力度，促进城乡均衡发展

加快城乡妇女福利事业的统筹发展，需要各级政府部门充分考虑当前河南省妇女福利获得状况和地区差距，加大政策的监督力度。其一，要加大对各市、县农村妇女生育、卫生福利等政策落实的监督力度，使城镇居民医疗保险与农村合作医疗制度真正落到实处。应当特别关注就业妇女与非正规就

业部门签订劳动合同问题，依法参加社会保险以及劳动保护等问题。同时，应向农村妇女普及卫生保健等方面的知识，改善农村妇女的福利服务环境。其二，要改革创新农村妇女的社会福利服务制度。如应优先解决农村妇女的大病医疗保障问题，加快解决农村妇女养老保障问题，加快建设农村公共福利服务设施和工作人员队伍等。其三，加大对就业妇女福利政策落实的监督力度，尤其要加大对非正规部门、非公企业妇女福利政策落实的监督力度。要认真贯彻《中华人民共和国母婴保护法》的基本要求，逐步完善健康服务、生育保险以及为育龄妇女在哺乳和婴幼儿照料方面提供的各种服务。[①] 严格落实《河南省人口与计划生育条例》的有关规定，加大对女职工依法享受产假及其配偶享受护理假的监督，切实关注女职工的生育权和产假期间的福利权，把妇女应享有的福利权利落实到位。

（四）关注特殊妇女群体，推动福利机构建设

在大力推进福利事业的发展过程中，从社会治理的视野出发，尤其应关注单亲贫困母亲群体、农村失地妇女群体、流动妇女群体、城市大龄就业困难妇女群体等特殊困难妇女群体的福利获得状况。在制度设计和资源分配上，对处于特殊困境中的低收入妇女群体给予特殊关怀和保障。其一，政府应加大对社会福利组织机构的政策支持，推动妇女福利向社会化发展的方向迈进。在福利社会的构建过程中，要充分发挥社会福利组织机构在保障特殊困难妇女群体的生活需要中的作用，如在福利组织机构中可增设公益性岗位，安置大龄失业妇女就业，扩展她们的生存空间。其二，推动社会工作介入多元共治的福利服务体系的运行。在社会治理的视野下推进妇女福利事业的向前发展有赖于政府和社会的合作共治，有赖于加大政府购买社会工作服务的力度，有赖于充分发挥社工介入的重要作用。应以城乡社区为平台，搭建起“社区、社会组织、社工”三社联动的福利服务机制，通过社会工作

---

① 韩振燕、王中汉：《妇女福利政策对城市女性二孩生育意愿的影响研究——基于全国十地区城市育龄女性的调查》，《中国人力资源开发》2017 年第 9 期。

机构的运行，充分发挥社会工作者在服务城乡妇女中的积极作用。在此，尤其应大力推动农村社会工作的发展，以积极化解城乡社区发展不平衡带给农村妇女的福利落差，以更好地提升农村妇女的生活福祉。

（五）扩大财政专项投入，满足妇女福利需求

妇女福利事业的发展，离不开政府财政的大力支持。其一，政府要加大对妇女福利事业发展的财政投入力度，尤其要加大对农村地区和贫困地区的财务投入，为妇女福利制度建设、完善基础设施建设提供充足的财政支持。要加大对教育、就业等妇女发展所急切关注领域的财政投入，优化妇女尤其是农村妇女、进城务工妇女等妇女群体的福利生存空间。其二，探索建立家庭津贴制度，最大限度地扩大妇女福利事业的覆盖面和受益人群。如可积极探索家务劳动补偿机制。对优秀学生、优秀员工所在家庭，悉心照顾老人、让老人安度晚年者所在家庭，夫妻关系、子女关系、家庭关系和睦者所在家庭，都应当给予相应的物质奖励和精神奖励，对家庭贡献制订衡量标准，使妇女从中获益，从而提高妇女福利水平；[①] 同时，可实行儿童补贴制度。对儿童进行补贴不仅有助于减轻家庭抚养子女的负担，也有助于妇女实现就业和再就业。此外，还应加大对托儿所、幼儿园的财政补贴，增加托儿所老师的数量，从而释放出更多的妇女劳动力。其三，加大对妇女身心健康福利服务的财政投入力度，加大对城乡社区公共服务平台建设的财政投入力度，为提升妇女福利服务水平提供有力的保障。

走进新时代，河南省妇女福利事业的发展需要在社会治理视野下进行科学规划，统筹发展，积极化解河南省妇女福利事业发展面临的发展不平衡、不充分问题，不断满足妇女群体日益增长的美好生活需要，以更好地提升全体妇女的生活福祉！

---

① 王利玲：《家务劳动补偿制度研究》，《人民论坛》2016 年第 8 期。

B.9
河南城市中等收入群体现状与未来发展趋势预测*

何汇江**

摘　要： 本文在对中等收入群体相关概念进行解释的基础上，描述了河南城市中等收入群体的现状，分析了中等收入群体存在的问题及产生原因，并对河南城市中等收入群体的未来发展趋势进行了预测。本文认为，河南城市中等收入群体的规模和比例较小，而且中等收入群体的分布也不均衡。这一问题产生的主要原因是，河南产业结构低端以及劳动力的人力资本相对低下。而基于对中等收入群体影响因素的分析，研究认为，未来河南城市中等收入群体的规模和比例将进一步扩大，分布将更加均衡。

关键词： 收入分布　中等收入群体　产业结构　河南

一　导论

社会经济的持续发展带来了居民收入水平的不断提高，整个社会已经从

---

* 本文是国家社会科学基金项目“城市低收入家庭教育投入与子代收入水平的实证研究”(14BSH022)的阶段性成果。

** 何汇江，中原工学院法学院副教授，博士，社会学专业，主要研究方向为社会政策与城市贫困问题。

过去的低收入阶段进入了中等收入阶段。虽然总体上居民收入水平有了很大的提高，但是居民收入水平的差别依然很大，收入不平等的状况依然严峻。

收入水平有高低之分，收入水平的高低决定了居民在收入分布中的位置。中等收入群体不仅是指收入处于某一个区间范围的人群，而且也是指收入水平处于收入分布中间位置的人群。中等收入群体的规模越大，表明收入水平处于收入分布中间位置的人越多，居民的收入差别就越小，收入分配就越平等。因此，对于河南城市中等收入群体问题的研究具有重要的现实意义。

首先，中等收入群体问题不仅包括扩大中等收入群体问题，而且包括解决低收入群体的贫困问题，是实现全面建设小康社会目标过程中必须关注的问题。2013 年国务院转批发改委等部门《关于深化收入分配制度改革的若干意见》中，提出扩大中等收入群体是收入分配改革的主要目标之一。

扩大中等收入群体是共享发展理念的具体体现，也是走向共同富裕的必由之路。经过 30 多年的快速发展，我国已走过了共同贫穷的时代，数以亿计的人口摆脱了贫困，全体居民的生活水平都得到了改善，居民越来越富裕，但不可否认，仍然有一部分人处于低收入的贫困状态。而扩大中等收入群体，就是为了让居民更多、更好地分享到经济社会发展的成果，从而实现共同富裕的目标。

“十三五”规划提出，到 2020 年要全面建成小康社会。全面建成小康社会的前提是消除贫困，扶贫是国家正在实施的一项大战略，是实现“十三五”规划的重要一环。消除贫困就是要通过精准扶贫策略让低收入群体增加收入，进而实现从低收入群体到中等收入群体的跨越。2016 年 5 月，习近平总书记强调，扩大中等收入群体，关系到全面建成小康社会目标的实现，是转方式调结构的必然要求，是维护社会和谐稳定、国家长治久安的必然要求。

其次，扩大中等收入群体不仅是促进社会公平的前提，而且也是实现社会稳定的必然要求。收入公平是社会公平的重要体现，可以说没有收入公平也就没有社会公平。在社会经济发展的初级阶段，允许一部分人先富起来，但是社会发展以后，如果一个社会还是只有少数人富，那就背离了社会主义的本质，社会公平就失去了经济基础。国内外的经验表明，在收入差距不能消除的情况下，如果收入分布中的高收入群体与低收入群体占的比例小、中等收入群体占的比例大，那么具有这样的收入结构的社会便是一个和谐稳定的社会。因此，扩大中等收入群体是实现社会公平与社会稳定的基础。

最后，扩大中等收入群体也是跨越“中等收入陷阱”的必要途径。“中等收入陷阱”就是经济发展到一定阶段以后出现贫富差距拉大、经济增长乏力等问题，进而导致经济社会发展停滞。经济学的规律表明，高收入群体的消费效应是递减的，而低收入群体的消费能力又难以对经济发展起拉动作用，只有扩大中等收入群体规模才能使居民消费成为促进经济增长的主要动力。因此要跨越“中等收入陷阱”，一定要扩大中等收入群体的规模。

二　河南城市中等收入群体的现状

对于河南城市中等收入群体的现状，主要从城市中等收入群体的规模和特征两个方面加以分析。

（一）中等收入群体的概念与测量

中等收入群体扩大是政府政策关注的重要问题。为实现扩大中等收入群体的目标，需要先对中等收入群体的相关概念以及理论进行阐述。

1. 中等收入群体的相关概念

中等收入群体是从收入角度对群体分类而得到的一个群体类别。中等收入群体类别具有社会意义，因为不同收入水平的群体具有不同的生活水平，具有不同的消费方式。而且不同收入水平群体之间也有比较清晰的界限。中等收入群体，一般而言，是指收入水平处于中等水平的人群，这不仅是字面意义上的理解，而且也是多数学者的观点。

城市中等收入群体是城市中根据收入水平的不同划分出来的一个群体。对于城市中等收入群体这一概念，首先，城市中等收入群体是对于城市而言的，这里的城市是一个户籍概念，城市中等收入群体不包括农村户籍人口，就是说城市中等收入群体的主体是城市户籍的人口。其次，城市中等收入群体还指该群体的收入处于中等水平。从这一点来看，城市中等收入群体是一个相对的概念，是收入水平比较的结果。

另外，也应该注意到，由于收入水平是变化的，中等收入群体是一个动态的概念，它会随着经济社会的发展而不断变化。

2. 中等收入群体的测量标准

要测量中等收入群体的规模，就需要确定中等收入群体的测量标准。而对于中等收入群体的测量标准，有很多不同的方法，可以说到目前为止没有一个统一的标准。世界上每个国家都有自己的不同于其他国家的中等收入群体的测量标准，而我国近年来关于中等收入群体的测量方法和标准就有 20 种左右。基于测量标准的性质，可以分为绝对收入的测量标准和相对收入的测量标准两大类。

绝对收入的测量标准是把收入处于某一区间范围的人群界定为中等收入群体。这里的区间范围主要根据维持相应的生活水平所需要的收入来确定，但是由于不同地区的发展程度不同，维持相同的生活水平需要的收入多少也会有很大差别。考虑到各省市的经济发展水平不同，中等收入的测量标准也有差异。比如，有课题组提出，首先根据当前城镇职工平均工资水平，并依据年均增长速度推算 2020 年平均工资水平，以此作为“中等收入群体”标准的下限，以其 2.5 倍作为上限，确定全国城镇居民中等收入的平均标准。由此得出结论，到 2020 年左右，年收入达到 6 万 ~15 万元的城镇居民，即可成为城镇中等收入群体成员。其次，不同省市可按 0.8 ~2 的地区差异系数确定本省市的标准，河南省的差异系数计算结果为 0.94，则中等收入的测量标准为每人每年 5.6 万 ~14.1 万元。① 在这些绝对标准中，还有国家统计局城调队数年以前提出的，“6 万元 ~50 万元，是界定我国城市中等收入群体家庭收入（以家庭平均人口 3 人计算）的标准”②。

① 王宏：《中等收入劳动者的标准是什么?》，人民网—理论频道，2013 年 3 月 29 日。

② 张贵峰：《中产阶级：唯“财”是举?》，《中国商界》2005 年第 3 期，第 43 页。

而相对收入的测量标准，涉及收入水平的等级或者层次的划分，因为中等收入群体是指收入处于中等水平的群体。要测量中等收入群体，首先要对收入水平按照从低到高的顺序进行排序。由于收入是一个连续的定距变量，因此排序的结果可以用分组结果来表示，比如分为低收入组、中等收入组、高收入组等。其次要确定什么范围或者多大比例的收入为中等收入。按收入高低排序以后的收入分布中有多少属于中等收入？而由于研究目的不同，不同研究的具体测量标准也不相同。比如，李培林等学者将中等收入群体界定为收入分布在城镇居民第 25 到第 95 百分位之间的人群，并计算出 2013 年我国城镇人口中中等收入群体比例为 25%。[①] 而一般的做法是，把收入水平分布中的高收入和低收入各 30% 的群体确定为高收入与低收入的群体类别，而把处于中间 40% 收入范围的群体确定为中等收入群体。

国家统计局公布的居民收入数据中，有一个将全国居民收入分组的标准，将收入划成了五等分：低收入组、中等偏下收入组、中等收入组、中等偏上收入组、高收入组。《河南统计年鉴》遵循了国家统计局的收入分组标准，将居民收入按照五等分进行分组。等分法就是把收入分布等分为 5 个等分，每个等分各占 20%，而中等收入又分为高、中、低三个层次，因此中等收入群体占总体的 60%。这种分组方法简便易行，而且可操作性强，较能反映居民实际收入状况。但是按照这种分组标准，每年的中等收入群体都占 60%，并且这已经是一个“两头小、中间大”的橄榄形收入分布结构，这种统计结果表明收入分布是一种既定状态，而不再是需要实现的目标。由于这种五等分的测量标准有缺陷，因此对中等收入群体问题的研究并不经常采用这一标准。

相比较来说，绝对标准主要反映的是达到一定收入水平的人数及其比例的增长趋势，更适合描述中低收入发展中国家的中等收入群体的规模和增长速度，而相对标准测量收入处于中间位置的人数及比例增减情况，主要反映

① 李强、王昊：《我国中产阶层的规模、结构问题与发展对策》，《社会》2017 年第 3 期。

收入不平等的变化趋势，比较适用于高收入的发达国家。①

另外，还要把中等收入的划分标准与中等收入的群体规模区别开来。中等收入的划分标准是在收入分布中把什么样比例的收入范围确定为中等收入的标准，而中等收入群体是指处于中等收入标准范围内的人群总体。一个是测量的标准，一个是测量的结果，两者是不相同的，不能混淆。

3. 中等收入群体的理论观点

中等收入群体不仅是按照收入水平对群体分类的结果，而且也与对社会结构的描述密切相关。社会学理论研究表明，中等收入群体，类似于中间阶层。如果一个社会的高收入群体与低收入群体的比例小，而中等收入群体的比例大，社会的收入结构呈现为“两头小、中间大”的橄榄形或纺锤形，那么这样的社会不仅是学术界公认的合理社会结构形态，而且也是国家发展规划中已明确提出的社会结构目标。这样的收入结构才是稳定的结构。

从社会结构的意义来说，扩大城市中等收入群体具有非常重要的意义。中等收入群体扩大，可以使贫富之间的界限变得模糊，增强低收入群体实现向上社会流动的希望，有助于缓解贫富差距造成的社会对立情绪，调节贫富分化问题并缓冲社会利益冲突，对推动社会和谐具有重要作用。并且，让社会大多数人成为中等收入群体的成员，也是现代社会发展的一个非常重要的标志。

（二）河南城市中等收入群体的规模与特征

根据河南统计局的相关数据资料，2016 年末河南全省总人口为 10788.14 万人，其中城镇人口 4623.22 万人。那么在这 4623.22 万城镇人口中，有多少属于中等收入群体？

1. 河南城市中等收入群体的规模估计

对于河南城市中等收入群体的规模，缺乏一致的、准确的统计。首先由

① 李春玲：《中等收入群体概念的兴起及其对中国社会发展的意义》，《中共中央党校学报》2017 年第 2 期。

于中等收入群体的划分标准并不统一，居民收入水平每年都有一些变化，因而难以有一个准确的数据。其次统计年鉴中也没有专门设置关于中等收入标准的指标，只有按照五等份法统计的居民收入分布，因而缺乏权威的统计结果。中等收入群体的测量既有绝对标准，又有相对标准，而且中等收入群体的测量标准也缺乏统一性，而使用不同的标准会得到不同的结果，因此对于河南城市中等收入群体的规模而言没有完全一致的结果。

对于河南城市中等收入群体规模的估算，本文运用中国社科院《社会蓝皮书：2017 年中国社会形势分析与预测》中的测量方法和标准。首先，把家庭人均收入在城乡居民家庭人均可支配收入中位数的 75% 以下、75% ~ 200% 和 200% 以上，分别作为低收入群体、中等收入群体和高收入群体的划分标准。中国社科院社会学所 2015 年全国社会状况综合调查资料显示，2014 年全国低收入群体占 39.9%，中等收入群体占 37.4%，高收入群体占 22.8%。其次，根据上述全国平均的中等收入群体比例 37.4%，将其乘以河南城镇人口总数 4623.22 万人，可以算得河南城镇中等收入群体的规模是 1729.08 万人。

2. 河南城市中等收入群体的特征

河南城市中等收入群体由于收入水平处于中等位置，因此他们的生活也达到了较高的水平，是生活较为宽裕的群体。一般来说，中等收入群体成员受过良好的教育，大多从事专业性较强的工作。他们具有如下特征。

首先，收入水平处于社会平均收入区间范围，这是中等收入群体最主要的特征。中等收入群体的收入虽然是一个动态的概念，但处于当地当时的社会平均收入区间范围则是其基本特征。如果把收入作为一个分层标准的话，他们属于社会的中间阶层。

其次，具有一定的财产或者资产积累，包括住房、存款等。城市中等收入群体不仅收入水平处于社会平均水平的区间范围，而且还要满足具有家庭财产或者具有家庭资产积累的条件，尤其是要具有房屋财产。因为在城市中，随着近些年来房价的不断上涨，家庭最大价值的财产或者资产就是房屋财产，并且随着各地城市房价的不断攀升，家庭拥有的房屋财产也不断增值，这进一步拉大了城市有房与无房，甚至房大与房小的家庭之间财产或者资产的差距。收入水平的差别相对于房屋财产的差别来说越来越显得微不足道，因此拥有房屋财产也是能成为中等收入群体的一个重要条件。

最后，具有较强的消费能力。收入水平决定消费能力，由于城市中等收入群体收入水平相对较高，因而他们的消费能力也相对较强。城市中等收入群体是社会消费的主要力量，他们引领社会消费的潮流。一般来说，如果社会保障不完善，则往往需要超过社会平均收入水平一倍以上才能获得相对稳定的生活条件，达到相应的消费能力。城市中等收入群体不仅是经济社会发展的主要依靠力量，而且也是促进消费能力提升的社会中坚力量。

三　河南城市中等收入群体存在的问题与原因分析

（一）河南城市中等收入群体问题分析

城市中等收入群体由于收入处于较高水平而成为社会稳定与发展的中坚力量，因此扩大中等收入群体是促进社会结构优化的必要途径。但是在河南城市中等收入群体不断壮大的过程中，仍然存在一些问题。

1. 中等收入群体规模和比例偏低

河南 2011 年《政府工作报告》就提出了“扩大中等收入群体”的目标；2013 年河南“两会”进一步提出，往后五年的目标是，“中等收入群体明显扩大”“贫困人口大幅减少”。这也是“中等收入群体”第二次被写入《政府工作报告》。而 2017 年发布的《河南省人口发展规划（2016 ~ 2030 年）》虽然没有提出关于中等收入群体的明确目标，但是提出了要在 2020 年之前通过居民人均可支配收入年均增长 8% 左右，实现收入差距缩小、中等收入群体扩大的目标。另外从收入结构的目标来看，学者们进一步提出，高收入群体占 15%、低收入群体占 15%、中等收入群体占 70%，就是一个比较理想的收入分布结构。

虽然较早之前河南政府就提出了扩大中等收入群体规模的要求，而且随着河南经济社会的不断发展，中等收入群体的规模也在不断扩大，但是总体看来，河南中等收入群体规模增长较慢，中等收入群体的规模和比例仍然偏低，没有达到合理收入分布结构的要求。

河南城市中等收入群体的规模和比例偏低，首先从总量上看，全省城镇中等收入群体规模为1729.08万人，人数偏少。其次从比例上看，全国包括河南在内的中等收入群体37.4%的比例偏低，没有达到50.00%的比例，更没有达到70.00%的目标，远没有达到橄榄形或纺锤形的合理社会结构标准。城市中等收入群体规模及比例不仅与政府的目标差距很大，而且与合理社会结构的标准差距也很大。

2. 中等收入群体的分布不均衡

河南城市中等收入群体的构成，无疑是收入水平处于中等位置的人群。但是河南城市中等收入群体的分布不均衡，具体的分布状况情况如下。

《河南统计年鉴（2016）》显示，城镇单位从业人员年平均工资为45403元。国有单位的年平均工资最高，为49978元。城市中等收入群体成员主要分布在国有大中型企业、中外合资和合营企业、外国独资企业以及机关事业单位等，民营企业较少，而小微企业则更少。

从地市来看，主要分布在大中城市，尤其是郑州市。河南城镇居民从业人员年平均工资，从各地市来看，郑州市最高，为52376元。郑州以外的省辖市中，只有鹤壁市和驻马店市低于40000元，其他都在40000元以上。而在省直管县中，也只有滑县、长垣县和邓州市低于40000元，其他都高于40000元。

从行业分布来看，主要集中在金融、电力、交通等国有企业或者垄断性行业。金融业的从业人员年平均工资最高，为74441元；其次为电力、燃气和水的生产供应业，年平均工资为65713元；再次为信息传输、软件和信息技术服务业，为60671元。另外，科学研究和技术服务业，年平均工资为56866元；卫生和社会工作，年平均工资为53308元；交通运输、仓储和邮政业，年平均工资为52099元；教育行业，年平均工资为50152元。其他行业从业人员的年平均工资都低于50000元。

而从中等收入群体的职业构成来看，中等收入群体成员主要包括：公务员、教师、科技人员；管理人员、企业白领人员；个体经营户、技术工人以及一部分熟练工；等等。

3. 中等收入群体的认同感不强

河南城市中等收入群体的规模和比例虽然不断扩大，但是中等收入群体成员的认同感并不强烈，他们并不认为自己属于中等收入群体。[①] 他们主观上缺乏认同感，源于他们对于收入以及支出预期不确定，也就是对于中等收入群体的地位不稳定的认知。

中等收入群体成员地位不稳定，是因为他们收入的绝对水平不高。城市中等收入群体主要依靠工资收入，与全国的平均水平相比较，河南总体的职工工资水平偏低，即使是中等收入群体成员，他们的收入水平也是相对偏低的，往往有很多群体成员虽然处于中等收入边缘位置，但抵御风险的能力很弱，一旦失去稳定的工资收入或者需要大额的支出，他们就可能落入低收入群体之中。城市中等收入群体同样面临着高房价、看病贵、养老难等问题，尤其是看病和养老问题，可能要花大笔的钱，中等收入群体往往也难以承受。可以说，正是社会阶层结构的不稳定状态导致各阶层成员在社会心理上普遍处于不稳定状态，带来他们在自身社会地位认同上的困惑和障碍，难以形成对自己所属群体的认同感。而针对这一问题，需要进一步健全社会保障体系，采取标本兼治的多种措施加以解决，减轻他们的后顾之忧，增强城市中等收入群体的认同感。

（二）河南城市中等收入群体存在问题的原因分析

河南城市中等收入群体规模和比例偏低以及中等收入群体分布不均衡问题的原因是多方面的。从社会以及个人两个方面来看，主要原因如下。

---

① 梁理文：《走向共享社会：社会阶层结构与中等收入群体研究》，《广东社会科学》2017年第6期。

首先，从社会原因来看，低端产业结构所占比例较大，劳动收入的比例偏低。从产业类型来看，第三产业的从业人员年平均工资最高，第一产业的从业人员年平均工资最低。而河南省目前处于工业化发展的中后期，生产活动以低附加值的劳动密集型制造业为主，第三产业比重不高，劳动收入相对于资本报酬偏低。而且经济发展主要依靠要素驱动的粗放型增长方式，以及重投资轻消费、重视物质资本轻视人力资本的倾向，使得初次收入分配中劳动收入所占的份额偏低，影响了城市中等收入群体的扩大。

其次，从个人原因来看，一方面，低端就业人口比例较大，收入偏低的人口较多。就业人员的人力资本不足，只能在就业市场中占据低端就业的岗位，导致收入水平偏低，进一步影响到城市中等收入群体的扩大。另一方面，个人的教育程度对实现向上社会流动的效应在弱化，家庭地位代际传递在增强。尽管社会流动的渠道未被封闭，但由于多种因素的影响，社会成员向上流动的机会正在减少，向上流动的难度在增大。大学生应该是中等收入群体最重要的后备军，但是由于就业困难，不少大学生沦为“蚁族”，有的甚至毕业就失业，表明大学生的就业优势在减弱，教育推动个人向上流动的功能在弱化，这也不利于中等收入群体的扩大。

四　河南城市中等收入群体未来发展趋势预测

扩大中等收入群体的规模和比例，让大多数居民成为中等收入群体成员，是现代社会发展的一个重要标志。建成高收入群体与低收入群体占少数、中等收入群体占多数的“两头小、中间大”的橄榄型社会收入结构，不仅是社会学理论阐述的合理社会结构，也是国家发展规划中明确提出的目标。

（一）影响城市中等收入群体未来发展的因素分析

要对未来河南城市中等收入群体的发展趋势进行预测，就必须对影响中等收入群体发展的因素进行分析。

1. 经济社会的持续发展

河南经济社会的持续发展，为中等收入群体的扩大奠定了坚实的基础。可以说，正是经济社会的持续发展，城市居民收入的普遍提高，才促进了河南城市中等收入群体的不断扩大，而且也必将在未来城市中等收入群体的进一步扩大中起到持续的推动作用。

河南经济的持续发展可以从相关数据中反映出来。统计年鉴资料表明，2013 年河南全省地区生产总值增长了 9.0%，2014 年河南全省地区生产总值增长了 8.9%，2015 年河南全省地区生产总值增长了 8.3%，2016 年河南省地区生产总值增长了 8.1%。而河南省统计局发布的 2017 年上半年全省地区生产总值为 20307.72 亿元，增长了 8.2%。可以看到，近几年来河南全省地区生产总值每年都以超过 8.0% 的速度快速增长。而河南经济的持续发展使得政府有了更为雄厚的财力用于改善民生，进一步促进了社会发展。经济社会的快速发展为居民收入的提高奠定了基础，为中等收入群体的扩大创造了条件。

2. 收入分配的不断调整

经济社会的发展为中等收入群体的扩大奠定了基础，而收入分配的不断调整也为中等收入群体的扩大创造了条件。一般来说，基尼系数是反映收入差距的指标。虽然近年来包括河南在内的全国以基尼系数为衡量标准的收入差距呈逐步缩小的趋势，但是统计数据表明，2015 年全国居民收入的基尼系数为 0.462，是 2001 年以来的最低点①，但是国际公认的收入差距的警戒线是基尼系数为 0.4，因此，这一方面表明当前的贫富差距还很大，另一方面也表明未来缩小收入差距仍有很大的空间。

收入分配政策调整的目的在于缩小收入分配差距，而收入分配差距的缩小，意味着中等收入群体的扩大。收入分配调整措施在于控制过高收入，增加过低收入，也就是“限高”与“提低”，从而达到“扩中”的目的，两者的重点是“提低”。

① 罗兰：《基尼系数“七连降”说明了什么》，人民网－人民日报海外版，2016 年 1 月 20 日。

首先，对于高收入群体，除了在初次分配中通过限制高薪而降低过高收入以外，还要运用税收等手段调节收入，在二次分配中进一步调节不合理的收入水平。限制过高收入，要规范隐性收入，遏制以权力、行政垄断等非市场因素获取收入，取缔非法收入，并严格规范工资以外的收入和非货币性福利。通过加大限制过高收入的力度，进一步缩小收入差距。

其次，对于低收入群体，除了要通过提升低收入群体成员人力资本、鼓励创业等方法提高其收入以外，还要通过建立和完善社会保障制度保证他们的收入水平不断提高。扩大城市中等收入群体，关键就是让更多的低收入群体进入中等收入群体，即“提低”，要“明显增加低收入劳动者收入”。在当前经济进入新常态的背景下，很多企业的生产经营活动需要调整，“提低”是一个很大的难题。这就需要推进供给侧结构性改革，压缩过剩的产能、去库存，为扩大中等收入群体提供市场支撑；同时，还要加强教育提升低收入群体成员的人力资本，保障各种市场主体都处于平等竞争的位置，建立和完善公平的市场运行环境等。通过提高低收入群体收入的“提低”，达到扩大中等收入群体的目标。

3. 城镇化的发展进程

河南城镇化的进一步发展也是影响未来城市中等收入群体规模的因素。《河南统计年鉴》表明，2016 年末河南全省平均城镇化率为 48. 50%，同期全国平均城镇化率为 57. 35%，而城镇化率最高的上海市达到了 87. 90%。河南的城镇化水平不仅与全国最高水平相差很远，而且与全国平均水平相比也有相当大的差距。河南有大量农村人口，他们中很多相对于农村生产力来说是富余的劳动人口，需要转移到城镇。在城镇化的发展进程中，随着第二、三产业的逐步扩大，农村转移到城镇的人口也必然会有一部分成为城市中等收入群体成员，从而壮大中等收入群体的规模和比例。

（二）河南城市中等收入群体未来发展趋势预测

基于以上对影响中等收入群体发展因素的分析，可以预测的是，河南城市中等收入群体的规模和比例将进一步增长，中等收入群体的结构分布将进一步优化，从而实现扩大中等收入群体的目标。

1. 河南城市中等收入群体的规模和比例将进一步扩大

经济增长是扩大中等收入群体的基础。城镇居民的收入水平提高了，城市中等收入群体的人数以及比例才能增加。河南省《政府工作报告》中，对于扩大中等收入群体的途径，提出了城镇居民人均可支配收入以及农民人均纯收入实际增长9%以上，力争与经济增长同步。可以预计的是，河南城市中等收入群体的规模和比例将会进一步扩大。也就是说，只要实现了经济发展的目标，实现了人均纯收入9%的增长，就有可能实现扩大中等收入群体的目标。

2. 河南城市中等收入群体的结构将进一步优化

河南城市中等收入群体的结构将会进一步优化。从地区分布来说，中小城市的中等收入群体成员会越来越多，地区分布会越来越均衡。从行业来说，中等收入群体成员所在的行业范围将会进一步拓宽，从传统的金融类、科技类等高收入行业向一般的制造业、建筑业等普通行业扩展。而从职业来说，随着制造业、服务业等行业平均工资的不断提高，将会有更多的低收入群体成员进入中等收入群体之中。

B.10 河南省社会工作发展状况研究报告*

闻 英　侯之秀　宋银磊**

摘　要： 近年来，在创新社会治理背景下，河南省社会工作在政府推动、学者倡导和民间力量参与下积极探索，创新开拓，各地各领域社会工作事业亮点纷呈，呈现全面、纵深发展的良好态势，但在快速发展的同时也存在一些问题。根据社会工作发展需求及社会工作发展中存在的问题，为进一步推进河南省社会工作事业发展，需要在以下方面进行改进和完善：第一，在政府层面，加强社会工作制度建设，完善社会工作发展机制；更好实现社会工作与社会治理、民政工作及其他行业的融合。第二，在人才层面，加强社会工作人才队伍建设，提高社会工作人才的专业化和职业化水平。第三，在机构层面，培育和发展社会工作服务机构，提高社会工作服务质量，提高社会工作服务机构的造血能力。

关键词： 社会工作　社会治理　社会工作人才　社会工作服务机构

专业社会工作是一种体现社会主义核心价值理念，以助人自助为宗旨，遵循专业伦理规范，在社会保障、社会治理、社会服务等领域，综合运用专

---

* 本文是河南省哲学社会科学规划项目（项目编号，2013BSH009）的阶段性研究成果；相关资料主要来自河南省民政厅人事教育（社会工作）处。

** 闻英，郑州轻工业学院政法学院教授，主要研究方向为社会工作与社会政策、社会组织；侯之秀，郑州轻工业学院政法学院社会工作专业研究生；宋银磊，郑州轻工业学院政法学院社会工作专业研究生。

业知识、技能和方法，帮助有需要的个人、家庭、群体、组织和社区，整合社会资源，协调社会关系，预防和解决社会问题，倡导社会公平正义，维护社会稳定，促进社会和谐的职业活动，是确保现代社会和谐稳定的重要制度。2006年党的十六届六中全会通过的《中共中央关于构建社会主义和谐社会若干重大问题的决定》提出了建设宏大的社会工作人才队伍。2007年，河南省委组织部成立了河南省加强社会工作人才队伍建设问题调研领导小组，省民政厅成立了社会工作人才队伍建设领导小组，这标志着河南省社会工作事业正式启动。之后省委组织部和省民政厅多次召开推进社会工作人才队伍建设会议，探索适应省情的社会工作发展及人才队伍建设新路子。十年来，河南省社会工作在政府推动、学者倡导和社会组织参与下积极探索，创新开拓，各地各领域社会工作事业亮点纷呈，呈现全面、纵深发展的良好态势，已初步形成了以政策创制为引领，以人才队伍建设为核心，以政府购买社会工作服务和培育社会工作服务机构为抓手，以资金支持为保障的社会工作实践模式。河南省社会工作在快速发展的同时也存在一些问题，需要通过加强社会工作制度建设，完善社会工作发展机制；加强社会工作人才队伍建设，提高社会工作人才的专业化和职业化水平；培育和发展社会工作服务机构，提高社会工作服务质量，提高社会工作服务机构的造血能力；更好实现社会工作与社会治理、民政工作及其他行业的融合等；进一步推进社会工作又好又快发展。

一　河南省社会工作发展的现状

随着经济社会快速发展，社会环境变得日益复杂，众多社会问题所引发的矛盾冲突也在不断加剧。专业社会工作服务作为河南创新社会治理体制中的新型力量，近年来在多方努力下得到了快速发展，在缓解社会矛盾、提高民众生活满意度和社区凝聚力等方面发挥了重要作用。

（一）回应社会发展需求，注重顶层制度设计

近年来，国家为推进社会工作的发展，制定了一系列的制度和政策，河

南省结合自身的经济社会发展特点、社会建设和社会治理需求，在国家社会工作制度框架下制定了相关政策和措施，主要涉及社会工作专业人才队伍建设、政府购买社会工作服务、创新社区治理体制、社会工作介入脱贫攻坚、社会工作介入留守儿童群体、"三区"社会工作人才支持计划和社会工作孵化基地建设等，这些政策和措施的出台为河南省社会工作发展提供了制度支持和政策保障。

表1　河南省有关促进社会工作发展的政策文本一览

年份	政策名称	单位
2012	《河南省社会工作专业人才队伍建设中长期规划(2011～2020年)》	河南省人才工作领导小组
2013	《河南省政府购买社会工作服务实施办法的通知》(豫民〔2013〕3号)	河南省民政厅 河南省财政厅
2014	《河南省省本级政府购买社会工作服务操作规范(试行)的通知》(豫民文〔2014〕338号)	河南省民政厅
2014	《关于加强新形势下城市社区建设的意见》(豫民文〔2014〕33号)	中共河南省委办公厅 河南省人民政府办公厅
2016	《关于发展社会工作助力脱贫攻坚的意见》	河南省民政厅
2016	《关于加强农村留守儿童关爱保护工作的实施意见》	中共河南省委 河南省人民政府
2016	《关于推动全省民办社会工作服务机构孵化基地建设的指导意见》(豫民文〔2016〕133号)	河南省民政厅
2016	《河南省贫困地区、革命老区和民族聚居区社会工作专业人才支持计划实施方案》(豫民文〔2016〕16号)、《关于做好首批贫困地区革命老区民族聚居区社会工作专业人才支持计划实施工作的通知》(豫民文〔2016〕16号)	河南省民政厅

2012年，根据国家发布的《社会工作专业人才队伍建设中长期规划(2011～2020年)》，河南省人才工作领导小组印发了《河南省社会工作专业人才队伍建设中长期规划（2011～2020年)》，确立了河南社会工作专业人才队伍建设的指导思想、目标任务和方式方法。2013年，在民政部、财政部《关于政府购买社会工作服务的指导意见》基础上，河南省民政厅和河南省财政厅联合出台了《河南省政府购买社会工作服务实施办法的通知》，开启了河南省政府购买社会工作服务的工作，在全国走在前列。2014

年，河南省民政厅印发《河南省省本级政府购买社会工作服务操作规范（试行）的通知》，规范了省本级政府购买社会工作服务领域、方式和流程，引导各地开展政府购买社会工作服务，为政府购买社会工作服务的开展提供了依据。2014 年，中共河南省委办公厅和河南省人民政府办公厅出台了《关于加强新形势下城市社区建设的意见》，提出鼓励和支持包括专业社会工作在内的多元主体积极参与社区治理，创新社区治理体制。2016 年，根据中共河南省委、河南省人民政府《关于加强农村留守儿童关爱保护工作的实施意见》精神，省民政厅提出了社会工作任务分解方案，并指导本地社会工作服务机构在服务中制定了细化方案。2016 年，河南省民政厅印发《河南省贫困地区、革命老区和民族聚居区社会工作专业人才支持计划实施方案》以及《关于做好首批贫困地区革命老区民族聚居区社会工作专业人才支持计划实施工作的通知》，积极推动了河南省“三区”社会工作事业的发展。2016 年，河南省民政厅出台了《关于推动全省民办社会工作服务机构孵化基地建设的指导意见》，对于培育发展社会工作服务机构，承接政府购买社会工作服务，发挥社会工作对社会治理创新作用具有重要意义。2016 年 7 月，根据《民政部关于贯彻落实〈中共中央国务院关于打赢脱贫攻坚战的决定〉的通知》精神，河南省民政厅发布了《关于发展社会工作助力脱贫攻坚的意见》，明确了社会工作介入扶贫的作用和途径。在以上文件基础上，各地根据实际情况也制定了相关文件和政策。

（二）大力培养社工人才，奠定行业发展基石

近年来，河南一直致力于通过各种途径培育社会工作专业人才。主要途径包括：一是注重职业教育，提高持证水平。2008 年以来，省民政厅每年与省人事考试中心联合下发社会工作职业水平考试通知，并组织免费考前培训班。全省各地各单位针对考试出台了补贴报名费、资料费等鼓励措施。截至 2016 年，全省近 3 万人报名参加考试，约 5000 人通过。二是加强服务，持续提升专业水平。省民政厅委托河南省社会工作教育协会开展了全省 18 个省辖市社会工作基础知识普及巡讲活动。省民政厅还举办了司法系统、政

法系统、灾害救助、社区、养老、婚姻家庭等6个领域的社会工作培训班，搭建起全省社会工作宣传教育平台。截至2016年底，河南省共组织社会工作专题培训班69期，培训学员2万余人。三是搭建平台，全面开发专业岗位。从2003年开始，全省各地各单位陆续实施引进社会工作人才工程、设置社会工作岗位。据统计，截至2016年底，全省目前在相关事业单位、城乡社区、社会组织开发设置的社会工作专业岗位累计500余个。四是政府、高校和社会工作服务机构多方互动，联合培育社会工作专业人才。三方通过建立实习基地、合作研究等方式培养社会工作专业人才。目前，河南省开设社会工作的本专科高校达到20所，已培养专业学生7000多人。省内多地民政部门、社会组织与高校签订了合作协议，每年都有社工专业本科生或研究生到机关企事业单位、社会工作服务机构和基层社区实习。

1. 社会工作从业人员数量和年龄分布

截至2016年，河南省社会工作人才累计13493人。在年龄分布上，45岁及以下的有9094人，占比达67.4%。据省民政部门不完全统计，省内社会工作从业人员在性别分布上，男女比例相差不大，男性占比达53.93%，女性占比达46.07%，男性略多于女性。

表2　河南省社会工作从业人员总人数及年龄分布

单位：人，%

年龄分布	人数	比例	年龄分布	人数	比例
35岁以下	3089	22.9	51~54岁	1210	9.0
36~40岁	2688	19.9	55岁以上	698	5.2
41~45岁	3317	24.6	合计	13493	100.0
46~50岁	2491	18.5			

2. 学历层次和职业技术水平现状

由图1可知，截止到2016年底河南省社会工作从业人员中专科生人数最多，高达6219人，总体占比为46.1%；本科生次之，从业人数为5188人，占比达38.4%；研究生最少，仅有248人，占比为1.8%。

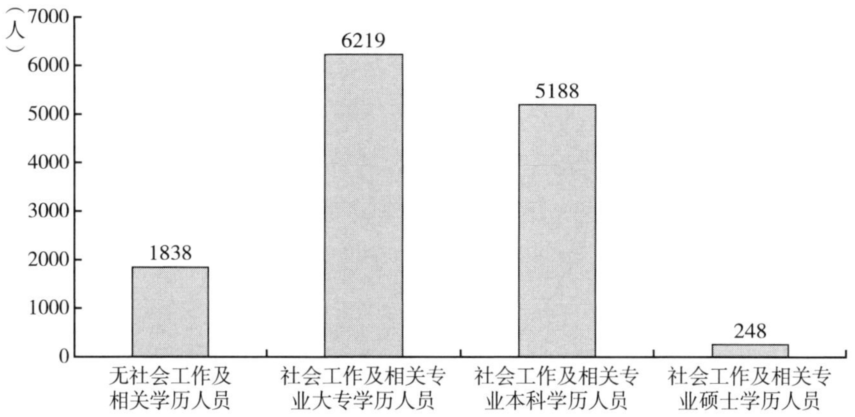

图1　2016年河南省社会工作从业人员学历分布

据调查，河南省社会工作从业人员中，取得全国社会工作者职业水平证书或取得地方民政部门认可的社会工作员职业水平证书的社会工作人才总数为4918人，仅占河南省社会工作人才总数的36.4%，无社会工作职业资格人数为8575人，占比为63.6%。由此可见，河南省社会工作现阶段呈现出专业人员比较短缺，服务专业性有待提高的现状。

3. 社会工作从业人员工作地点和从属单位分布情况

目前，河南省社会工作从业人员主要集中在城市。近年来因省内“三区”项目和农村社会工作的发展，社会工作从业人员有向农村地区倾斜的趋势。

由图2可知，截止到2016年底，河南省社会工作从业人员在城市地区的有9172人，占68.0%；在农村地区的有4321人，占全体从业人员的32.0%。

由表3可知，按照单位性质划分，社会工作从业人员主要集中在事业单位和社工服务机构，占人才总数的73.2%，行政机关、除社工服务机构之外的社会组织、基层群众自治组织、基层党组织、群团组织以及企业均有分布，但人员相对较少。

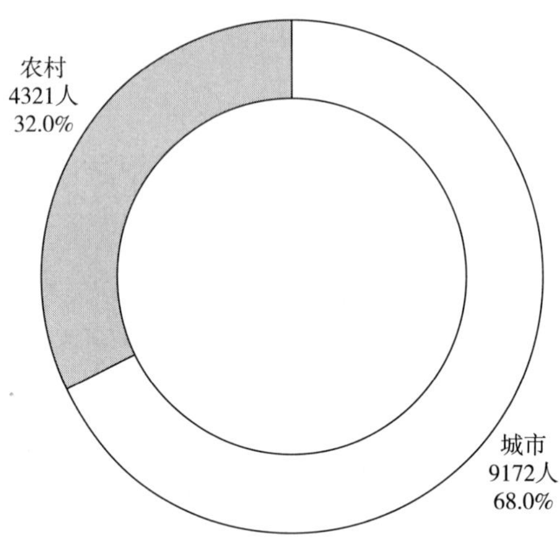

图2　2016年河南省社会工作从业人员城乡分布

表3　2016年河南省社会工作从业人员从属单位分布

单位：人，%

类别	人数	占比
事业单位	5377	39.9
社会组织(除社工服务机构)	730	5.4
社工服务机构	4491	33.3
基层群众自治组织	929	6.9
基层党组织	41	0.3
群团组织	86	0.6
企业	85	0.6
行政机关	1732	12.8
其他	22	0.2
合计	13493	100.0

（三）逐步加大政府购买，带动社会广泛参与

河南省推进政府购买社会工作服务按照“一统双行”思路进行。“一统”指在《河南省政府购买社会工作服务实施办法》的框架下统一开展，逐步出台考核评估办法、探索制定购买社会工作服务目录；“双行”指根据各地和部门实际，灵活采取岗位制和项目化方式进行购买，满足不同发展程

度和层次的社会工作需求。

2011 年，郑州市金水区在全省率先启动政府购买社会工作服务。从 2011 年至 2016 年河南省累计投入 4500 多万元购买社会工作服务。2014 年，省本级财政首次购买 6 类 16 个社工岗位 14 个社工项目，投入资金 313 万元。2015 年投入资金 219.6 万元，购买社会工作服务项目 11 个，涉及儿童青少年、老年、残疾人、妇女家庭、优抚、社区、社会救助、矫正、医务、企业和社会工作专业督导，覆盖郑州等 6 个地市。2016 年，省民政厅投入福利彩票公益金 360 万元开展河南省“三区计划”，以省、市两级财政资金进行政府购买社会工作服务的形式，在 12 个省辖市和直管县铺开，目前覆盖 26 个县（区），此后将在全省 69 个“三区”县（区）分批实施。在民政部“三区计划”中，汝阳县作为连续三年的试点县，实施社会工作人才“百千工程”、成立“汝水情”社工服务中心、推进空巢老人关爱计划等一系列扎实举措，取得了初步的成效。郑州、安阳、濮阳等地也陆续出台了政府购买社会工作服务实施办法。2016 年，郑州开展市本级政府购买社会工作服务，开封、焦作、南阳等地设立了社会工作专项资金。自 2012 年起到 2016 年底，全省各级共投入财政资金约 6187 万元用于政府购买社会工作专业服务，购买主体不断增加，服务对象从老人、妇女、儿童等弱势群体向有需要的社会群体转变，服务领域从社会救助、居家养老、婚姻家庭、社区建设拓展到司法矫正、职工帮扶、纠纷调解等，取得了良好的社会效果。

（四）多方扶持社工机构，引导机构规范发展

现有社工机构有三种形式：第一类是在政府倡导下成立的体制内的社工站，主要辅助政府部门，为相关对象提供社会工作服务，如街道办成立的社工服务站。第二类是在政府部门下属事业单位成立的社工科，如老年社会福利院、儿童社会福利院等成立的社工科。这两类组织均带有浓重的官方色彩，是政府职能的延伸。第三类是民办社工机构，它区别于前两类，是以专业社会工作服务为主要业务的民办非营利组织，是现有社工机构的主要组成部分。为促进民办社会工作服务机构发展，一方面，河南省各地区设有不同规模的

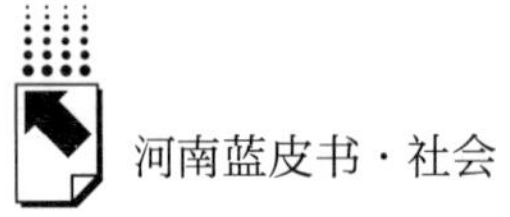

扶持资金，扶持成立本土民办社工机构，有力保障了初创民办社工机构的基础运营；另一方面，河南省规范行业组织发展，推动孵化基地的建设，对于促进本土民办社工机构快速成长，承接政府购买社会工作服务具有重要意义。

2005 年，郑州市金水区率先成立了河南省首家、全国第二家专业社工机构——绿城社工服务站；2008 年，南阳新村街道办事处依托绿城社工服务站设立河南省首个社工科。2011 年起，民办社会工作机构陆续成立。2016 年，河南省民政厅下发《关于推动全省民办社会工作服务机构孵化基地建设的指导意见》，拟投入 150 万元创建首批 4 家民办社会工作服务机构孵化基地，各省辖市、直管县（市）力争在 2017 年底前都建成 1 个民办社会工作服务机构孵化基地。每个孵化基地必须在一年内孵化本地民办社会工作服务机构或者社会工作协会 3 个以上，同时发挥孵化基地综合管理、培育孵化、信息共享、党团凝聚的功能。截至 2016 年，河南省民办社工机构总数达 151 家。

由图 3 可知，全省民办社工机构共 151 家，而郑州市民办社工机构有 91 家，占全省民办社工机构比重为 60. 3%；洛阳和南阳分别有 14 家和 11 家民办社工机构，占全省比重分别为 9. 3% 与 7. 3%；剩余 35 家民办社工机构零散地分布在全省其他地区。总的来说，河南省民办社会工作机构区域发展极不平衡，主要集中在郑州市，其他地市（县）民办社工机构数量较少，甚至有的地市（县）还没有民办社工机构成立。

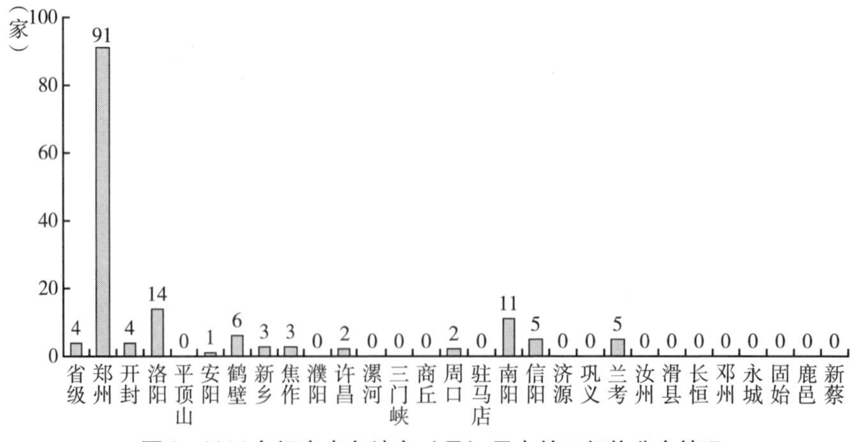

图 3　2016 年河南省各地市（县）民办社工机构分布情况

（五）精心打造品牌项目，广泛宣传服务成效

河南社会工作在多年实践探索中创建了一批本土品牌，提炼出了一些服务模式。2001 年，郑州市救助管理站引入社会工作，以“类家庭”、家庭寄养、技能培训作为回馈社会的主要途径，首创救助流浪儿童的“郑州模式”。从 2004 年起，在对 38 个艾滋病重点村排除防治帮扶工作中，聘请一些专业社工介入，探索了艾滋病“救助帮扶模式”。郑州市金水区率先构建了家庭养老院、社区养老院和社会养老院相结合的新型城区社会化养老体系框架，投入资金 267 万元，先后为 107 名孤寡老人和 1046 名空巢老人提供了生活和心理慰藉等服务，被称为社会化养老的“金水模式”。2008 年，郑州市儿童福利院通过蓝手杖家长俱乐部、家庭寄养康教中心等系列项目，在院外成立康教中心和社工服务站，开发救助孤残儿童的“社区参与模式”。2009 年，郑州市救助管理站开办的“晨露国际郑州爱童园”，成为国内首个为无人照料、陷入困境的服刑人员未成年人子女提供救助服务的园内小家庭照料项目。2014 年，省民政厅购买“三社联动”项目，形成了一批服务亮点社区。在民政部开展的社会工作人才队伍建设首批试点工作中，河南省推荐的 9 个区（县）和 11 个民政服务类事业单位全部获批，成为全国试点地区和单位最多的省份。在民政部首批全国社会工作服务示范创建活动中，河南被评选上 3 个示范地区、1 个示范社区、4 家示范单位。

河南省在社会工作行业宣传方面做了多种尝试和努力：一是宣传动员，鼓励相关人员报考社会工作者职业水平测试。除在民政系统广泛动员外，还通过省内各主要媒体进行宣传，为广大社会人员报名考试提供方便。二是宣传普及，通过宣传周、社区活动等形式进行社会工作概念普及。三是通过讲座、知识巡讲、研讨会等形式提升相关从业人员的专业知识和专业能力。四是通过报刊、媒体、网站等形式对社会工作开展情况进行动态报道，吸引优秀人才，进行社会工作成效宣传。社会工作作为一种社会服务行业，宣传最终要落脚到服务上，好的服务成效才能成就好的宣传效果。

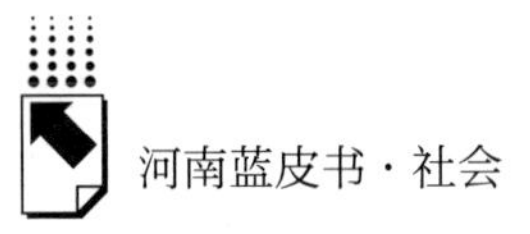

二　河南省社会工作发展存在的问题

河南省社会工作近年来得到了迅速发展，在社会建设和创新社会治理中发挥了重要作用，但也存在不少问题，在不同层面上制约了河南省社会工作事业的发展。

（一）社会工作机制不健全，资金仍短缺

河南省社会工作发展面临一系列体制机制性障碍，主要表现如下。

一是河南省部分地区对推进社会工作发展的重视程度有待提高，社会工作管理体制和运行机制还没有形成，民间社工机构不发达，服务机构较少。

二是社会工作教育培训、使用、评估、激励机制还不够健全，虽然河南省在社会工作人才建设、培养、使用和管理方面做了一些努力和尝试，但在政策的可操作性以及具体执行、监督方面还有待进一步加强，执行政策的资金支持力度不够。

三是部分地区社会工作经费保障机制仍未建立，在社工岗位开发、政府购买社工服务方面还是空白，缺乏资金支持。

（二）社会工作发展不平衡，社会认知度偏低

1. 河南省社会工作“大集聚”现象突出

社工机构是社会工作发展的主要平台，民办社工机构是社工机构的主力军。虽然，近年来洛阳、开封、南阳等地也零星有社会工作机构成立，但总体来讲，河南省社会工作呈现出“一个中心，多点辐射”的发展态势。截止到2016年底，河南省民办社工机构仍超过一半集中在郑州市，且郑州民办社工机构又大多集中在金水区，“河南社工看郑州，郑州社工看金水”，形象反映出河南社会工作区域发展极不平衡的事实。社工机构的区域不平衡势必造成社会工作人才分布和服务分布的区域不平衡，从而制约社会工作的区域发展。

2. 公众认知度低，社会工作服务联动效果差

河南社会工作介入的力度和影响有限。调查发现，不仅大部分普通民众不清楚社会工作是什么，对社会工作的认同度不高，甚至政府相关部门也是如此。社会工作目前的发展主要依赖政府购买，而政府部门本身对社会工作认知度不高，在很大程度上会直接影响政府购买社会工作服务的力度。社会大众对社会工作的认知度较低将极大地影响社会大众的参与度。较低的社会认知更加剧了社会工作行业得到社会各方的信任和支持的难度。总体而言，河南省有利于社会工作又好又快发展的环境尚未完全形成。

社会工作服务本身链接社会资源和形成多方联动的能力比较弱。主要体现在以下几个方面：资金来源主要依赖政府购买，撬动基金会资金、企业资金的能力明显不足；没有能很好地培训和使用志愿者，未很好地形成社会工作者与志愿者的联动机制；社会工作者与社区、社会组织的联动性较差，“三社联动”机制还在实践探索阶段。

（三）社会工作人才资源缺乏，专业化和职业化水平有待进一步提高

1. 社会工作专业人才少，队伍不稳定

据2016年河南省民政厅统计，河南省社会工作人才资源总数为13493人，约占河南省总人口的0.08%，这与全国民政系统平均1名社工从业人员为1000名重点对象提供服务的要求差距较大，社会工作从业人员缺口较大，制约了全省社会工作事业的持续发展。

河南省社会工作人才流失率较高，入职一年左右的社工属于机构“老社工”的现象普遍存在。社会工作从业人员的“跳板心态”、待遇保障水平较低、激励机制缺乏和职业发展空间断层等是社会工作人才流失的重要因素。调研发现部分社会工作从业人员之所以从事社会工作是因为他们在毕业以后没有很好的工作机会或者还不清楚自己的职业追求，而社会工作行业的人才缺口又相对较大，入职难度较低，所以他们就抱着“先就业再择业”的想法进入社会工作服务队伍，一旦有更好的职业选择，他们就会选择离职。

2. 社会工作人才的专业化、职业化水平较低，人才结构不合理

（1）从业人员背景繁杂，专业化水平有待提高

据统计，河南省社会工作人才资源总数为13493人，其中具有社会工作及相关专业学历的有11655人。从这个角度看，河南省社会工作人才的专业化水平很高，但这里对社会工作人才的定义是相对比较宽泛的，包括取得全国社会工作者职业水平证书的社会工作人才，取得社会工作及相关专业大专以上学历或累计接受过一定继续教育学时的社会工作人才，社会组织特别是民办社会工作服务机构的一线社工及项目管理人员，事业单位和政府的相关从业人员。而实际意义上的专业社会工作者是具备一定社会工作专业知识储备的实务型社会工作人才。因为本文调研的专业学历数据不仅包含了社会工作专业，同时也包含了相关专业，所以这个数据不足以支撑说明所统计在内的社会工作人才的理论专业性。社会工作的专业化水平更多体现在实务工作过程中，做具体社会工作实务的社会工作人才又以民办社工机构为依托，但河南省隶属于民办社会工作服务机构的社会工作人才数量为4491人，仅占河南省社会工作人才总数的33.28%，由此可见河南省社会工作人才的专业化水平较低。

（2）从业人员职业化水平低，人才结构不合理

社会工作人才中更多的是隶属于民办社工机构的社会工作者，他们以提供社会工作服务为职业，提供全职的社会工作服务。河南省社会工作人才在民办社会工作服务机构的较低占比说明社会工作人才的职业化水平较低。另外，取得全国社会工作者职业水平证书或取得地方民政部门认可的社会工作人员职业水平证书的社会工作人才总数为4918人，仅占河南省社会工作人才总数的36.45%，这也说明河南省社会工作人才职业化水平较低。

河南省的社会工作人才结构不合理，一方面，缺乏实务技能强、综合素质高、能解决复杂问题的高端社会工作人才；另一方面，领域分布不均，社区、养老等领域的专业人才数量较多，农村、司法、医疗、禁毒等领域的专业人才明显不足。

（四）社会工作服务机构资金来源单一化，自我造血能力缺乏

河南省社会工作事业发展的运作资金来源渠道主要是政府资金、企业捐赠和个人捐赠。政府补助资金和政府购买项目资金占比远远高于企业捐赠和个人捐赠。民办社会工作机构服务资金来源单一化，缺乏自我“造血”功能。河南省各地政府资金也存在不充足之时，因此资金不足是民办社会工作机构发展过程中较难逾越的鸿沟。近年来政府虽加大扶持和购买力度，但社会工作发展仍未打破资金来源单一和对政府依赖较强的尴尬局面。政府在投放资金时还存在仅关注项目本身，忽视民办社工机构发展的现象。这也导致大部分初创型机构，由于扶持不够、资金短缺等问题生存艰难，后续发展能力不足。由于资金缺乏，河南省还有很多地区社会工作经费保障机制仍未建立，在社工岗位开发、政府购买社工服务方面还处于空白期。

三　河南省社会工作发展前瞻

（一）加强社会工作制度设计，完善社会工作发展机制

一是紧跟国家层面关于社会工作制度的设计步伐，在顶层设计框架下出台河南省的贯彻落实细则。二是制定并完善政府购买社会工作服务以及志愿者队伍建设等方面的政策。在社工岗位开发、政府购买社工服务方面还是空白的地区，要加强操作普及和积极引导，协助建立社会工作经费保障机制。三是完善政府购买社会工作服务机制、社会工作督导机制、社会工作评估机制，积极推进“三社联动”机制建设，建立健全社会工作者和志愿工作者“两工协作”机制，建立服务标准体系，提升社会工作的法制化、标准化和规范化水平，形成条块结合、环环相扣、涵盖广泛的宏观社会工作政策体系和机制。

（二）加强社会工作人才队伍建设，提高社会工作人才的专业化和职业化水平

一是大力发展社会工作专业教育和培训，增加社会工作人才数量。一方面要鼓励更多的高校开设社会工作专业，培养更多的社会工作专业人才；高校要根据社会建设和社会治理需要制定培养目标，加强社会工作价值观教育，合理设计课程体系，体现专业性，增加学生的实习实训环节，提升学生的实务能力。另一方面，要广泛持续开展社会工作继续教育，将更多的潜在从业人员转化为专业社会工作人才。

二是引入竞争激励机制，激发人才创新活力。合理确定社会工作专业人才薪酬待遇，根据社会工作专业人才从业领域、工作岗位和职业水平等级等，制定薪酬指导标准；加大社会工作专业人才表彰奖励力度，将社会工作专业人才纳入现有表彰奖励范围，对政治坚定、业绩突出、能力卓著、群众认可的社会工作专业人才给予表彰奖励；努力提高社会工作专业人才职业地位，落实民政部《关于加强社会工作专业人才队伍建设的意见》要求，注重把政治素质好、业务水平高的社会工作专业人才吸纳进党员干部队伍，选拔进基层领导班子，支持有突出贡献的社会工作专业人才进入人大、政协参政议政。

三是实施社会工作专业人才素质提升工程、高层次社会工作专业人才培养引进工程、城乡社区社会工作专业人才发展工程等，扩大社会工作中高层次人才队伍规模。

四是调整社工人才的领域分布。注重不同社工服务领域专业人才的培养，避免某些领域出现“供大于求”或“供不应求”，采取一系列激励措施，稳定和巩固城市社区服务、老年人、青少年等领域社会工作人才队伍建设的优势；改善社会救助、社会保障、司法领域、医疗卫生领域等领域的社会工作人才队伍建设的弱势现状；弥补禁毒、信访等领域社会工作人才队伍建设的空白。

（三）培育发展社工机构发展，增强社会工作服务机构的造血能力

加大对民办社会工作服务机构的扶持力度，扩大社会工作服务供给，对社会工作服务机构的成立发展进行政策倾斜。通过在全省实施政府购买服务、民办社会工作服务机构孵化基地建设工程，培育发展民办社会工作服务机构。扶持城乡社区服务类社会组织成立和发展，鼓励社会组织吸纳专业社会工作人才，加强专业人才使用，推进社会工作实务开展，推进社会治理创新。

在扶持社会工作服务机构的同时，注重对机构的规范管理和引导。业务主管部门和行业协会要加强对机构的管理与服务，保障购买服务顺利实施，维护社会工作者的基本权利，如制定薪酬指导标准、对社工机构是否为从业者缴纳五险一金的情况进行督查等，同时引导社工机构的管理结构逐渐从扁平化向层级化发展，逐步拉开形成社会工作行业的职业梯队，这既有利于实现培养中高层社会工作人才的目标，又为广大从业者拓宽了职业发展空间。

充分发挥政府宏观调控的作用，积极协调社工机构发展不平衡问题。对社工机构相对集中甚至已经超出需求的地区要提高注册门槛，引入竞争淘汰机制，合理控制社工机构发展规模；对社工机构欠发达地区要实施政策倾斜、组织交流学习、适当放低门槛，鼓励成立本土社工机构；发挥社工机构发达地区对欠发达地区的引领带动作用，鼓励省内各地区社工机构之间进行服务输出、经验交流。

提升社会工作服务机构的造血能力。社工机构想要发展离不开服务项目，而开展项目必然需要经费，然而，目前政府、基金会提供的服务项目十分有限，难以满足大部分社工机构的正常运作。即使社工机构承接了某个项目，也存在“生存危机”，因为河南省现有项目服务年限一般是半年或一年，再加上政府财政资金拨付较慢，仅仅依靠政府购买资金很容易陷入资金周转困境。提升社工机构造血能力，一要不断提升社会工作服务品质，因为高品质的服务是赢得多方支持的前提和基础；二要注重服务的包装和宣传，

打造品牌项目，主动向政府、市场推广社工服务产品，超越传统狭隘的公益概念，为社工机构带来持续的“造血功能”。

参考文献

闻英：《职业化背景下社会工作专业人才培养模式研究》，《郑州轻工业学院学报》（社会科学版）2011 年第 3 期。

王思斌：《社会工作参与社会治理的特点及其贡献——对服务型治理的再理解》，《理论探索》2015 年第 5 期。

李元来：《承认视域下社会工作机构的再定位及政策趋向》，《安庆师范大学学报》（社会科学版）2017 年第 3 期。

脱贫攻坚与社会保障

Reports on Poverty Governance and Social Security

B.11
改革开放四十年河南省社会养老保障建设的回顾与反思*

冯庆林**

摘　要： 本文梳理和阐释了改革开放四十年来河南省社会养老保障建设的发展历程，归纳和总结了河南省在保障老年人物质和精神生活基本需求方面取得的主要成效，揭示和分析了河南省在提高社会养老保障程度及服务水平中存在的难题及其成因，并在以上深入思考的基础上，就积极寻求进一步提高河南省社会养老保障程度及服务水平的有效途径，提出了建设性的意见。

关键词： 改革开放　河南省　老年社会保障

* 本文为国家社科基金资助项目“欠发达地区居家社区养老服务的社会支持研究”的阶段性成果，批准号：16BSH125。

** 冯庆林，河南省社会科学院社会发展研究所助理研究员，主要研究方向为人口社会学。

老有所养和老有所依，自古以来就是中华儿女对美好社会的追求和向往。河南省作为人口大省，自2000年进入老龄化社会以来，老龄化进程不断加快，截至2017年底，65岁以上老人已达到974.08万人，占常住人口的10.19%。[①] 咄咄逼人的老龄化态势对全省社会养老保障体系带来了巨大的压力，如何有效实现老有所养和老有所依，已经成为全省居民共同关注的热点问题。河南地处中原，经济社会发展尚处于欠发达状态，人口老龄化进程中未富先老、未备先老及边富边老的特征十分明显，堪称中国老龄化社会发展的缩影。在此，本文拟梳理和阐释改革开放以来河南省老年社会保障制度的发展历程，归纳和总结河南在保障老年人物质和精神生活基本需求方面取得的主要成效，揭示和分析河南省提高全民养老保障及服务水平中存在的难点问题及其成因，并在以上深入思考的基础上，就积极寻求进一步提高河南省全民养老保障及服务水平的有效途径，提出建设性的意见。

一　河南省社会养老保障建设的发展历程

我国《老年人权益保障法》规定：老年人有从国家和社会获得物质帮助的权利，国家和社会应健全老年人的社会保障制度，实现老有所养、老有所医、老有所为、老有所学、老有所乐。[②] 具体来讲，对老年人的社会保障项目主要包括：养老保险、医疗保险、社会救济、社会福利、社会服务、住房保障、老年教育和法律援助等。改革开放四十年来，伴随河南省经济社会发展程度的大幅提高，社会养老保障制度建设日趋完善，全省城乡居民社会养老保障水平持续提升，这些变化主要体现在以下几方面。

（一）养老保险：从城镇职工到城乡居民全覆盖

从新中国成立开始，我国实行的就是城乡二元社会结构，社会养老保障

---

① 数据来源于《2017年河南省国民经济和社会发展统计公报》。

② 见《老年人权益保障法》（2015年修正）第一章第三条、第四条，http://www.lawtime.cn/faguizt/164.html。

相应地也具有明显的城乡二元分割特点。有关养老保险制度，最初只是针对国有企业职工而设立，农村养老保险制度长期是空白。改革开放以来，随着经济体制改革的深入展开，作为配套政策的社会保障制度也在不断地调整。针对企业职工养老保险制度的改革，1991 年国务院出台了《关于企业职工养老保险制度改革的决定》，1997 年 7 月国务院颁布了《关于建立统一的企业职工基本养老保险制度的决定》，2005 年 12 月国务院发布了《关于完善企业职工基本养老保险制度的决定》等。在上述文件精神的指导下，河南省经过不断探索，全省城镇职工基本养老保险制度逐步趋于成熟。但是，自 1999 年 7 月国家对农保工作进行清理整顿以来，河南省农保制度试点一直处于停顿、萎缩状态，其中部分地市还将保费退还给参保农民。直到 2009 年，国务院启动新型农村社会养老保险试点工作，河南省跟进并出台《关于开展新型农村社会养老保险试点的实施意见》，农村社会养老保险工作才开始逐步进入正轨。2011 年，国务院启动城镇居民社会养老保险试点工作，河南出台了《关于开展城乡居民社会养老保险试点工作的实施意见》，在全省积极开展城乡居民社会养老保险试点工作。从 2012 年 7 月开始，通过全面实施这一政策，河南省率先实现全省城乡居民养老全覆盖。这标志着河南省正式进入制度性、全民养老的新阶段。此后，河南省于 2014 年出台《关于建立城乡居民基本养老保险制度的实施意见》，于 2018 年出台《关于建立健全多缴多得激励机制完善城乡居民基本养老保险制度的意见》等，通过鼓励、引导广大城乡居民早参保、多缴费、长缴费，进一步提高了全省城乡居民养老保险水平。

（二）养老模式：从单一家庭养老走向多元社会养老

河南省地处农耕经济相对发达的中原大地，“养儿防老，积谷防饥”的传统观念积淀深厚，从其中折射出家庭养老具有深厚的文化支撑和现实背景。然而，改革开放以来，伴随计划生育政策的实施，河南省家庭规模和家庭结构日趋小型化，尤其是近些年来，伴随城镇化的持续推进，人口流动的速度、频率和规模不断增加，全省无论城乡均涌现出大量的空巢老人，以致家庭养老功能日渐削弱，传统的家庭养老模式难以为继。在此背景下，全国各地相继开展了对居家养老、社区养老等模式的实践探索，与此同时学术界也就日益加深的老龄化背景下中国的养老出路问题，展开了热烈的讨论。

2000年以来，国家相继出台了一系列有关养老服务的政策文件，其中有国务院办公厅转发民政部等部门的《关于加快实现社会福利社会化意见的通知》，以及中共中央、国务院发布的《关于加强老龄工作的决定》。在这两个文件中，党和政府第一次明确提出要建立以家庭养老为基础、社区服务为依托、机构养老为补充的养老机制。近年来，为进一步加强和完善社会养老服务体系建设，国家又分别出台了相关的专项文件，如2008年国务院十部委出台的《关于全面推进居家养老服务工作的意见》，2011年12月国务院出台的《关于印发社会养老服务体系建设规划（2011～2015年）的通知》，2013年国务院出台的《关于加快发展养老服务业的若干意见》《关于促进健康服务业发展的若干意见》，2015年国务院办公厅转发的《关于推进医疗卫生与养老服务相结合的指导意见》，2016年国务院颁发的《关于全面放开养老服务市场提升养老服务质量的若干意见》，等等。在国家宏观政策指导下，河南省也出台了相应的政策文件，推动全省从单一家庭养老走向多元社会养老，从而为进一步满足人民群众多层次、多样化的健康养老服务需求奠定了基础。

（三）老年福利：从特惠逐步到适度普惠

新中国成立之初，我国实行的是狭义的社会福利制度，而单就老年人社会福利来说，即是为那些生活能力较弱的农村和城镇“三无老人”提供基本的生活保障和社会服务。改革开放以来，我国开始推行“社会福利社会化”的改革探索，老年社会福利的受益群体逐渐由“三无老人”扩大到所有的老年人，并且老年社会福利水平也在不断提高。与此同时，河南省的老年福利政策安排随着全省经济社会发展水平的提高，也正逐步从特惠向适度普惠发展。早在1990年，河南省就出台了《河南省老年人保护条例》，从家庭保护和社会保护等方面对保护老年人合法权益做出了规定，而为了适应新时代、新情况、新变化，该条例的修正草案《河南省老年人权益保障条例（草案）》，已于2017年11月27日提请省人大常委会会议审议，这将进一步健全和完善河南省老年人权益保障法规建设。1995年，河南省人民政府颁布《河南省农村五保供养工作办法》。此后，国务院又于2006年公布新修订的《农村五保供养工作条例》，将农村五保供养纳入了公共财政的范畴，实现了从农民集体内部互助共济的体制，向国家财政供养为主的现代社会保障体制的历史性转变。2002年，河南省出台《河南省人口与计划生育条例》，前后经过4次修订，对计划生育老人的奖励扶助政策做出规定。2006年，河南省人民政府下发《关于全面建立和实施农村居民最低生活保障制度的通知》，并经过多次调整，提高了农村最低生活保障标准。2008年，河南省出台《关于进一步加强老年人优待工作的意见》，从养老资金、医疗保健、生活服务、文体休闲、维权服务等方面对老年人实施优待政策。2016年，河南省民政厅、财政厅、老龄办联合下发《关于建立健全经济困难的高龄失能老人补贴制度的通知》，要求各省辖市根据实际情况对80岁以上的经济困难老人、60岁以上的失能老人发放补贴。郑州、洛阳等地市先后建立了80周岁以上高龄老人津贴制度。这种“特惠”更多体现的是补缺性和救助性特征，而“适度普惠”的老年福利体系则强调政府、市场、家庭、社区的相互支持和相互补充，强调养老服务供给主体的多元化。当然，除上述“特惠”政策的兜底服务及补缺救助效能外，河南省在构建多层次、多样化的养老服务体系方面所体现的“适度普惠”的性质，无疑也具有更好改善民生的社会建设效能。由此可见，从特惠逐步转变为适度普惠，是河南省老年福利事业发展的必然趋向。

二　河南省在社会养老保障建设中取得的主要成效

从社会保障学视角看，“老有所养”主要包括两个方面的内容：一是经济保障，解决养老所需的资金和物质需求；二是服务保障，满足老年人在医疗卫生、日常生活照料、精神慰藉等方面的养老服务需求。改革开放四十年来，河南在社会养老保障建设中取得以下成效。

（一）全民社保消除后顾之忧

养老保险能够为“老有所养”提供必要的经济保障。河南省自2009年开始实行新型农村社会养老保险，并且于2014年建立城乡居民基本养老保险，从而实现了“制度从无到有、覆盖由窄到宽、待遇从低到高、统筹从分到合、服务从弱到强”的转变。全省参保人数从2011年的3000万人增长到2017年的5010.22万人（见表1），参保率从91%增长到2017年的98.7%，基本实现了全覆盖。此外，领取待遇人数从2011年的565万人增长到2017年的1445万人。以上参保和领取待遇人数均创历史新高，位居全国第一。2018年2月28日，河南省人力资源社会保障厅、财政厅又联合出台《关于建立健全多缴多得激励机制完善城乡居民基本养老保险制度的意见》，规定自2018年1月1日起，养老保险最低缴费额调至200元，最高补贴调至340元，城乡居民基本养老保险基础养老金最低标准每人每月增加18元，达到每人每月98元。继2011年上调5元、2014年上调18元、2017年上调2元之后，这次调高标准进一步提升了城乡居民的养老保障水平。①

表1　城乡居民基本养老保险参保人数

年份	2015	2016	2017
人数(万人)	4854.43	4893.74	5010.22

资料来源：历年《河南省国民经济和社会发展统计公报》。

自1997年国务院颁布《关于建立统一的企业职工基本养老保险制度的决定》之后，河南省城镇职工基本养老保险参保人数持续增加，从2001年的669.77万人增加到2017年的1897.49万人（见表2），增长了近2

① 本段落数据均来源于《河南出台〈意见〉增加基础养老金》，《河南日报》2018年3月6日。

倍。而从2005年至今，全省企业退休人员基本养老金已连续13年得到提高。截止到2017年底，全省企业退休人员月人均养老金达2416元[①]，与2005年的617元[②]相比增长了3四倍，有力提升了城镇职工的养老保障水平。

表2　历年河南省城镇职工基本养老保险参保人数

年份	人数(万人)	年份	人数(万人)	年份	人数(万人)
2001	669.77	2007	912.63	2013	1349.5
2002	757.8	2008	971.63	2014	1431.5
2003	751.06	2009	1019.4	2015	1508.1
2004	779.63	2010	1079.1	2016	1749.8
2005	813.98	2011	1168.4	2017	1897.9
2006	863.44	2012	1270.6	—	—

资料来源：历年《河南省国民经济和社会发展统计公报》。

表3　历年河南省企业退休人员基本养老金定额调整标准

年份	2012	2013	2014	2015	2016	2017
定额调整(元)	100	100	115	105	70	50

资料来源：历年河南省《关于调整企业退休人员基本养老金的通知》。

（二）社会养老服务体系建设日趋完善[③]

近年来，河南省不断加大对社会养老服务体系建设的财政投入力度，引导社会资本参与养老服务业发展，整合各种社会资源开展社区居家养老服务，推动全省社会养老服务体系日趋完善。一是福彩公益金支持养老服务业发展的比例达到50%以上，其中支持民办养老服务发展的资金超过了30%。

① 数据来源：《2018年河南将实现城镇职工养老保险参保1948.6万人》，大河网，2018年3月14日。

② 数据来源：《明年我省符合条件的老人均能领养老金》，《河南日报》2011年12月12日。

③ 数据来源：河南省民政厅、河南省卫计委内部资料。

二是全省各地市普遍建立了养老机构建设补贴和运营补贴制度。三是在“十二五”期间全省各类养老服务机构由3600个上升到3900多个，积极推进养老健康产业发展示范园区（基地）建设，养老床位数由24万多张增加到47.3万张，每千名老人拥有养老床位数达到32.2张。四是加快推进社区（村）居家养老服务设施建设，截至2017年底，全省建成社区养老服务设施1845个，农村幸福院达到8639个，建成“12349”居家养老服务信息平台43个，入网服务老人340多万人。五是积极探索符合本地实际的医养结合模式，截至2017年底，全省卫生计生医疗机构开设老年病科、养老床位的有130家，养老床位数达到13021张，开设为老年人提供挂号、就医等便利服务绿色通道的医疗机构达到6123家，达到医疗卫生机构（除个体诊所和村社区卫生室）的70%，养老机构内设医疗卫生机构的有844家，达到养老机构的26.88%，县、乡2406家医疗机构与养老机构签订医疗协作，能够以不同形式为入住养老机构的老年人提供医疗卫生服务。

三　河南省在社会养老保障建设中面临的难题及归因分析

改革开放四十年来，河南省在提高全民养老保障水平方面取得突出成绩，但依然存在全省居民社会养老保障水平较低、社会养老服务体系不够健全、农村社会养老保障与服务发展相对迟缓之类的难题。新时代，面对人民群众对社会养老的更高要求，要想持续提高全省社会养老保障水平，有必要对此进行深刻揭示并深入剖析其成因。

（一）河南省在社会养老保障建设中面临的难题

1. 城乡居民养老保障水平依然较低

河南省城乡居民养老保障水平较低，是相对于发达地区来说的不争的事实。2015年河南省企业退休人员月人均养老金为2145元，在全国30个省份排名第20位（见表4）。尽管2017年，河南省企业退休人员月人均养老金增至 2416 元[①]，但同一时期北京市企业退休人员月人均养老金增至 3770 元[②]，两者相比，前者只占后者的 64%，不及后者的 2/3。此外，河南省城乡居民基础养老金最低标准每人每月目前只有 98 元，低于发达省份江苏省的 135 元。[③] 显而易见，河南省居民社会养老保障水平较低，不利于适时满足全省老年人对于美好生活的更高要求。

表 4　2015 年全国 30 个省份企业退休人员月人均养老金汇总

地区	养老金(元)	地区	养老金(元)	地区	养老金(元)
西　藏	3670	山　东	2454	内蒙古	2142
北　京	3355	广　东	2400	贵　州	2140
上　海	3315	福　建	2322	黑龙江	2120
青　海	2910	陕　西	2300	江　西	2046
浙　江	2640	辽　宁	2234	广　西	2026
山　西	2630	河　北	2232	安　徽	2024
天　津	2525	湖　北	2213	湖　南	2007
新　疆	2500	甘　肃	2168	海　南	1960
宁　夏	2469	云　南	2150	吉　林	1935
江　苏	2460	河　南	2145	四　川	1790

资料来源：《31 省份养老金调整方案出炉　北京上海等月均超 3000 元》，中新网，2017 年 8 月 20 日。

2. 社会养老服务体系不够健全

主要表现在：一是不能适应快速城镇化的变化，对随迁老人、空巢老人、留守老人的社会化养老服务，既缺乏顶层设计及制度安排，也缺乏具体实践经验。二是在社会养老服务体系建设中社会力量参与不足，由于投资养老服务存在土地落实难、融资难和赢利难问题，社会资本对社会养老服务介入的积极性不高，并且为老服务志愿者队伍建设滞后，对社会养老服务的参

① 数据来源：《2018 年河南将实现城镇职工养老保险参保 1948.6 万人》，大河网，2018 年 3 月 14 日。

② 《31 省份养老金调整方案出炉　北京上海等月均超 3000 元》，中新网，2017 年 8 月 20 日。

③ 《今年江苏基础养老金　省定最低标准将提高至 135 元》，《东方卫报》2018 年 2 月 6 日。

与率较低且参与质量较差。三是居家养老的基础性地位较弱，缺乏对居家养老的较大投入和有效支撑，并且有相当一部分社区居家养老服务设施的功能比较单一，社区居住环境的适老化改造严重不足，智慧养老系统的社区覆盖率较低，远远不能满足居民社区居家养老的基本需求。四是社会养老服务法规政策体系建设相对滞后，医疗卫生和养老服务有关的医保、价格等政策不够完善，地方性社区居家养老服务法规尚未出台，规范社会养老服务业发展的地方性法规政策不够健全。

3. 农村社会养老保障与服务发展迟缓

农村社会养老保障与服务发展迟缓，这是长期困扰农业人口大省河南省发展社会化养老服务的老问题。尤其是在快速城镇化与人口老龄化相互交织、家庭养老功能日渐衰弱且难以为继的现实背景下，这一问题显得颇为突出。目前，农村养老保障与服务发展迟缓，其主要表现在：一是河南省农村“新农保”现有保障水平较低，远远不能满足老人晚年生活的物质需求；二是全省农村留守老人、空巢老人、高龄老人、残障老人、失能老人日益增多，家庭养老严重缺位或无力应对，亟待社会化养老服务积极介入，但农村现有为老服务公共设施严重缺乏，社区居家养老服务发展缓慢，托老所或老人日间照料中心等机构严重缺乏，以致这种介入很不得力；三是传统家庭养老的伦理道德观念在农村社会变迁和转型发展中受到严重冲击，以致农村传统家庭养老的基础性地位被严重动摇，各种涉老法律纠纷及不良事件时有发生；四是社会化养老服务资源整合不力，乡镇敬老院、卫生所、民办养老院等在“医养结合”方面缺乏有效合作，农村民间社团、公益性组织等发展迟缓且在为老服务方面缺乏有效的组织和配合，等等。

（二）河南省社会养老保障建设难题的归因分析

1. 居民社会养老保障水平较低与生产力欠发达及观念转变滞后密切相关

河南省居民社会养老保障水平较低，其原因不外乎与发达地区相比生产力发展水平较低（人均 GDP 水平较低）、居民人均收入水平较低、居民社会化养老观念滞后等。“冰冻三日非一日之寒”，河南省居民养老保障水平的大幅提升，有待于中原崛起国家战略的顺利实施、全省发展综合实力的提升，以及尽快实现城乡居民养老观念的转变。

2. 社会养老服务体系不够健全是社会建设不力的显著表现

有较长一段时间，河南省为了迎头赶上发达地区，过于偏重于追求GDP的增长，一味提倡弯道超车而把主要精力放在经济发展是否达标上，以致忽略了对于社会建设的关注及投入，从而导致全省社会养老服务体系的建构较晚且不够健全。重经济发展轻社会建设的GDP主义思维方式及行为方式，导致地方性制度安排和政策制订的不合理以及区域文化惰性的强化，这类弊端亟待通过深化制度和文化方面的改革去大力消除。

3. 农村社会养老保障与服务发展迟缓导源于农村经济社会发展协调不力

近些年来，由于人口精英大量外流、科学技术落后、公共决策失误、村级治理欠佳等因素的影响和作用，河南省农村社会生产力发展的不平衡不充分与农民日益增长的美好生活需求的矛盾表现得比较突出。这就直接导致全省农村社会公共服务尤其是社会为老公共服务严重缺位，孝亲敬老文化的传承和创新严重不足，农村社会组织发育迟缓及社会力量薄弱现象普遍存在，从而对农村社会养老保障与服务建设造成严重干扰，致使其发展迟缓。当然，从发展社会学的角度看，这一迟缓状态可望在河南省乡村振兴的进程中适时得到改变。

四　进一步提高河南省社会养老保障程度与服务水平的路径选择

在中共十九大报告中，习近平总书记明确提出：“积极应对老龄化，构建养老、孝老、敬老政策体系和社会环境，推进医养结合，加快老龄事业和老龄产业发展。”进一步提高河南省社会养老保障程度及其服务水平，既是河南省经济社会发展中面临的重要任务，也是在新时代河南人对于过上更美好幸福生活的热切期盼。据此笔者认为，进一步提高河南省社会养老保障程度及其服务水平，需要通过以下路径付诸更大努力。

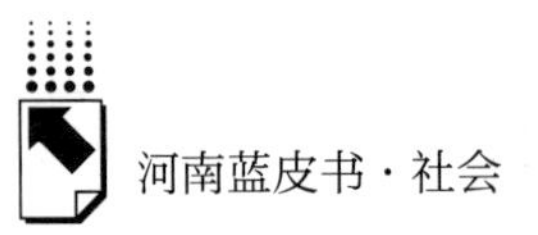

（一）深入开展社区居家养老服务

河南省作为欠发达地区的第一人口大省，老年人口数量巨大且未富先老和未备先老。就目前河南省的经济社会发展水平来看，要满足数量如此巨大的老年人口的养老服务需求，必须依托社区居家养老。这样做虽说是国际化养老趋势使然，但河南省的选择更多是一种被动选择，而不同于西方国家的主动回归。过去，欧美国家在解决老年人的照料问题时，大多采取机构集中供养的方式，虽然这种方式设施完善、照料周到，但容易造成政府福利负担过重及老年人因精神慰藉缺失而心理孤独。于是，近些年来许多西方发达国家开始大力提倡让老人回归家庭在家中依托社区资源养老。鉴于社区居家养老是欠发达地区积极应对老龄化的最佳选择，因此河南省有必要继续加大对社区居家养老服务的支持力度，其中包括尽快制订和颁布《河南省社区居家养老服务条例》，在全省尽可能创造条件建立健全城乡社区居家养老服务中心、街道老年人日间照料中心、社区老年人助餐点，加大政府对社区居家养老服务的投入力度，在全省城市社区普遍兴建虚拟养老院等信息化居家养老服务平台，以优惠政策激励养老机构和医疗机构联手积极介入和主动融入社区居家养老服务，对照顾无自理能力老人的家庭给予必要的经济补贴，对积极从事社区居家养老服务的社工和义工由政府给予大力表彰，精心培育具有较高素质和能力的养老护理员队伍，等等。

（二）充分发挥政府的保障和引导作用

在健全和完善社会养老服务体系过程中，政府应发挥两方面的作用：首先，对特困老人群体发挥兜底服务供给的生活保障作用。例如，对于农村五保老人、城市三无老人、高龄失能老人等困难群体，政府应主动承担责任，充分保障老年人的基本生活需求，让他们老有所养，老有所依。目前，河南省在这方面做得还不够，需要进一步加强。其次，对社会养老服务发挥引导作用。例如，关于养老的法律及服务标准需要政府来制定，养老服务质量和服务水平需要政府来监管，推进养老社会服务发展的支持性政策需要政府来出台，培育全社会尊老爱幼的氛围需要政府来引导，老年人的合法权益需要政府职能部门通过行政执法来给予有效保障和维护，加强医养深度融合需要政府给予有力的社会政策支持，等等。

（三）推动社会共同参与

提供养老服务是全社会的共同责任。建议加快制定针对担负家庭养老服务责任的家庭成员的国家支持政策，更好发挥家庭养老的功能作用。此外，还要进一步推进社会养老服务，鼓励民间组织、个人等兴办养老机构，推动为老志愿服务组织发展，共同构筑社会养老服务保障体系。尤其是要充分发挥社会力量在开展社会养老服务中的主体作用，以创新理念深化养老服务业“放管服”改革，扩大养老服务社会事业开放力度，全面放开养老服务市场，以持续增强社会养老服务有效供给，大力提升专业服务质量，有效满足城乡居民基本养老需求。

参考文献

穆光宗、姚远：《探索中国特色的综合解决老龄问题的未来之路——“全国家庭养老与社会化养老服务研讨会”纪要》，《人口与经济》1999 年第 2 期。

战建华：《农村五保供养制度的历史演变》，《经济与社会发展》2010 年第 5 期。

曹煌玲：《中国城市养老服务体系研究——以大连市为调查分析样本》，东北财经大学博士学位论文，2011。

习近平：《决胜全面建成小康社会，夺取新时代中国特色社会主义伟大胜利——在中国共产党第十九次全国代表大会上的报告》，人民出版社，2017。

B.12

福利多元主义视角下河南省因病致贫家庭精准扶贫路径研究

——以河南省濮范台地区的扶贫实践为例

范会芳　韩　梅　朱香玲*

摘　要： 福利多元主义作为一种独特的分析视角，强调福利提供从国家到多元部门的转型，即由政府、市场、社会力量共同作为提供福利者，体现出“小政府、大社会”的理念，为实现2020年全面建设小康社会的奋斗目标提供了一种可行方案。但在河南濮范台地区的实地调研中，笔者发现对于因病致贫家庭而言，情况大不相同。建档立卡贫困户占样本总数30.2%的特殊群体，因为年龄、身体状况等因素导致家庭照料成本大大增加，健康劳动力无法抽身，市场导向的产业扶贫也是“巧妇难为无米之炊”，从市场渠道获取福利收入的机会微乎其微，因此只能依赖于政府的扶持，依靠政策兜底，同时以社会力量作为重要补充。

关键词： 精准扶贫　因病致贫　福利多元主义　社会工作

* 范会芳，郑州大学公共管理学院副教授，硕士生导师；韩梅，郑州大学公共管理学院社会学专业研究生；朱香玲，郑州大学公共管理学院社会保障专业研究生。

一 研究背景

“精准扶贫”的重要思想最早出现在2013年11月习近平总书记在湘西考察时做出的重要指示，即“实事求是、因地制宜、分类指导、精准扶贫”。所谓“精准扶贫”，包括“精准识别”“精准帮扶”“精准管理”“精准评估”“精准指挥”“精准脱贫”六个环节。根据国务院新闻办2016年发布的《国家人权行动计划（2012～2015)》，我国农村扶贫标准从2010年的年人均纯收入2300元调整为2855元。这项改变意味着目前的贫困已经是相对的贫困，而非绝对贫困，这也提高了扶贫工作的难度。虽然“精准扶贫”政策自实施以来，成效显著，2013～2016年共成功减贫5564万人，脱贫攻坚首战告捷。但是，仍然存在5000多万的贫困人口需要帮扶，摆脱贫困境况。

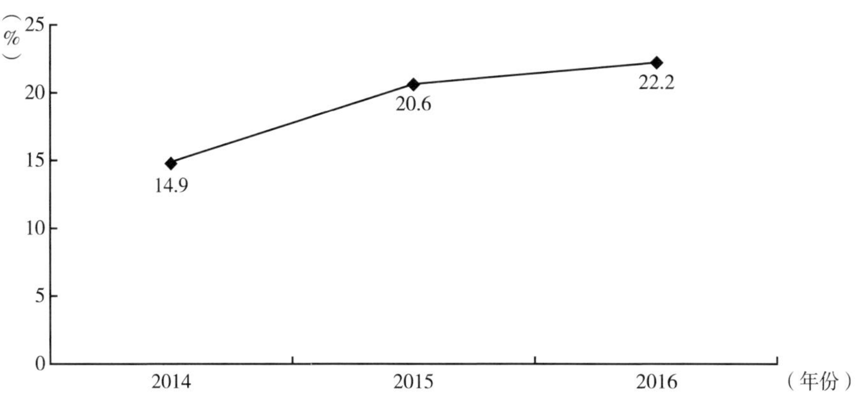

图1 2014～2016年中国每年减少的贫困人数占上一年贫困人口总数的比例

资料来源：国务院扶贫办。

所谓“因病致贫”，根据世界卫生组织的定义，是指“家庭因支付医疗、卫生费用而导致家庭整体经济低于贫困线”。世界银行也将个人在卫生方面的现金支出纳入家庭直接支出费用的范围。一旦个人卫生费用支出过高，人们对于疾病的预防和治疗的重视程度便会大大提高，家庭可能因此陷

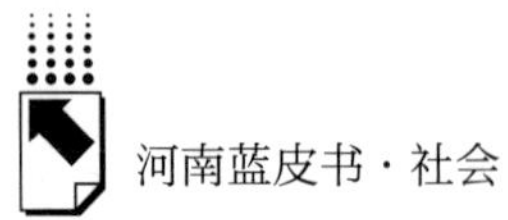

入贫困而无法满足日常的基本生活开销。根据李叶在《中国灾难性卫生支出和因病致贫影响因素分析》（2012）中的研究，2008 年，3.3% 的城市居民因为医疗卫生支出过高而致贫，在农村，这个数字高达 9.3%。国务院扶贫办的最新数据也表明，在致贫原因中，“疾病”以 29.2% 高居榜首，是最大的致贫原因（见图 2）。扶贫办建档立卡数据显示，2013 年末，因病致贫、因病返贫户在所有贫困户里占到 42.2%；截至 2015 年末，占到 44.1%，增加 1.9 个百分点；2016 年占到 42.6%，减少了 1.5 个百分点（见表 1）。在这种情况下，如何解决因病致贫、返贫成为“精准扶贫”工作中迫在眉睫的问题。

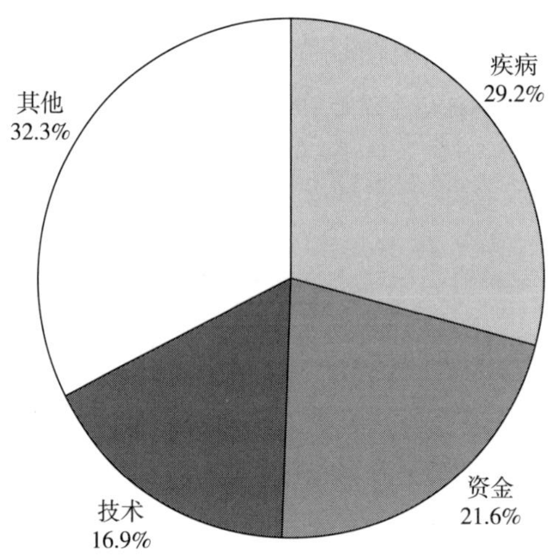

图 2　致贫原因

资料来源：国务院扶贫办。

表 1　建档立卡贫困户中因病致贫、返贫情况

年份	占总体建档立卡贫困户的比重(%)
2013	42.2
2015	44.1
2016	42.6

资料来源：国务院扶贫办建档立卡数据。

二　福利多元主义的理论视角及核心概念

（一）福利多元主义的缘起

在福利的供给主体以及对贫穷的态度方面，西方国家的社会政策经历了三个发展阶段。在工业革命时代，占据核心话语权的是以亚当·斯密为代表的古典自由主义经济学范式。该范式推崇“理性经济人”假设，市场被赋予至高无上的支配权利，主张政府只扮演“守夜人”的角色。政府是为了保护个体自由而存在，国家对公民的福利责任是有限的，贫困是个人的事情，个人应对此负主要责任。政府不应该通过财富的再分配去救济穷人，这损害了国民经济和“共同的善”。此时的社会福利是剩余性的，社会政策扮演的角色是“残补性”的。

到了后工业阶段，伴随着西方资本主义国家由自由放任向垄断阶段过渡，经济危机出现，社会矛盾加剧，凯恩斯的国家干预理论应运而生。该理论认为国家能够而且需要对宏观经济进行调控和干预，强调国家对公民的责任。之后，以英国为代表的部分西方国家，开始在全国范围内建立起福利国家制度。

福利多元主义正是在福利国家危机的背景下产生的，该理论流派反对国家的过度干预，主张社会福利的多主体性。“福利多元主义强调的是面对福利国家的危机，通过福利多元组合安排，将国家的全部福利提供转变为社会诸多部门的福利提供，在社会不同部门的参与下，重视家庭、社区和其他非正式组织，从福利国家转型到福利社会，化解福利国家的危机。”①

（二）福利多元主义的内涵

福利多元主义概念起源于英国 1978 年的《沃尔芬德的志愿组织的未来报告》（Wolfenden，1978）。该报告指出，志愿组织作为第三方，也应该被

① 彭华民：《西方社会福利理论前沿》，中国社会出版社，2012。

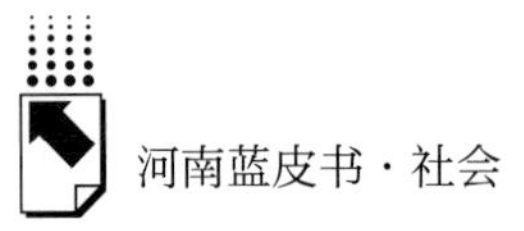

纳入社会福利提供者的行列。

罗斯是首个对此概念进行明确阐述的学者。他主张福利是全社会的产物，政府不能也不需要在福利提供上占据垄断地位。罗斯将市场、家庭也纳入福利提供者的领域，三者之间的合作，避免了“国家失灵”“市场失灵”“家庭失灵”的出现。他认为，国家、市场、家庭之间具有互相替代的特性，此消彼长。

德国学者伊瓦斯认为罗斯的概念过于简单，他在批判罗斯的基础上，提出了福利三角的研究范式。他将福利供给的三方主体放在文化、经济和政治背景中，具体化为对应的组织、价值和社会成员关系。在其后来的研究中，伊瓦斯又对自己的理论进行修正，提出四分法的研究范式，将家庭换为社区和民间社会。

本文中，笔者综合福利多元主义领域的研究，采用福利三分法的研究范式，福利供给的多元主体主要包括：国家、市场和社会力量。在本项研究中，对于因病致贫家庭的扶贫，笔者认为，仅仅靠政府的扶贫政策和措施是不能完全帮助他们摆脱贫困的，因此，还应该充分发挥党派力量、社会力量的作用。河南濮阳地区的扶贫实践不仅有助于我们了解当前农村扶贫工作的现状和进度，同时也有助于从理论与实践相结合的层面思考我国因病致贫家庭的脱贫路径。

三　基于濮范台地区精准扶贫进度与效果的调查

（一）调查实施的背景、目的及意义

濮阳县、范县、台前县（文中简称濮范台地区）均属于濮阳地区的国家级贫困县。由于地域、环境等特殊原因，髋关节疾病（俗称“股骨头坏死”）在该地区的发病率较高，很多家庭因此陷入贫困。为了帮助此类家庭，九三学社河南省委员会从2012年开始介入髋关节患者家庭的帮扶工作。从社会筹措资金500万元，启动了“同心康福行动”，先后为200多例髋关节疾病患者提供了免费的手术和医疗服务。其间，还发动九三学社15个省

直委员会对患者家庭进行对口帮扶，不间断地给患者家庭提供物质、精神层面的关爱，为其建构社会支持系统。此外，在精准扶贫的背景下，濮阳地方政府针对此类因病致贫的家庭实施了各类扶贫措施，开展了精准扶贫的攻坚工程。此次调查人员由九三学社成员组成，主要目的是履行民主党派对于脱贫攻坚工作的民主监督职能，重点在于了解精准扶贫政策实施以来扶贫工作在当地开展的具体情况（实施的进度以及工作的成效）。调研对象为接受过“同心康福行动”资助的髋关者疾病患者及其家属。

（二）调查时间及样本基本情况

本次调查从 2017 年 5 月 22 日开始启动，截止到 6 月 22 日，历时 1 个月。深入调查户数共 165 户，发放问卷 165 份，回收有效问卷 149 份。其中，建档立卡贫困户 45 户，占样本总数的 30.2%。男性 96 人，占样本总数的 64%，女性 53 人，占样本总数的 36%。

从样本的年龄分布来看，45 岁以上的调查对象占样本总数的八成多（86.49%），其中，46～59 岁的样本占到 54.73%；60 岁及以上的样本占 31.76%。此外，36～45 岁的样本占调查总体的 12.84%。这与髋关节疾病主要发生在中老年群体有关。

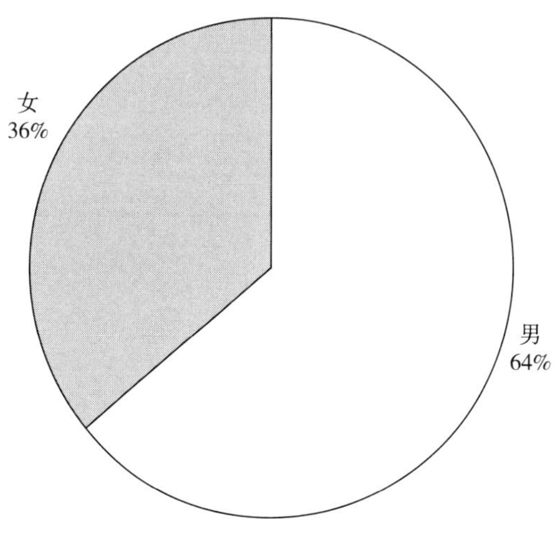

图 3　调查样本性别比例

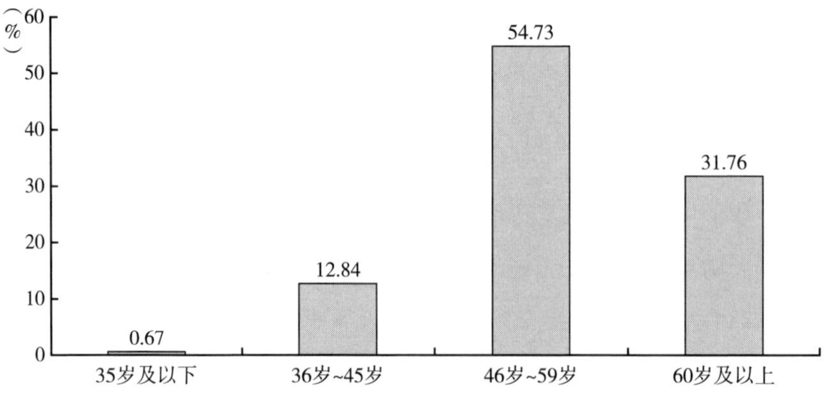

图4　调查样本年龄分布

此外，本次调查的149户接受九三学社“同心康福行动”资助的髋关节疾病患者家庭的分布情况如表2所示，濮阳县有30户，范县42户，台前县77户。这些家庭都因为疾病陷入不同程度的贫困。在本次调查实施时，已经确定为建档立卡贫困户的有45户。

表2　调查区域建档立卡贫困户的地域分布

单位：户

地　区	是否是建档立卡贫困户		总计
	是	否	
范　县	13	29	42
濮阳县	12	18	30
台前县	20	57	77
总　计	45	104	149

（三）调查结果及调查发现

调查问卷主要涉及被帮扶群众对于国家扶贫政策的了解情况、村里确定贫困户的流程、村民参加技术培训以及扶贫项目的实施、村民对于扶贫干部的了解等多个方面。

调查结果表明，当地的精准扶贫工作存在“政府热，市场冷，社会弱”

的特点，即政府在精准扶贫工作中扮演主要角色，市场发挥的作用并不明显，参与当地精准扶贫的社会力量较少，能力有限。

1. 政府与政策扶贫

2017 年，中央财政拨出 861 亿元专项扶贫资金用于支持地方落实精准扶贫、精准脱贫政策，比上年增加 200 亿元，增长 30.3%。[①] 就因病致贫家庭而言，政府的帮扶主要有两个方面：补偿性的救助和发展性的服务。所谓“补偿性救助”，是指对因病致贫家庭而言主要是帮助其治疗疾病、恢复身体健康，解决看病难、看病贵的问题，主要体现在“三医联动”上。[②]

2016 年，民政部发布了《关于贯彻落实〈中共中央国务院关于打赢脱贫攻坚战的决定〉的通知》，其中医疗救助脱贫被列入基本要求之一，要求各地开展医疗救助脱贫工作。通知要求，做好资助农村低保对象、特困人员参加基本医疗保险的工作，对建档立卡贫困人口参加基本医疗保险的个人缴费部分进行财政补贴。将符合条件的建档立卡贫困人口纳入重特大疾病医疗救助范围，对其经基本医疗保险、城乡居民大病保险等报销后个人承担的合规医疗费用予以救助。政府在发展性救助方面的主要工作就是“产业扶贫+就业扶贫”。2017 年 2 月 21 日，在中共中央政治局第三十九次集体学习时，习近平强调，要提高扶贫措施有效性，一方面因地制宜、因人因户因村施策，突出产业扶贫，提高组织化程度，培育带动贫困人口脱贫的经济实体。另一方面，加大扶贫劳务协作，提高培训针对性和劳务输出组织化程度，促进转移就业，鼓励就地就近就业。[③] 目前，针对贫困户，很多地方采用的是“3 个一”扶持措施，即帮助贫困家庭至少掌握一门技术、落实一个项目、稳定一份收入。

那么，国家的精准扶贫政策在农村地区究竟落实得如何呢？调查发现，

---

① 《2016 年中央和地方预算执行情况与 2017 年中央和地方预算草案的报告》。

② “三医联动”指的是医保体制改革、卫生制度改革、药品流通体制改革的联动，即医保、医疗、医药三者改革的联动。其中，医保具有核心杠杆的作用，对于医疗、医药的合理资源配置具有重要作用。

③ http：//www. gov. cn/xinwen/2017 －02/22/content_ 5170078. htm。

为了宣传国家的扶贫政策，推进精准扶贫的进度，被访的村干部都表示，他们通过上门宣传、大喇叭、张贴通知等多种形式在村中广泛宣传，但是即使在这种情况下，当问及调查对象“对于国家的扶贫政策您是否了解”时，表示“非常了解”的只占样本总数的4.7%，认为“比较了解”的占14.09%，回答“不太了解”和“不了解”的占样本总数的52.35%。28.86%的受访者回答“一般了解”国家的扶贫政策。

当被问及“您对于您所在村子现有的扶贫项目是否了解”时，只有4.03%的受访者回答“非常了解”，16.11%和24.83%的人回答“比较了解”和“一般了解”，认为自己“不太了解”与“不了解”的比例分别为10.74%、41.61%。这一方面是因为被调查对象的文化程度比较低，年龄偏大。这在很大程度上导致了他们接受信息的能力差，即便是村干部或者一线扶贫干部将政策宣传工作做到了家，他们也还是很难真正地理解或者记住这些纷繁复杂的政策要领。当然这也从另一方面表明了政策宣传效果并不理想。这对基层干部的工作能力提出很大的挑战，同时也在一定程度上增加了扶贫工作的难度。

表3　对扶贫政策与项目的了解程度

单位：%

选　项	问　题	
	扶贫政策	扶贫项目
非常了解	4.70	4.03
比较了解	14.09	16.11
一般了解	28.86	24.83
不太了解	18.12	10.74
不了解	34.23	41.61
空　值	0	2.68
总　计	100	100

其次，在贫困户公开方面，83.89%的受访者认为自己所在的地方在确立贫困户时都进行了公开，而且为此召开过村民代表大会。这是精准扶贫政策在农村领域得以真正落实的程序，也是截止到调查时精准扶贫在农村取得

的最大成就，即摸清、确定了农村真正符合条件的贫困户，为后期的精准扶贫奠定了基础。

表 4　贫困户公开情况和扶贫政策宣传中村民代表大会召开情况

单位：%

选项	贫困户公开和村民代表大会召开情况
是	83.89
否	4.70
不清楚	9.40
缺失值	2.01
总计	100

当被问及是否参加过技术培训时，只有 20.13% 的受访者回答曾参加过技术培训，近八成的人（79.87%）表示没有参加过任何技术培训。35.57% 的受访者回答，经常有帮扶干部入户探访，另外有 39.6% 的受访者表示，在帮扶干部的帮助下成功申请了国家相关的扶贫政策资助，得到过援助。

这主要是因为，从扶贫干部的角度来看，探望、帮忙申请政策资助都是比较容易实现的，而创业、就业支持难度就比较大，对于政策环境、当地经济状况、干部个人能力等方面要求较高。

此外，这也与被调查对象的自身特征有关。因为，本次调查对象全部为做过髋关节置换的患者，而且年龄普遍偏高，即便有技术培训或者其他就业的机会，对于他们而言也是不合适的。某位受访者明确表示：“我腿脚不方便，平时很少外出，别提去参加技术培训了，跑不动啊。”

2. 产业扶贫

产业扶贫是指以市场为导向，以经济效益为中心，以产业链发展为杠杆的扶贫开发方式，是促进贫困地区发展、增加贫困农户收入的有效途径，是扶贫开发的战略重点和主要任务。它是一种内生发展机制，目的在于促进贫困个体（家庭）与贫困区域协同发展，根植发展基因，激活发展动力，阻断贫困发生的动因。

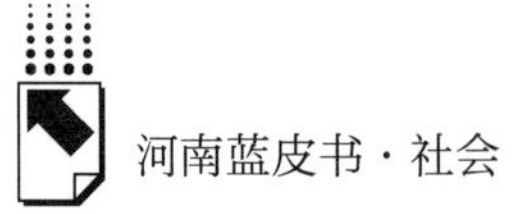

在调研过程中，笔者发现产业扶贫在调研地区是普遍存在的，但是毁誉参半。一方面，政府引进来的工厂、项目，例如编花、制衣厂等，确实解决了老年人、残疾人等行动不便者的就业问题，拓展了农民的收入渠道，增加了农民收入。另一方面，这些工厂或项目的效益普遍不好，工资低，而且经常没有工作可做。

此外，产业扶贫主要针对的还是有劳动能力的家庭或者个人，对于身患疾病或者年纪较大的农民，产业扶贫就好像空中楼阁，令他们可望而不可即。这就是因病致贫的家庭目前面临的最大问题，即无法通过参与市场、参与国家支持的扶贫项目来摆脱贫困。

3.社会力量扶贫

社会力量是指能够参与、作用于社会发展的基本单元，包括自然人、法人（社会组织、党政机关事业单位、非政府组织、党群社团、非营利机构、企业等）。《中共中央国务院关于打赢脱贫攻坚战的决定》指出，进一步动员社会力量参与精准扶贫工作，推动形成全社会共同参与的“大扶贫”格局。目前在调研区域发挥作用的社会力量主要以九三学社及九三学社社员所在的企业为主。严格来讲，以九三学社为代表的民主党派参与到地区的扶贫工作中，这在全国范围内还不多见，该实践既具有理论意义，也具有很强的现实意义。笔者将党派力量也划归到社会力量，理由在于，九三学社的成员来自社会的各个层面，他们尽管都有明确的组织归属和单位归属，但是他们是借助于党派这个平台，被动员、参与到濮阳地区的扶贫工作中的。他们代表着社会精英群体，同时也有着满腔的热情。他们更多是以“党派人”和“社会人”的身份参与到扶贫攻坚的实践中的。如果说，他们也属于福利供给的主体的话，他们既不同于市场力量，也不同于政府力量，他们的身份更接近于社会力量与组织力量。

具体而言，九三学社“同心康福行动”主要有三方面的工作：资助就医、扶助就业、帮助就学。就医方面，由九三学社河南省委员会发动全省社员进行募捐，跟濮阳当地医院进行合作，为筛查出来的髋关节疾病患者免费置换髋关节；就业方面，九三学社河南省委成立“创业奖励基金”，对因病致贫家庭进行一对一的结对帮扶，积极发动社员力量帮助此类家庭就业脱贫；此外，还成立了“就学助学基金”，专门资助患者家庭的学生。在整个调查过程中，几乎所有的受访者都对九三学社对于他们的帮扶表达出了他们真诚的感谢，同时给予了赞扬。笔者以为，这是新形势下社会力量参与农村精准扶贫的有益探索和尝试，具有典型意义和示范效应。

四 福利多元主义视角下因病致贫家庭脱贫路径

福利多元主义者认为，福利供给是全社会共同的责任，主张多元责任主体的原则，认为不同主体应该共同承担责任，而不应单纯依靠政府。福利国家的实践已经证明了完全依靠国家来提供国民的福利是行不通的，这容易为国家财政带来沉重负担，导致严重的经济和社会危机。当然，每个国家的政治经济环境、意识形态有所差异，所以福利多元主体的具体构成及各方责任划分可以依据本土情况，自行调整。

例如，在安德森的福利三分法中，在自由福利国家中，市场的作用和功能是得到特别重视的；在保守主义的国家中，家庭则发挥主要作用，国家只有在家庭功能失灵的情况下才能介入，提供最低程度的保障；而在社会民主主义福利型国家，国家对公民的福利有不可推卸的责任和义务。在践行社会主义制度的中国，政府在社会福利领域的主导作用是不可动摇的，但是从濮阳地区的扶贫实践来看，单纯依靠政府的力量，很难实现困难家庭的彻底脱贫，还得充分发挥制度兜底和社会力量扶持的作用。在涉及产业扶贫时，要根据因病致贫家庭的特点，发挥市场的导向作用。同时，动员社会力量参与精准扶贫，推动形成全社会共同参与的“大扶贫”格局。

（一）继续坚持政府在精准扶贫中的主导作用

在中国政府具有强大的领导和组织能力的背景下，坚持政府在扶贫中的主导作用既是解决贫困问题的现实需要，也是政府发展的内在需求。新中国

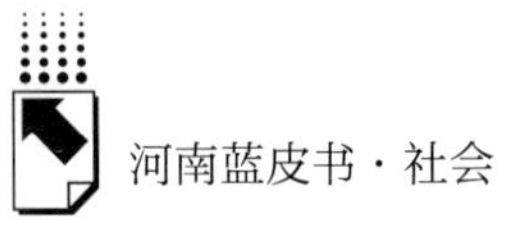

成立以来的实践也证明了中共领导的政府在扶贫方面政策的正确性。根据国务院新闻办公室 2016 年 10 月 17 日发布的《中国的减贫行动与人权进步》白皮书数据，改革开放以来，中国有七亿多贫困人口摆脱贫困，是世界上减贫人口最多的国家，对全球减贫的贡献率超过 70%，是世界减贫史上的奇迹。

目前就因病致贫家庭脱贫实践而言，重点还是靠政府扶持和政策兜底，具体表现在以下 5 个方面。

（1）创新精准扶贫宣传模式，保障政策宣传效果。在实际扶贫工作中因年龄、文化水平等限制，加上不接地气的政策宣传方式，导致居民对于国家扶贫政策了解甚少，经常处于被动地位，缺乏可利用的资源，脱贫积极性不强。针对这种情况，各地区可以酌情开展扶贫交流工作会议，集合扶贫工作中的精英人才，及时总结行之有效的宣传方式，形成宣传模式，在各地进行推广。

（2）需求为本，结合实际，精准帮扶。借鉴社会工作领域的做法，在开展服务工作之前先进行贫困户的需求调研，确定其需求，提高贫困户参与的积极性和扶贫政策的有效性，在此基础上，结合当地实际，提供针对性的技术培训等服务。

（3）因病致贫贫困户具有特殊性，为他们建立专门的就业信息平台十分有必要，政府可以考虑设立奖励机制，鼓励优秀企业吸纳因病致贫户的劳动力，为其提供更优质的就业机会和就业平台。

（4）创新帮扶方式，探索重病者帮扶路径。对于因病致贫的年老、孤寡、无劳动能力等人员实行政策兜底，由政府出面，提供人力、物力资源，组建专业的医疗团队，链接相关资源，成立专业的疗养院让其居住，所需费用由国家全部承担。对不愿意入住者，则发放相应补贴，满足其日常需求。通过这些措施，既可满足患病人员的需求，为其提供专业的照料服务，又解放了因病致贫户的健康劳动力，使其能够顺利进入劳动力市场，实现脱贫。

（5）警惕福利依赖症，实行有条件的救济。所谓的“福利依赖”指有劳动能力的人不愿意寻求或接受政府和社会提供的技能培训、工作岗位和就业机会，只想长期依赖政府提供的福利维持生活的现象。从福利政策实施以来，福利依赖就产生了。在调研中，笔者发现部分因病致贫户存在“等、靠、要”的心态，脱贫积极性比较弱，对于扶贫干部的依赖程度较深，这种情况造成扶贫资源的浪费，影响社会公平正义的实现，助长了懒汉的风气，在贫困地区造成严重的不良影响。因此必须采取行动，实施有条件的救济制度，督促有劳动能力的人就业创业，顺利脱贫。

（二）鼓励支持社会力量的参与

《中国农村扶贫开发纲要（2011～2020年）》《中共中央国务院关于打赢脱贫攻坚战的决定》《中华人民共和国国民经济和社会发展第十三个五年规划纲要》《国务院办公厅关于进一步动员社会各方面力量参与扶贫开发的意见》等中央政府发布的规划纲要及政策文件都提到了精准扶贫工作中的社会力量，向社会传达了三个信号：一是支持社会力量参与到扶贫中；二是注重体制机制的完善，促进社会力量更加高效、有力地参与扶贫；三是明确赋予社会组织组织动员、资源链接、资源配置及项目绩效评估等功能。这种国家层面的重视和政策支持为社会力量的参与提供了根本保障。

（1）党派力量的参与。在中国大陆范围内，党派是指除执政党中国共产党以外的八个参政党的统称。它们是：中国国民党革命委员会、中国民主同盟、中国民主建国会、中国民主促进会、中国农工民主党、中国致公党、九三学社、台湾民主自治同盟。《中共中央国务院关于打赢脱贫攻坚战的决定》中特别提到要“充分发挥各民主党派、无党派人士在人才和智力扶贫上的优势和作用”。

民主党派首先具有宪法所规定的参政议政的权力，参与精准扶贫工作不仅可以从旁观者的角度审视政府工作成效，提高自己参政议政的能力和水平，还可以结合自己的人才优势，将研究成果转化为实际生产力，助力脱贫攻坚战的顺利进行。

各民主党派因其派别、理念等的不同，具有鲜明的特点，汇集了相当数量的各领域的精英人才，例如以从事文化教育方面工作的社会精英阶层所组

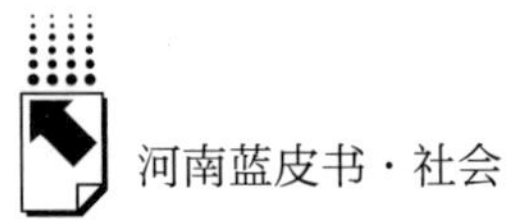

成的民盟；以在大中城市的工商企业家和经济界的中高层人士为主的民建；以科学技术界高、中级知识分子为主，社员常见职业分布为教师、医师、工程师等的九三学社。因此，各民主党派可以充分发挥自身特色，优势互补，共同开展精准扶贫相关工作。

其次，各民主党派在扶贫工作中已经建立了一些独具特色的社会服务品牌，例如九三学社的“同心康福行动”，吸引了社会各界人士的参与和关注，在后期可以继续发挥品牌优势，同时探索新的脱贫路径。

（2）社会工作者与社会组织的参与。根据王思斌的定义，“社会工作是以利他主义为指导，以科学的知识为基础，运用科学的方法进行的助人服务活动”①，这跟精准扶贫的理念不谋而合。正义、平等、责任、自我实现、自我决定、知会同意、诚信等是社会工作重要的专业价值，个案工作、小组工作、社区工作、社会工作行政等是社会工作重要的工作方法。作为一门助人的专业，社会工作是社会福利制度中不可或缺的一部分。在特定的福利系统内，社会工作是完成社会服务、实现社会控制和社会发展目标的重要手段。“实施社会工作专业人才服务贫困地区计划”，“进一步发挥社会工作专业人才的扶贫作用”，发挥专业优势，助力精准扶贫工作的开展。

社会工作发展的历史，其实就是跟贫困做斗争的历史，其专业方法、理念也是在这个过程中发展起来的。王思斌曾详细阐述了社会工作与精准扶贫的同构性，使社会工作介入精准扶贫成为可能。社会工作可以通过专业方法开展介入，链接多方资源，促进合作。社会工作不仅关注精准扶贫的过程，也关心扶贫的结果，使得扶贫效果更具持久性和延续性。其介入因病致贫户进行精准帮扶的路径同精准扶贫的工作要求高度一致，特色实务工作过程同精准扶贫过程也具有较大的契合性，二者之间是互相成就的关系。社工介入精准扶贫，正如介入社区管理一样，只是嵌入式的，政府仍然是主体，社工只是充当“智库”的作用，增强政府工作的专业性和科学性。

（3）公益力量的参与。公益与私利相对，是公共利益事业的简称，即

---

① 王思斌：《社会工作概论》，高等教育出版社，1999。

通常所说的“为人民服务”，具有强烈的价值判断的特点。公益包含三个主体，首先公益服务的提供者是有爱心的个人或者组织，主要途径是做好事，产出的是社会公益产品，受益者是社会公众。这里所说的公益力量主要指的是社会公益组织，即非政府、非营利性质的、以公益事业为主要追求的一种社会组织类型。

2016 年 2 月 1 日，盖茨基金会、云南省扶贫办外资管理中心、小云助贫中心联合举办了社会公益力量精准扶贫模式创新专家研讨会。此次会议着重探讨盖茨基金会和中国民间组织如何能够在中国政府大规模的精准扶贫行动中发挥积极的作用。会议的成功举办揭开了公益力量介入精准扶贫工作的新篇章。目前，民间公益力量在精准扶贫中的作用日益凸显，例如云南的小云助贫中心、石家庄的一家人志愿者协会等，但是存在着规模小、服务范围比较狭窄、相互之间的沟通交流相对较少等问题，不利于公益力量作用的发挥。

参考文献

贺晓娟、陈在余、马爱霞：《我国农民因病致贫人口学特征分析》，《现代商贸工业》2013 年第 9 期。

林闽钢：《在精准扶贫中构建“因病致贫返贫”治理体系》，《中国医疗保险》2016 年第 2 期。

马洁华：《农村贫困转型与精准扶贫实践路径探索》，《西南大学学报》（社会科学版）2017 年第 5 期。

彭华民：《西方社会福利理论前沿》，中国社会出版社，2017。

汪辉平、王增涛、马鹏程：《农村地区因病致贫情况分析与思考——基于西部 9 省市 1214 个因病致贫户的调查数据》，《经济学家》2016 年第 10 期。

王思斌：《精准扶贫的社会工作参与——兼论实践型精准扶贫》，《社会工作》2016 年第 3 期。

王思斌：《社会工作概论》，高等教育出版社，1999。

汪三贵、郭子豪：《论中国的精准扶贫》，《贵州社会科学》2015 年第 5 期。

B.13

新型城镇化背景下河南省回迁安置社区居民生计状况研究*

岳要鹏　贾阿停**

摘　要：　如何确保回迁安置社区居民的生计可持续发展是推动新型城镇化进程中的重要议题。在可持续生计分析框架基础上，基于对郑州市两个回迁安置社区居民的问卷调查和深度访谈，本文对回迁安置社区居民的生计状况进行了分析。研究发现，回迁安置后，社区居民自然资本大幅度减少，物质资本和人力资本状况得到一定改善，而社会资本和金融资本状况变化不大，居民主要依靠务工和租赁房屋维持基本生计。同时，中、低收入居民人力资本、社会资本存量低，家庭日常消费支出压力大，生计脆弱性较强。以新型城镇化为目标导向的回迁安置政策制度安排，要以中、低收入户尤其是低收入户职业技能培训和社区股份合作制集体经济发展为突破口，促进回迁安置社区居民生计可持续发展。

关键词：　河南　新型城镇化　回迁安置社区

---

* 本文是国家社科基金青年项目“合作制社会企业视角下贫困村集体经济的股权扶贫机制研究”（项目编号：17CSH070）的阶段性成果。

** 岳要鹏，河南濮阳人，社会学博士，郑州轻工业学院政法学院，讲师，主要研究方向为减贫与农村发展、组织社会学；贾阿停，郑州轻工业学院政法学院2015级社会工作专业本科生。

一　研究背景

城镇化不仅是人类社会发展的客观规律，同时也是国家现代化的必由之路和促进社会全面进步的必然要求。十八大以来，我国实施了新型城镇化战略。按照习近平总书记的指示，新型城镇化建设要“以人的城镇化为核心”。李克强总理也曾多次强调，“推进城镇化，核心是人的城镇化，关键是提高城镇化质量，目的是造福百姓和富裕农民”。由此，促进居民生计发展、改善民生是新型城镇化的应有之义。然而，伴随着城镇化进程的推进，一些城市近郊的农村土地（耕地、宅基地等）被大量征用。随后，经过拆迁和回迁安置，城市近郊区农民转变为回迁安置社区居民。在此过程中，城市近郊区农民的生计资本（如：土地、房屋以及社会关系等）受到一定程度的冲击，生计方式面临转型。回迁安置社区居民生计可持续发展不仅关系到其自身安居乐业，同时也影响到城镇化的水平和质量。鉴于此，本文以新型城镇化背景下河南省回迁安置社区居民生计状况为研究议题，通过对郑州市两个回迁安置社区居民拆迁前后的生计状况进行调查，分析其回迁安置后的生计资本和生计策略，就城镇化进程中促进回迁安置社区居民生计可持续发展提出对策。

二　研究方法与指标体系建构

（一）研究方法

本次调查地点为河南省郑州市西郊的两个回迁安置社区（X 社区和 S 社区），在拆迁之前两个社区居民均为农民，其中，X 社区在 2014 年完成回迁安置，S 社区在 2016 年初完成回迁安置。在研究过程中，课题组使用的研究方法如下。

1. 收集资料的方法

(1) 问卷调查法

在两个回迁安置社区，课题组共发放问卷160份，回收有效问卷152份，有效回收率95%。调查对象基本情况如表1所示。

表1 调查对象基本情况

变量	取值	频数	百分比(%)
性别	男	70	46.05
	女	82	53.95
年龄	18~27岁	17	11.18
	28~37岁	36	23.68
	38~47岁	35	23.03
	48~57岁	38	25.00
	58~72岁	25	16.45
受教育程度	小学及小学以下	24	15.79
	初中	63	41.45
	高中或中专	30	19.74
	大专	19	12.50
	本科及本科以上	16	10.53
家庭人口数	2~3人	21	13.82
	4~6人	109	72.36
	7及7人以上	21	13.82

注：年龄和家庭人口数两项指标数据各有一个缺失值。

(2) 访谈法

为了进一步了解回迁安置社区居民的生计状况，本次调查还对20位调查对象进行了深度访谈，以期运用访谈资料进一步佐证和补充完善问卷调查数据。

(3) 文献法

回迁安置社区居民的生计状况与拆迁（补偿）政策密切相关。在调查过程中，课题组收集了调查点的拆迁补偿和安置后生计发展政策文本资料，如：青苗费补偿、果树类补偿、林木类补偿、建（构）筑物类补偿、过渡补助费和搬家补助费补偿以及安置后生计发展政策安排等。

2. 分析资料的方法

（1）定量资料分析方法

在定量资料分析方面，课题组使用了 SPSS17.0 社会科学统计软件对问卷调查获得的数据进行分析。

（2）定性资料分析方法

在定性资料分析方面，课题组对访谈录音资料和相关政策文本进行了系统整理，然后根据研究的主题需要，对调查数据资料进行进一步佐证和补充。

（二）指标体系建构

生计概念最初是人们用于脆弱性贫困及其干预的理解。Scoones（1998）提出的“可持续生计”概念意指：“某一个生计由生活所需要的能力、有形和无形资产以及活动组成。如果能够应付压力和冲击进而恢复，并且在不过度消耗其自然资源基础的同时维持或改善其能力和资产，那么该生计具有持续性”。后来，英国海外发展署（DFID）提出的可持续生计分析框架被发展领域广泛借鉴和使用。具体而言，可持续生计分析框架包括脆弱性背景、生计资本、结构和程序转变、生计策略和生计结果五个组成部分（见图 1）。

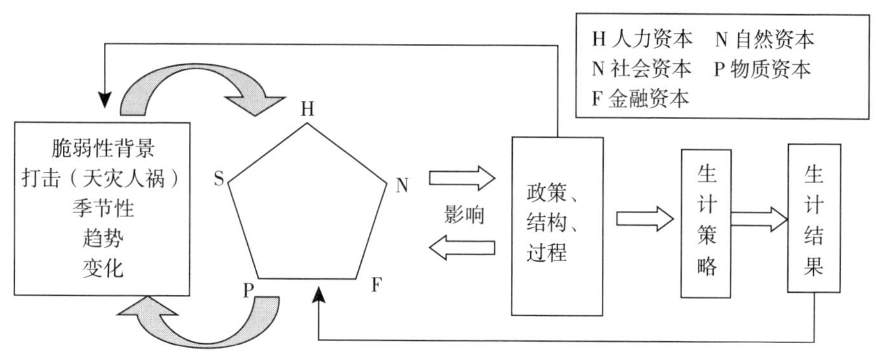

图 1　可持续生计分析框架

可持续生计分析框架指出，风险性环境生成于特定的政策、制度以及自然灾害等因素；通过生计资本与政策、制度的相互作用，农户形成特定类型的生计策略，产生相应的生计结果。之后，在特定的政策制度环境下，生计结果又反作用于生计资本，影响生计资本性质和状况。其中，生计资本是分析农户生计脆弱性的切入点和抓手，包括了自然资本、物质资本、金融资本、人力资本和社会资本五种类型。由此，在特定的脆弱性背景下，由农户的生计资本出发，分析农户的生计策略，进而对影响生计资本和生计策略转换结构与过程的政策制度进行调整，可使农户实现可持续生计。

近年来，学术界广泛地运用可持续生计分析框架来开展失地农民生计恢复研究。本研究借鉴可持续生计分析框架，结合郑州市西郊具体情况，对回迁安置社区居民生计状况进行分析，建构指标体系如表 2 所示。

表 2　回迁安置社区居民家庭生计状况指标

一级指标	二级指标	三级指标
自然资本	土地资源	1. 土地面积 2. 土地利用种类
物质资本	住房	1. 住房面积 2. 房屋结构(土木、砖混和框架等)
	耐用消费品	1. 小汽车 2. 彩电 3. 冰箱 4. 洗衣机 5. 计算机
人力资本	家庭人口	劳动力数量
	教育程度	1. 家庭人员最高受教育程度 2. 技能状况
	健康保障	1. 饮水状况 2. 如厕状况 3. 医疗保障 4. 社区卫生环境
金融资本	储蓄	银行存款
	投资	金融投资(股票、基金和债券)
	负债	家庭欠款
社会资本	社会支持网络	1. 经济困难时能够借到的资金额度 2. 遇到困难时的求助途径 3. 亲属中公职人员情况 4. 人情支出情况

续表

一级指标	二级指标	三级指标
生计策略	收入结构	1. 工资性收入 2. 经营性收入 3. 财产性收入 4. 政府补贴 5. 人情收入
	支出结构	1. 经营性支出 2. 衣食住行等日常生活开支 3. 教育开支 4. 医疗保健(含缴纳的医保或合作医疗费用)支出 5. 人情支出

三　回迁安置社区居民生计状况分析

（一）回迁安置社区居民生计资本状况

1. 自然资本状况

从调查地点情况看，调查对象的自然资本主要包括耕地、林地和池塘等资源。调查数据显示：拆迁前，回迁安置社区居民户均拥有耕地面积3.06亩，户均林地面积0.03亩，户均池塘面积0.11亩。按照每户5口人计算，人均耕地面积0.61亩，人均林地面积0.006亩，人均池塘面积0.02亩。可见，拆迁前回迁安置社区居民自然资本存量相对较低。拆迁后，调查对象中的72.37%表示耕地已经被全部征用，仅剩27.63%的家庭仍有一小部分耕地。

进一步的访谈发现，在耕地被大量征占的问题上，农民并没有表现出强烈的“恋土情结”，其实在拆迁之前调查地多数家庭收入来源已经不再依靠农业。如：ZDF谈道：“种地不挣钱，还耗时间，现在都可以出去打工了，种不种都没关系。”（ZDF－20170502）

由此可见，尽管拆迁导致大多数家庭自然资本存量明显减少，但是对其

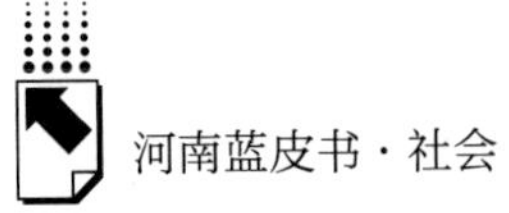

家庭生计影响相对较小。

2. 物质资本状况

根据调查点实际情况，回迁安置社区居民家庭的物质资本主要包括住房和耐用消费品。

从住房方面来看，拆迁前调查对象中有2.63%的家庭的住房为土木结构，48.02%的家庭的住房为砖混结构，49.34%的家庭的住房为框架结构，住房平均面积为382平方米。回迁安置后，调查对象住上了由万科房地产开发商补偿的高层楼房（多在30层左右），住房质量整体变好。当地拆迁补偿标准是，“对于拥有合法宅基地、长期居住并享受村民待遇的按每宅400平方米予以安置；家有两个男孩以上，次子年满18周岁，均享受村民待遇并符合新规划宅基地（含分户）条件者，按应分户数，每户予以400平方米安置房；家有两个子女以上，均享受村民待遇，但不符合新规划宅基地（含分户）条件者，在每证（宅）享受400平方米安置房面积的基础上，再予以150平方米安置房；宅基地持证人有独生子女证的，在享受400平方米安置房基础上再给予60平方米安置房”①。由此，社区成员资格（尤其是男性成员资格）成为各个家庭能够分得房屋面积多少的依据。调查数据显示，由于调查时还有一部分住房没有补偿给社区居民，回迁安置后的平均住房面积是371平方米。待安置房屋补偿完毕，除一些拆迁前以出租房屋为生计来源的家庭外，大多数家庭住房面积将会增加。

从家庭耐用消费品拥有状况来看，回迁安置社区居民对彩电、空调、冰箱和洗衣机这些与日常生活密切相关且价格相对较低的耐用消费品拥有比例较高，对计算机、小汽车拥有比例相对较低。按照收入状况分组后发现，低收入组拥有的耐用消费品比例整体低于中、高收入组，尤其在计算机和小汽车拥有状况方面表现尤其明显（见表3）。

① 由于X社区和S社区情况较为接近，当地政府将两个社区进行捆绑并入一个改造项目，按照统一标准进行拆迁补偿安置。

表 3 家庭所拥有耐用消费品

单位：%

	彩电	空调	冰箱	洗衣机	计算机	小汽车
高收入组	100	99.34	98.56	96.42	92.16	98.46
中等收入组	100	96.52	97.14	90.16	80.36	85.43
低收入组	98.02	86.38	94.43	81.83	52.48	23.35
全体	99.34	94.08	96.71	89.47	75	69.08

值得注意的是，在拥有小汽车的家庭中，最多的一户拥有 6 辆汽车，平均每户拥有 1.29 辆，购置小汽车的平均费用为 10.87 万元，拆迁后购置第一辆小汽车的家庭数量显著增加。小汽车越来越成为回迁安置社区居民工作和生活中不可或缺的物品。在访谈中 ZNS 谈道："现在谁家没有汽车啊，都有汽车了，家里有人能开的都买了，出门更方便。现在家里没车都不好办喜事。"（ZNS－20170503）

总体来看，回迁安置社区居民拥有的住房和耐用消费品状况整体有所提升。但是，低收入组回迁安置社区居民在耐用消费品尤其是小汽车和计算机拥有方面与中、高收入组还有明显差距。

3. 人力资本状况

本文主要从家庭劳动力状况、受教育程度、技能状况、城市居民基本医疗保险、安全饮水、厕所以及社区卫生环境等方面对回迁安置社区居民人力资本状况进行考察。

从家庭劳动力数量方面看，回迁安置社区居民家庭劳动力数量多为 2～4 人。与中、高收入组相比，低收入组家庭劳动力数量相对较少（见表 4）。

表 4 家庭拥有劳动力数量

单位：%

	0～1 人	2～4 人	4 人以上
高收入组	0	92.43	7.57
中等收入组	3.36	89.07	7.57
低收入组	30.36	67.05	2.59
全体	11.24	82.85	5.91

从家庭劳动力质量方面看，回迁安置社区居民家庭成员最高受教育程度多为初中、高中或中专学历，占60%左右。高收入组中最高受教育程度为高中或中专以及大专及以上学历的比例相对较高（见表5）。同时，在接受技能培训方面，有35.53%的家庭成员接受过技能训练，而有64.47%的家庭成员没有接受过技能训练。可见，回迁安置社区居民家庭劳动力质量的整体水平相对较低。

表5　家庭成员中受教育程度情况

单位：%

	文盲	小学	初中	高中或中专	大专及以上
高收入组	0	7.89	45.39	15.79	30.93
中等收入组	0	19.74	37.5	23.68	19.08
低收入组	1.96	17.77	41.45	19.74	19.08
全体	0.65	15.13	41.45	19.74	23.03

在饮用水和厕所状况方面，拆迁前村民已经使用了由村庄统一供应的自来水，经济状况较好的家庭使用上了水冲式便厕，也有一些家庭仍使用旱厕。回迁安置以后，居民用上了郑州市统一供应的自来水，都用上了水冲式便厕，社区卫生方面有专门的保洁员，居民生活环境比以前有所改善。同时，回迁安置社区居民能够享受到城市社区居民基本医疗保险（参保费用由村委会缴纳），这在一定程度上有利于他们的人力资本提升。

4. 金融资本状况

本文主要是从家庭储蓄、投资（股票、基金、债券）以及负债情况考察回迁安置社区居民金融资本状况。

通过对关键人物进行访谈，我们了解了社区居民家庭储蓄和负债的大致情况，对于大多数居民而言，回迁安置以后居民将一部分费用用在房屋装修、新家具购置和耐用消费品（尤其是小汽车购置）方面，并没有太多的家庭储蓄和负债。而一些经济状况相对较好，投资机会较多的回迁安置社区居民金融资本较为丰厚。

表 6　回迁安置社区居民投资情况

类别	频次	百分比(%)
股票	16	10.53
基金	9	5.92
债券	3	1.97
以上均没有	133	87.5

从表6中可以看出，投资股票的家庭占10.53%，投资基金的家庭占5.92%，投资债券的家庭占1.97%，没有投资任何金融产品的家庭占87.5%。访谈发现，这一现象产生的主要原因在于多数居民对投资理财知识不了解，担心投资风险。

5. 社会资本状况

本文主要从经济困难时能够获得亲友借款额度，是否有亲友在国家机关、党群组织和企事业单位工作，遇到困难向哪些社会支持系统求助以及人情往来开支状况来考察回迁安置社区居民社会资本状况。

在经济困难时，回迁安置社区居民的借款能力是：19.08%的家庭借不到钱，15.7%的家庭能借到5000元以下，28.29%的家庭反映能借到5000~20000元，18.42%的家庭能借到20000~80000元，剩下18.42%的家庭能借到80000元以上。同时，家庭经济状况与借款能力呈正相关关系，即越是高收入组家庭借款能力越强，而低收入组家庭借款能力相对较差（见表7）。

表 7　回迁安置社区居民借款能力

单位：%

	0元	0~5000元(不含0元)	5000~20000元	20000~80000元	80000元以上
高收入组	5.92	7.25	31.58	19.73	35.52
中等收入组	15.79	5.27	33.55	27.63	17.76
低收入组	35.53	34.88	19.73	7.89	1.97
全体	19.08	15.79	28.29	18.42	18.42

调查对象中，有23.68%的家庭有亲戚朋友在国家机关、党群组织和企事业单位工作。在生活中遇到困难时，人们最先求助的社会支持系统（问卷调查是要求调查对象最多选择两项）是亲人或朋友。人们更多依靠非正式社会关系网络，向正式组织求助的较少（见表8）。

表8　在生活遇到困难时救助的社会支持系统

类别	频次	百分比(%)
亲人	135	88.82
朋友	103	67.76
邻居	9	5.92
村委会	5	3.29
政府	5	3.29
社会组织或专业机构	1	0.66
其他	4	2.63

在“婚丧嫁娶人情开支”方面，“婚丧嫁娶人情开支”占回迁安置社区居民总开支的11.67%，排在家庭成员衣食住行、教育支出和经商支出之后。

总体来看，回迁安置社区居民在生产和生活过程中主要依靠的社会支持网络是亲人和朋友等非正式社会支持网络，而且质量整体不高。同时，越是低收入组，社会资本越少、越封闭。

（二）回迁安置社区居民生计策略

在特定的环境和制度安排下，回迁安置社区居民家庭依据其拥有的生计资本状况，形成特定的生计策略。回迁安置社区居民的生计策略往往通过家庭收入来源结构和消费支出行为体现出来。由此，可通过对回迁安置社区居民家庭现金收入结构和支出结构的分析，来考察其生计策略。

从收入结构方面来看，工资性收入是回迁安置社区居民家庭收入的主要来源。按照收入分组后，低收入组工资性收入占总收入的比例最低，但仍接近60%。通过访谈也发现，回迁安置社区居民家庭劳动力主要通过在附近的工厂、超市以及餐馆等务工来增加家庭收入。就第二主要收入来源来看，高收入组和低收入组存在较为明显的差异。高收入组主要通过经营商店、餐馆甚至工厂等获得经营性收入，而低收入组则主要依靠对外出租回迁安置房获得财产性收入。其实，在回迁安置以后，多数社区居民家庭将不住的房屋向外出租以获得收益，出租的对象主要包括郑州市郊区的拆迁过渡户、外来务工人员等。

表 9　回迁安置社区居民家庭现金收入结构

单位：%

	工资性收入	经营性收入	财产性收入	政府补贴	人情收入
高收入组	65.23	27.31	6.16	0.18	1.12
中等收入组	75.21	9.51	13.88	0.19	1.21
低收入组	59.03	2.54	35.55	0.32	2.56
全体	66.49	13.12	18.53	0.23	1.63

从支出结构方面来看，回迁安置社区居民家庭的衣、食、住、行等日常生活支出所占比重最大，其中低收入组所占比重最大，高达 69.03%。可见，失去土地以后回迁安置社区居民的日常消费支出对市场的依赖程度提高，收入主要用于维持生活需要。根据高中低收入组划分，高收入组经营性支出排在家庭支出的第二位，这在一定程度上说明高收入组生计发展相对较为顺利，而低收入组恰恰在此方面较为欠缺。

表 10　回迁安置社区居民家庭现金支出结构

单位：%

	经营性支出	衣、食、住、行等日常生活支出	教育支出	医疗保健支出	人情支出
高收入组	24.34	42.45	16.31	7.58	9.32
中等收入组	11.32	49.65	14.43	8.65	15.95
低收入组	3.37	69.03	14.71	3.15	9.74
全体	13.01	53.71	15.15	6.46	11.67

四　结论与建议

回迁安置社区居民生计实现可持续发展是实现“人的城镇化”的重要

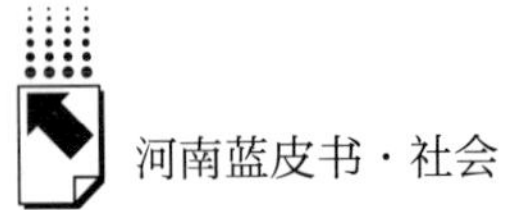

议题之一。本文借鉴英国发展部的生计可持续分析框架，对郑州西郊两个回迁安置社区居民家庭的生计资本和生计策略进行调查分析，对河南省回迁安置社区居民生计状况进行了探索性的研究，得出如下结论和建议。

（一）结论

1. 回迁安置社区居民家庭生计资本和生计策略发生了转型

与拆迁前相比，回迁安置社区居民生计资本和生计策略发生了转型。从生计资本来看，回迁安置社区居民自然资本存量减少，突出表现为大量回迁安置社区居民失去了耕地。回迁安置社区居民物质资本状况得到改善，所有家庭都住进了高层框架结构楼房，全部补偿完毕后住房面积也将会比原来有所增加。彩电、空调、冰箱和洗衣机等耐用消费品拥有比例高，同时回迁安置后购买小汽车的家庭数量呈上升趋势。就人力资本而言，回迁安置社区居民的受教育程度和职业技能状况整体不高，但是饮用水、卫生厕所、社区环境以及基本医疗服务得到较好保障。回迁安置社区多数居民家庭没有太多存款和负债，投资股票、基金和债券的居民较少。回迁安置社区居民的社会资本存量和质量整体不高。在遇到经济困难时多数居民能够借到钱，但是额度不高。同时，回迁安置社区居民的社会资本主要限于亲戚朋友这些非正式社会支持网络，相对较为封闭。

从生计策略方面来看，伴随着以耕地为主的自然资本减少，回迁安置社区居民的收入依靠务工、出租房屋、经商以及办厂等方式来获得（尽管拆迁前多数居民已不再依赖农业收入），突出表现为工资性收入成为居民家庭的第一收入来源。在家庭支出结构方面，拆迁后回迁安置社区居民家庭的衣、食、住、行等日常生活消费主要依赖于外部市场的供给，居民家庭的日常生活消费占家庭支出比例最高，维持和满足基本生活需要依然是多数居民家庭生计发展的第一要务。

2. 回迁安置社区居民家庭生计资本和生计策略具有一定差异性

按照经济状况对回迁安置社区居民进行分组后发现，回迁安置社区居民家庭的生计资本和生计策略存在一定的差异性。就于高收入组而言，回迁安置后高收入组居民家庭住房条件和耐用消费品数量和质量有所提升，尤其表现在居民家庭的小汽车拥有数量和质量方面。与中低收入组相比，高收入组家庭人力资本状况整体较好，受教育程度和参加过技能培训的比例相对较高，社会资本相对较为丰富，投资机会相对较多（如：一些家庭从事超市、办厂以及餐饮等方面的经营，收益较高且较为稳定），家庭生计可持续发展能力强。

就中、低收入组尤其是低收入组而言，尽管这些居民家庭的住房条件和耐用消费品数量情况也有所改善，但这些居民的生计方式呈现出一定的脆弱性。具体而言，回迁安置后中低收入组居民家庭收入来源主要依靠务工和出租房屋。在务工收益方面，这些家庭的劳动力数量相对较少，受教育程度相对较低，接受职业技能培训人员的比例也相对较低，由此他们所从事的工作收益整体不高且稳定性相对较差。在房屋出租收益方面，这两个社区居民房屋出租对象主要是一些拆迁过渡户和外来务工人员，社区内房屋出租市场尚不饱和。而待拆迁过渡户回迁后，出租房屋收益也将会降低，同时外来务工人员出租房屋呈现出一定的季节性，因此，房屋出租的未来可持续收益预期存在一定的脆弱性。与此同时，当居民自然资本大量减少后，其家庭消费与市场的联系更为紧密，更加依赖外部市场供给，家庭消费支出压力也逐渐增大，这将进一步加剧其生计脆弱性。

（二）建议

回迁安置社区居民生计可持续发展是“人的城镇化”的应有之义。然而，回迁安置社区中、低收入居民家庭生计发展依然面临一定的脆弱性，不利于新型城镇化目标的实现。鉴于此，需要结合回迁安置社区中、低收入居民的生计状况及其脆弱性特点，采取针对性的干预措施。

1. 加强对中、低收入户的职业技能培训

失去土地后，稳定就业是促进回迁安置社区居民生计可持续发展的重要保障。然而，回迁安置社区中、低收入尤其是低收入家庭劳动力数量少、受教育程度低且缺乏一技之长，这导致他们往往只能从事一些收入相对较低且

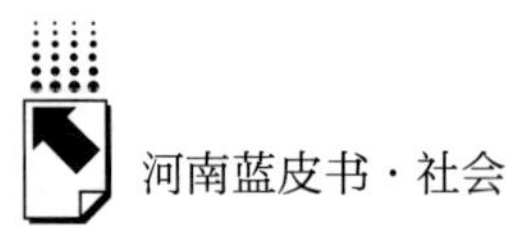

不稳定的职业，如保安、保洁人员以及“黑车”司机等。同时，依靠租赁房屋增收预期也不稳定。因此，需要加强对中、低收入户家庭劳动力的职业技能培训，通过职业技能培训促进回迁安置社区中、低收入居民家庭人力资本存量提升，从而使他们有能力参与劳动力市场竞争，实现稳定就业增收。

2. 推动回迁安置社区股份合作制集体经济发展

回迁安置后，居民家庭尤其是中、低收入居民家庭生产和生活对市场的依赖性进一步加强，家庭消费支出压力变大，满足日常生活消费需求依然是多数家庭的基本诉求。除了对回迁安置社区居民进行职业技能培训之外，推动社区集体经济的发展也是促进社区居民增收的有效途径。城镇化的进程给回迁安置社区居民带来消费压力的同时，也带来通过集体资产整合、保值和增值发展集体经济的机会。具体而言，政府不仅要在拆迁补偿方面给回迁安置社区集体经济发展营造空间，建设商业用房用于社区对外租赁或自营，同时还要制定激励社区集体经济发展的优惠政策，激发社区发展集体经济的内源性动力。可以预见的是，社区集体经济的发展和适当的合作制股份权益的设定不仅能够促进社区居民增收，而且还能够增加社区社会资本存量，增强社区凝聚力。

参考文献

夏后学、谭清美、吴六三：《新型城镇化与人的全面发展实现相互协调了吗？——基于人的物质水平改善视角》，《农业经济问题》2016 年第 1 期。

覃志敏、陆汉文：《后重建时期汶川地震灾区贫困村农户生计状况研究》，《农村经济》2014 年第 3 期。

李斌、李小云、左停：《农村发展中的生计途径研究与实践》，《农业技术经济》2004 年第 4 期。

周洁、姚萍、黄贤金、陈志刚：《基于模糊物元模型的南京市失地农民可持续生计评价》，《中国土地科学》2013 年第 11 期。

Scoones, I. , 1998, Sustainable Rural Livelihoods: A Framework for Analysis, IDS, Working Paper, No, 72.

B.14
河南省贫困县农村低保制度执行现状研究

高芙蓉*

摘　要： 2006年在河南省推行的农村低保制度为困难群体基本生活保障发挥了重要兜底作用。通过对31个贫困县低保家庭与非低保家庭的调查，低保政策的实施在帮助老弱病残满足基本生活需要、提高基本生活水平以及有劳动能力的低保对象再就业等方面发挥了重要作用，实现了从“输血”到“造血”的转变。但还存在着制度设计及政策制定不合理、政府监督管理不到位、低保对象认定困难等问题。为此，可从完善相关法律法规和配套措施、建立健全低保监管机制、建立科学的低保认定机制等方面进行解决。

关键词： 贫困县　农村低保制度　农村低保对象

一　引言

河南省低保制度自建立以来，日常管理渐趋规范，覆盖人群逐步扩大，保障标准不断提高。1996年河南省在郑州市探索建立实施城市低保制度，2002年全省城市低保工作步入法制化轨道，2006年河南省全面开

* 高芙蓉，博士，副教授，河南财政金融学院法律系副主任，主要研究方向为农村社会学。

展农村低保工作。10 余年来，河南省农村低保对象从 200 万人增长至 330 万人，保障面从 2006 年占农业人口的 2.2% 上升到 2016 年的 3.9%。保障标准从每人每年的 637 ~ 1200 元提高至 2960 元，人均月补助水平从 18 元提高至 132 元，保障标准和补助水平比 10 年前分别提高 146% 和 630%，发放农村低保金也由 3.7 亿元增长至 61.1 亿元，增长 15.5 倍，为河南省困难群体基本生活保障提供了重要兜底作用。低保是保障贫困群众基本生活的最后一道防线。但在低保认定和管理过程中，由于种种原因，各类不公平现象和“应保未保”“应退不退”问题时有发生，低保兜底保障作用未能充分发挥。为此，全面了解各地低保政策落实情况，成为当前脱贫攻坚、精准扶贫的当务之急。2017 年 1 ~3 月，河南省民政厅组织 24 家社会工作机构对巩义市、鲁山县、台前县等 31 个县（市）66 个乡镇（街道）223 个行政村进行了低保核查。每家社工机构对接1 ~ 2 个任务县，每个任务县抽取 2 ~3 个乡镇，每个乡镇抽取 1 ~6 个村，对抽取的村所有低保家庭进行全部核查。核查村选取的原则是低保户相对较多和相对较集中的村，较准确地反映了所在乡镇的整体情况。重点是通过入户调查和对负责低保相关工作人员进行调查的方式，真实、直观地反映全省低保工作状态。

二　低保调查对象基本情况分析

此次低保核查，共入户走访 5898 户低保家庭、648 户非低保家庭，收回 5898 份有效“低保家庭经济情况核查表”，648 份“非低保家庭基本情况问卷调查”。

（一）低保对象个人情况分析

低保对象年龄分布：中老年人占比最大，为 90%；青年人，占 9%；未成年人，占 1%。低保人员性别分布：61.2% 为男性，38.8% 为女性。低保人员受教育水平分布：小学及以下学历的群体占绝大多数，教育程度对于低保家庭的贫困状况影响明显。扶贫先扶智，加大教育投入应是解决低保家庭困境的重要手段。

（二）低保家庭基本情况分析

1. 低保家庭人员构成分析

低保家庭中老年人居多，残疾人和患病者总和超过家庭人口的 40%，在校学生和学龄前儿童超过 20%，说明低保家庭的经济负担较重，而劳动力只有 20% 左右，经济来源极度不足，也为低保家庭带来了巨大的经济压力。

2. 低保家庭致贫原因调查

约 70% 的低保家庭是因无劳动能力而造成经济困难，而家庭结构失衡和文化程度低下为其致贫的根本原因。一方面，低保家庭的家庭构成中，老人、学生（或学龄前儿童）以及患病者的占比远大于劳动力的比例，经济收支不对等；另一方面，低保家庭群体文化程度普遍不高，就业能力低下，很多人打工工资较低甚至找不到工作。除无劳动能力以外，重病和残疾也是导致低保家庭贫困的重要因素，分别占 45% 和 38%，还有其他因素如主要劳动力犯罪入狱、子女不赡养老人等，也是使贫困现状恶化的原因。

3. 低保家庭社保及救助政策情况

低保家庭中基本医疗保险和养老保险的普及程度较高，而有可能改善低保家庭贫困状况的子女教育救助比例过低，还有待推进和加强（见表 1）。受访

表 1　低保家庭社保参与情况

单位：人，%

社保项目	人数	比例
基本养老保险	4029	68. 31
基本医疗保险	5740	97. 32
受灾人员救助	102	1. 73
住房救助	89	1. 51
子女教育救助	174	2. 95
其他	29	0. 49
调查总数	5898	

资料来源：根据问卷调查结果整理计算得出。

低保家庭中只有不到38.6%是建档立卡贫困户，非建档立卡贫困户的低保家庭比例达到61.4%。这说明精准扶贫工作中要求的建档立卡工作没有与低保对象的认定紧密衔接，因此，非建档立卡贫困户的低保对象也并未都享受了扶贫开发政策。

（三）低保与非低保家庭经济状况分析

对低保与非低保家庭经济状况的分析主要从住房及固定资产情况、储蓄情况、家庭负债、家庭收支及二者的对比等方面进行。

1. 低保与非低保家庭住房及固定资产拥有状况分析

从二者的住房对比情况看，低保家庭的总体居住水平较低，无论房屋类型、住房结构、新旧程度，还是房屋面积、装修水平等各项指标数据均比非低保家庭低，这充分说明低保家庭的房屋质量和生活环境还有待改善。从固定资产拥有情况分析，我们发现移动电话和彩电是拥有率最高的物品，均在50%以上，其次是电动车（35%）、洗衣机（32%）、电冰箱（25%）和空调（10%），这与当前互联网普及和家电下乡政策的大力推动有密切关系。同时，汽车、计算机与音像设备等现代化设施的拥有率不足2%，说明低保家庭的生活水平不高，与现代化社会生活水准脱轨较为严重。

上述分析表明，非低保家庭家用电器拥有率明显高于低保家庭，除生活必需的家用电器外，其他产品如电动车、洗衣机、冰箱等是非低保家庭的必备之物。而对低保家庭来说，这类产品也成了奢侈品。其他家电产品如空调、热水器、音像设备等虽然非低保家庭拥有率并不算高，但相比低保家庭而言，相对仍较高。从固定资产的拥有情况看，农村低保家庭与非低保家庭差距还相当大，这也是农村贫富分化的一种侧面体现。

2. 低保家庭与非低保家庭储蓄状况对比分析

我们调查了近6000户低保家庭目前的存款情况，在有存款的家庭中，最少存款0.02元，最多存款10万元，50%的家庭存款在430元以下，平均存款数为2843.3元每户。约88%的家庭没有存款，5.83%有1000元以下的零星存款，极少数家庭有5万元以上的存款，占0.07%。由此看来，

99.93%的低保家庭储蓄能力普遍较弱，经济水平和购买能力较低，家庭收入和支出基本持平，很少有富余。但上述数据也可反映出，极少数低保家庭拥有5万元以上存款却领着低保金，说明在政策执行过程中可能存在着错保现象。

通过两类家庭存款的对比分析发现，非低保家庭的储蓄能力相对较好，经济水平与购买能力远好于低保家庭，有近1/3的家庭略有节余，有一小部分家庭可算得上富余。而80%多的低保家庭没有存款，低保家庭生存在温饱层面，储蓄能力很低，个别家庭有节余，但占比极小。对于有大额存款的极个别低保家庭，已不具备领取低保金的条件，对此应落实监管机制，加强动态管理，及时调整低保对象。

3. 低保家庭与非低保家庭负债状况分析

从低保家庭负债情况分析看，大部分低保家庭的负债情况并不乐观，这些数额巨大的欠款也从另一方面解释了上述惨淡的储蓄现状。在过去一年内，约40%的家庭有新增负债，其中56%为小额欠款（1000～10000元），31%为大额欠款（1万～10万元）。这些负债多用于生活、看病、上学、住房等方面，其中因看病借款的家庭达到78%，用于教育的借款达到13%。这些数字再次印证了家庭基本情况方面的调查数据，即老人、重病者、残疾人和慢性病患者在家庭构成中占最高，学生和学龄前儿童的总数超过了总人口的20%，远高于劳动力的人数，因此大多数家庭需要通过借钱来补充匮乏的经济来源，这进一步暗示了低保家庭未来越来越重的经济负担。

从非低保家庭负债情况分析看，非低保家庭负债比率高的原因与疾病、上学关系很大，也与住房关系密切。对于非低保家庭，看病也会使不少家庭陷于贫困状态，住房问题多源于农村结婚彩礼“行情”暴涨，一些农村家庭盖新房或买楼房和装修，导致超前消费，因婚致贫。

4. 低保家庭与非低保家庭收支状况分析

从具体收支情况进行对比分析发现，低保家庭的平均年收入约为8795元（每户），主要收入来源为打工、政府补贴和种植业，分别占总收入的40%、28%和22%。这一数据表明，政府补贴在低保家庭收入中占有相当重要的地位，仅次于其打工的收入。除此之外，还有婚丧嫁娶、赡养费、捐赠、亲邻帮扶等其他收入来源。目前养殖业收入在农村占比仅为1.26%，可忽略不计。这说明，农村的生产方式已发生了真正变化，养殖不再是多数家庭的收入来源。平均年支出为18135元（每户），主要支出项为医疗、生活费、教育费用，各占54%、21%和12%。另有种植业、住房、婚丧嫁娶等方面的零用支出。结合整体收入和支出数据发现，低保家庭的支出是收入的两倍还多，说明低保家庭处于收不抵支的经济状态，这也是贫困的一个重要表现。对于非低保家庭，户均年收入为22712元，主要收入来源为打工收入、种植业收入和个体户收入（即经商收入），分别占62.79%、15.67%和10.83%。与低保家庭相比，打工收入占非低保家庭总收入的比例高于低保家庭22.79个百分点，说明低保家庭因劳动力不足、家庭有病人等多种因素而无法外出打工或务工技能不足。

从总体收支情况进行比较分析发现，低保家庭年总收入在1~244788元不等，50%的家庭年收入在4737元以下；年总支出在100~706000元不等，50%的家庭年支出在10000元以上；收入方面均值为8735.22元，支出方面均值为17875.88元。这说明低保家庭严重收不抵支。非低保家庭年总收入在200~258000元，二者之间的差距较低保家庭小。收入的中位数为16100元，支出的中位数为14000元，从中位数的比较看，收入略大于支出，还略有盈余。从收入与支出的均值比较看，二者相差仅54元，说明对大部分非低保家庭而言，收支基本相抵。

从收支组成对比分析发现，60%的低保家庭面临家庭赤字的风险（即净支出大于1000元），只有不到20%的家庭有盈余（即净收入大于1000元）。非低保家庭中面临赤字的占40%，比低保家庭低了20个百分点。有盈余的非低保家庭占48.46%，比低保家庭高出28个百分点。这在一定程度上解释了为什么88%的低保家庭无储蓄而60%的低保家庭有欠款、67%的非低保家庭无欠款。

综上，低保家庭多数收不抵支，平均支出远高于收入，主要原因在于其就业能力低下、医疗费支出过高和教育补贴相对不足等，也有个别家庭由于高额婚嫁费用而背负上巨额负债。针对以上情况，政府可从发展就业技能培训、完善医疗和教育补贴制度等方面入手进一步改善低保家庭的经济能力和生活环境。

（四）低保政策实质效果分析

不同的低保对象认为低保政策对脱贫的效用是不同的。按不同的属性我们把低保对象分为以下几种类型：一类是老年人，他们大部分失去自理能力，而自己的儿女又分别成家，并不能够随时陪伴在身边；一类是残疾人，即由于身患疾病而导致家庭生活困难的人群；还有一类则是由于家庭突发变故而致贫的，对于以上不同的人群，低保金对于他们而言具有不同的脱贫效果。

对于失去自理能力的老年人而言，低保金能够较好地保障他们的基本生活，有较好的脱贫效果；对于身患残疾的低保对象而言，低保金的发放则在一定程度上能够保障残疾对象的每月的医疗费用的支出，虽然不能绝对地说低保金一定能够帮助残疾人家庭脱贫，但是对于那些长期患病的人群而言还是起到了一定的作用。对于那些突发变故的家庭而言，低保金则能够帮助他们解决燃眉之急，为他们继续生活下去提供了转机，从而能够帮助这些家庭渡过难关。

对于低保调查结果的准确度、补助数额的合理度以及生活保障水平，约95%的家庭认为低保调查的结果准确度较高，93%的家庭认为补助金对他们的生活有一些帮助或补助数额合理，73%的家庭反映基本达到“两不愁三保障”的生活水平。上述数据反映出低保政策较为积极的执行效果，低保政策对于低保家庭的生活发挥了重要的改善作用。

总之，低保政策对于享受低保的家庭及其成员来说能够在一定程度上改善他们的基本生活，对其脱贫有一定的帮助。但是，由于低保自身特点所限，低保政策无法满足群众由于疾病、教育、失业等产生的需求。这就需要创新工作方法，与其他社会救助制度有效衔接，为困难群众提供综合性保障政策和服务。

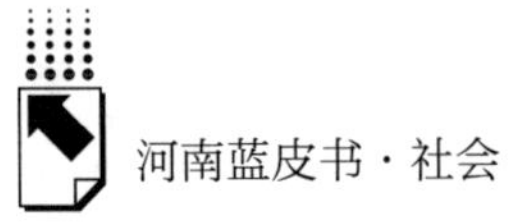

三　河南省农村低保政策执行中存在的问题

（一）制度设计及政策制定不合理

低保工作缺乏有效的法律制度保障。目前规范低保工作的法律制度主要有《城市居民最低生活保障条例》（国务院令第271号）、《国务院关于在全国建立农村最低生活保障制度的通知》（国发〔2007〕19号）、《国务院关于进一步加强和改进最低生活保障工作的意见》（国发〔2012〕45号）、《民政部关于印发〈最低生活保障审核审批办法（试行）〉的通知》（民发〔2012〕220号）。为贯彻落实中央低保工作相关法律法规政策规定，2013年7月河南省出台《河南省人民政府关于进一步做好城乡居民最低生活保障工作的意见》（豫政〔2013〕51号），并将其作为指导河南省城乡居民最低生活保障工作的指导性文件。这些规范性文件大多是以行政法规、政府规章的形式出现，还没有上升到国家基本法律的层次，其行政指导的意义在一定程度上超越了法律规范的范畴。目前河南省低保制度虽然对低保对象的认定、保障标准、工作程序等做了规定，但过于抽象，缺乏可操作性强的实施细则，同时，与低保制度相配套的信息、管理、监督、激励机制不完善或缺位，基层工作人员在执行的过程中面临抉择困境，随意性强，监管难度大，也为个别违规操作的低保工作人员以可乘之机，一定程度上妨碍了低保政策的刚性落实。

部门分割、政策缺乏有效衔接。低保工作是一项系统化工程，家庭经济状况核查、动态管理、工作监管、经费保障、政策宣传等方面均需要多部门联动、信息共享，只有这样才能使低保制度发挥应有的成效。由于缺乏与银行、住房、就业、公安等部门的联动及信息共享机制，低保认定对象真实财产状况无法核实，难以准确、高效、公正地认定低保救助对象。由于低保制度没有与其他社会救助制度有效衔接，低保的现金救助不能满足各类需求，政策执行满意度降低。调查发现，很多因病致贫的低保家庭所要承担的医疗费用巨大，甚至部分欠有巨额外债。低保“输血式”救济只能解决燃眉之急，无法解决根本问题。

（二）政府监督管理不到位

基层低保工作力量薄弱，专业能力不足。城乡低保政策性强，业务量大，涉及面广。目前从事低保的工作人员严重不足，基层尤为明显，由于基层低保工作队伍薄弱，又无工作经费，难免有些低保政策到了镇一级就难以落实到位，使得原本人手不足的现象显得更加突出。但就目前调查来看，基层低保工作人员尤其是村级工作人员普遍文化不高，年龄偏大，工作积极性不高，有的甚至连计算机都不会操作，同时也缺乏低保相关政策培训学习，专业服务能力水平较低。

救助方式单一，调动资源有限。目前低保政策主要是资金保障。对低保对象的救助涉及物资、技术、人才、信息、知识、市场、服务等多方面资源，而在县域、乡镇层面，由于其行为能力被局限于特定的权限范围和地域范围内，无法满足低保对象的养老、医疗救助、残疾补助、优抚安置、教育就业等所需要的综合服务。除此之外，低保金的供应也只是主要依靠中央财政拨款，资金来源单一且严重不足，没有充分发挥社会组织的力量和作用，使救助开发陷入“瓶颈”。

低保认定程序不规范。虽然低保政策规定低保认定实行三级管理、两级审核审批的办法。但在实际操作中，由于乡镇低保工作人员不足及精力有限，低保认定实际上是“村干部说了算”，乡镇和县级调查人员很少按照政策规定逐一入户核查或抽查。由于缺乏有效的监督和审查，从而不公平现象时有发生。

低保监管不到位。主要表现在：一是动态管理不及时。由于基层工作人员力量薄弱，低保定期核查难以实现。在调查中发现因突发意外事故而导致贫困的部分家庭无法及时被纳入低保范围之内，与此同时，有的低保对象在家庭情况好转之后并未及时退出低保。这就在一定程度上使低保政策在实施的过程中不能及时保障到真正的困难群众。二是低保监管不力。因县乡人力、物力等因素制约，对低保工作的定期检查、抽查难以做到全面、有效、持久。同时低保未涉及多数农村群众的切身利益，他们对村干部违规办低保的行为不愿、不敢监督，造成监督缺位。由于监督机制不健全，"真空"挤占、挪用、套取低保资金等违法乱纪现象时有发生。三是低保政策缺少评估反馈。在低保政策执行过程中，缺乏有效的事前、事中及事后评估，不分对象搞"一刀切"，将低保金发放到低保户手里就算完成工作任务。低保政策到底对低保户带来了多大好处？民政部门工作绩效如何？这些信息都难以掌握，进而不利于掌握政策实施效果，为进一步完善制度提供参考依据。

（三）低保对象认定困难，政策执行不力

收入难以界定。这是一个世界性难题，主要体现：一是收入难以货币化。在粮食转化为货币的过程中，由于农作物都是农民自产自销，粮食价格存在较大随意性，很难准确地算出这方面的具体收入、界定具体数额。二是收入存在不稳定性。对于失地现象逐渐加重、不再以土地为主要收入来源的农民来说，他们经常外出务工，工作地点、时间、工资等方面都存在不稳定性，对其收入更是难以进行确切统计。三是对农民收入计算存在两难选择。以"农民人均纯收入"来界定农村低保对象导致计算复杂，乡村干部不愿核算，估算值又很不准确不具权威性，很难把好农村低保"入口关"，低保对象的确定结果有时难以服众。

低保线的划定和低保政策执行中未能考虑家庭规模这一因素。按照现行政策规定，家庭收入和财产状况是低保线划定的唯一标准。由于收入难以准确界定和核查，低保线划定没有统一科学的标准，认定过程中存在简单僵化处理的现象。这种僵化地单一认定低保户的做法，导致真正困难的得不到救助，"伪困难户"钻了政策的空子，在很大程度上偏离了低保制度的预期目标。

低保"指标"分配意识依然存在。调查发现，虽然明确规定"应保尽保"，但不少地方在执行中，为回避矛盾，仍然按照行政村人口比例或者行政村数量分配所谓低保"指标"，或者在行政村内各家庭间搞平衡，不考虑具体经济发展情况和贫困人口差异，"一刀切"式分配所谓低保"指标"使低保

政策往往不能真正惠及有困难的群众，发挥不了其应有的效用。

低保户与低保边缘群体关系紧张。在调查过程中发现，对于一些符合低保标准的低保对象来说，在享受低保相关政策之后，其基本生活状况就会有所改善。相比之下，那些低保边缘群体会产生极大的心理落差，加大了政策执行难度、破坏了社会和谐。

低保资金发放方式未考虑低保户实际需求。目前，河南省低保金发放的政策规定模糊。在调查中发现，农村低保金大多按照季度发放，很多低保户反映按季度发放的低保金难以及时解决他们的生活困难。现行低保金发放采取社会化方式，“专人专户”“专款专用”，通过委托银行直接将低保金发放到保障对象手中，有效防止了低保金被冒领、挪用等现象发生。但是由于低保对象很多是年老体弱、智障、残疾人员，行动不便，有的甚至不认识字，加上有的村庄距离乡镇信用社较远，交通不便，单一依靠信用社发放资金的方式难以保证将低保金及时发放到低保户手中。低保金什么时候发放，发放金额多少，还得去乡镇信用社查询。调查发现很多低保户不清楚自己每月究竟可以领取多少低保金及领取时间。单一的低保金发放方式很难满足低保户多样化的需求。

民众政策认知度低。在调查中发现，虽然大部分地区在评选、执行以及公示等方面的做法相对公开透明，但是绝大多数居民对低保政策本身并不是十分清楚，甚至包括低保对象本身对农村低保制度基本保障内容、保障的标准仅仅有个大致模糊的概念，单单认为自己家庭生活困难全村都知道，所以就能评上低保。大多数农村群众对这项制度不关心，认为与自己没关系，这也说明政府对低保制度的宣传特别是在村级组织和普通群众中的宣传还不够。当然，农村尤其是偏远地区信息传播手段较少、农民自身文化程度不高等也是导致这方面问题出现的重要因素。

四 促进农村低保政策执行的对策建议

（一）完善法律法规和配套措施

河南省必须加强低保相关的立法工作。同时要完善与低保制度相配套的信息、管理、监督、责任机制。建立健全与低保相关的工作机构，充实基层工作人员，可以尝试通过劳务派遣或政府购买服务的方式加强基层社会救助力量，确保事有人管、责有人负。加强与其他制度的有效衔接。加强低保政策与其他社会救助制度的有效衔接，避免出现“踢皮球”的现象。做好低保与养老、医疗、失业等社会保险制度的衔接工作。不仅要开拓大病救助、教育基金、社会捐助等多种物质救助途径，还要关注低保户的精神需求，体现人文关怀。要加强与就业及扶贫开发的联动，对有劳动能力的低保救助对象给予就业扶持和帮助，鼓励其通过生产劳动脱贫自救。

（二）建立健全低保监管机制

对低保工作进行严格监管，是保证低保认定科学、公正，保障低保资金运用透明、高效的重要手段。为此，一要充分发挥村（居）民委员会作用。村（居）民委员会位于低保工作第一线，最了解低保对象经济情况、家庭变故等低保相关信息，更可以有效地进行社会监督。要充分发挥村（居）民委员会在救助对象发现报告、救助申请家庭经济状况核查、救助对象动态管理、救助政策咨询宣传等方面的作用。可以探索建立村级社会救助协理员制度，并按照“费随事转”的原则，给予承担基层低保工作的协理员一定的经费补贴和激励措施。二要严格执行公示制度，发挥舆论监督的作用。应将低保资金的使用情况在更加宽阔、更易被公众接触的平台上进行公示，如在网络、电视、广播、报纸等相关媒体上进行公布，自觉接受群众监督，确保低保资金的使用公开、公平、公正。要充分发挥广播、电视、报纸、网络等舆论监督的作用。对工作中发现的正面案例要加强宣传，对媒体发现揭露的问题，要及时查处并公布处理结果。强化低保政策的严肃性，树立正确的舆论导向，提高社会对低保工作的认知度，树立良好社会正气。

（三）建立科学的低保认定机制

要建立完善的低保标准确定体系，建立低保标准动态调整机制。在财政支持的范围内尽可能地提高低保标准。低保对象的确定要公平公开。对于低保对象的分类要更加细化，对于不同原因导致的贫困要制订分类标准，区别对待。对于低保家庭中的老弱病残人员要采取多种方式提高救助水平，按照不同低保对象实际情况分类救助。对于农村老人来说，主要是发展居家养老，充分发挥家庭邻里的作用，与低保救助相结合。对于因病致贫的低保对象主要跟医疗救助相结合，并且提供相应的日常照料服务。对低保指标的分配要按照不同的行政村经济发展情况和贫困人口数量进行评估，合理分配低保指标，使低保政策真正惠及困难群众。

B.15

河南省精准扶贫政策实践机制研究

——以S县的调研为例*

宋丽娜　王东猛**

摘　要： 精准扶贫政策执行在乡村社会建构出了两个群体：贫困户和贫困边缘户。贫困户享受了“政策性福利”；而贫困边缘户则有强烈的相对剥夺感；基层政权为了顺应政策推行并规避政治风险“按政策办事”。三大主体在乡村社会的场域发生了复杂的交互作用。一方面，贫困边缘户被不断形塑，并日益成为影响基层政权正常运转的重要因素；另一方面，干群之间的话语体系无法有效对接，从而使得问题不断凸显。本文认为，社会救助制度要在民生层面、心理和社会认同等层面发挥政策兜底作用；政策推行要充分相信基层组织、激发基层组织的能动性，在乡村治理的场域中重塑农民的公平感、秩序感，建构基层政治生态，匹配有效的政治规则，这样才能真正提升基层组织的治理能力。

关键词： 精准扶贫　贫困户　贫困边缘户　基层政权　政策兜底

---

* 本文是国家社科基金青年项目“精准扶贫背景下农村结构性贫困治理机制研究”（编号：16CSH042）的阶段性成果。

** 宋丽娜，博士，河南农业大学社会治理创新研究中心副教授；王东猛，河南农业大学文法学院2015级本科生。

一　导论

从2014年起，各地开始逐步实施精准扶贫工作机制。《建立精准扶贫工作机制实施方案》要求对贫困户和贫困村精准识别、精准帮扶、精准管理和精准考核。可以说，新时期我国扶贫工作的核心已经变为了“精准”。为了保证“精准”，此项政策设计了若干个精细化、规范化、量化、指标化和程序化的工作机制。这些工作机制在实践的过程中产生了一系列的社会效应，如何认识这些社会效应，并且通过这些社会效应来认识精准扶贫政策本身？这是本文要讨论的命题。

目前，虽然学术界对于扶贫和精准扶贫在宏观层面的政策研究较多，但是对于其政策实践的关注并不多，其中，邓维杰、唐丽霞等、李鹍等、葛志军等、雷望红都发现了精准扶贫政策执行中的偏差和困境。对于这些政策偏差和困境的解释有两个视角：从外部视角来看，邓维杰[①]认为精准扶贫政策执行的主要问题还是对于某些贫困户的“排斥”，即不精准的问题；唐丽霞等[②]认为精准扶贫政策实践的问题是，贫困农户识别的政策和技术困境、乡村治理现状、贫困农户思想观念的变化以及扶贫政策本身的制度缺陷。王雨磊[③]从技术治理的角度来研究数字下乡所产生的政策效应，认为，数字技术的发包者、传递者、生产者和知情者的行动逻辑大相径庭，他们各不相同的行动目标和激励导致数字生产难以真正精准。

从村庄内部视角，即自下而上的视角来看，不同研究者的发现很不同。雷望红[④]发现，精准扶贫政策在执行中存在着明显的不精准执行现象，其背后的原因是基层组织在基层治理资源有限、权责不匹配、压力考核等

① 邓维杰：《精准扶贫的难点、对策与路径选择》，《农村经济》2014年第6期。

② 唐丽霞、罗江月、李小云：《精准扶贫机制实施的政策和实践困境》，《贵州社会科学》2015年第5期。

③ 王雨磊：《数字下乡：农村精准扶贫中的技术治理》，《社会学研究》2016年第6期。

④ 雷望红：《论精准扶贫政策的不精准执行》，《西北农林科技大学学报》（社会科学版）2017年第1期。

因素的影响下，调整了其政策定位与具体执行方式，表现为权威导向的选择性治理、风险规避的规范化治理和硬任务的软执行，这又严重影响了基层组织的治理能力和政策的执行能力。左停等①发现，精准扶贫面临着规模控制所引起的规模排斥、乡村内平均主义思想、农村劳动力转移和市场化背景下的扶贫开发有效手段不足、村庄间贫困户实际识别标准差异等挑战。

研究的外部视角是从政策设计的角度来考量政策的适用性和效度，而内部视角则从乡村社会内部社会结构的层面来理解政策进入的社会效应。本文采用自下而上的内部视角，通过实地调查来分析乡村社会内部的政治结构，及精准扶贫政策实践对于其内部结构的社会效应。精准扶贫政策的实践在乡村社会建构出了两个群体：贫困户和贫困边缘户，这个过程与基层政权行政化同时发生，在乡村社会场域产生了复杂的社会效应。一方面，基层政权治理体系与治理能力的现代化之间出现了悖论；另一方面，精准扶贫的政策兜底功能复杂化，出现了民生层面与心理及社会认同层面的兜底悖论。这启示我们，国家政策如果“一竿子到底”并不会必然产生预期的社会效果，我们需要重视乡村社会内生政治生态，在内生政治生态秩序建构的基础上推行政策才更加适宜。

笔者和研究团队于2017年7月5日至25日在河南驻马店市S县C乡做了为期20天的驻村调研，笔者重点调查的村落是D村。调查期间正值扶贫攻坚战开展得如火如荼之际，乡村社会力量被动员起来全力投入其中，我们通过对乡村干部、村民代表、贫困户等群体的深度访谈，以及研究团队一行近20人内部之间的交流讨论，形成了一些基本认识。S县是国家级贫困县，C乡下辖23个行政村，有6.1万人，7.66万亩耕地，D村是一个行政村，下辖两个自然村。D村有500余户，3000余人，分为8个小组。当地农民以外出打工和种田为主要收入来源，经济发展受限。

① 左停、杨雨鑫、钟玲：《精准扶贫：技术靶向、理论解析和现实挑战》，《贵州社会科学》2015年第8期。

二　贫困户与贫困边缘户

政策话语中，精准识别和精准服务是有关政策推行中的两个重要问题，不过我们在实地调研中发现，解决这两个重要问题所采用的治理方式能够深刻影响基层社会，甚至可能使得政策偏离初衷。

（一）精准识别

精准扶贫政策一个重要的目标就是要将贫困户精准识别出来，目前的做法是以技术识别为主，社会识别为辅。技术识别体现为设计非常精细且较多的表格，形成若干个有效指标体系，把贫困户的信息进行数字化处理；社会识别主要是依据基层组织工作程序，如“4+2 工作法”对贫困户进行识别。技术识别的好处是客观公正，人为因素影响较小；而社会识别则被认为易受人为因素的影响。

被识别为贫困户的一般有两种情况：一种是家中突发变故，如患癌症、白血病等重大疾病并因此返贫；另一种是家中缺少劳动力（有残疾人员、智障人员等），致使年均人收入少于 3026 元。这些贫困户都属于绝对贫困，也即他们往往处于赤贫状态，家中缺乏具有生产能力的劳动力，发展能力不足。我们大致了解了 D 村每位贫困户的情况，并且对于其中一个组的贫困户挨户进行深入访谈，发现，群众对于绝对贫困的农户没有异议，并且绝对贫困的农户也基本都被政策覆盖了。问题是，精准扶贫政策还可能覆盖到一些相对贫困的农户，相对贫困农户成为精准识别的难点。

精准识别的问题主要集中在以下两种情况中。

第一，贫困户指标分配工作机制而引发的识别问题。目前，S 县精准扶贫政策实行的是指标分配机制，即按照经济收入、疾病、住房等贫困标准，以及村庄人口来分配相应的指标。绝对贫困在乡村社会是不均质分布的，而相对贫困则在村庄内部普遍存在。这很可能会造成的结果是，有的村庄绝对贫困人口较多，精准扶贫指标不能完全覆盖，而有的村庄绝对贫困人口少，精准扶贫的指标就可能覆盖到相对贫困人口，但是却又不能完全覆盖所有的相对贫困人口，由此产生问题。因而，由于指标分配而引发的识别问题就可能造成一定的社会问题。

第二，由精准扶贫的技术指标而引发的问题，这集中体现在精准扶贫政策对于相对贫困农户的覆盖上。相对贫困农户或者身患重大疾病、慢性病等的农户，也有可能由于“懒惰”“混”“赌博”等原因而生活困难；还有可能为了建房、为儿娶妻、供应大学生或者维系不切实际的高消费而负债等。现有关于贫困的技术指标只在经济收入、疾病、住房等层面进行量化处理，它们并不识别造成相对贫困的缘由，于是，在农民那里，由于“懒惰”“混”“赌博”等原因引发的贫困与由于不可抗的疾病而引发的贫困就具有不同的性质，由于消费而引发的贫困，如为了建房、为儿娶妻、供应大学生或者维系不切实际的高消费，与由于生产能力不足而引发的贫困也具有不同的性质。因而，被精准扶贫政策覆盖的相对贫困农户就可能产生诸多问题和异议，这是技术指标解决不了的。

由此，问题便集中到了相对贫困农户身上。精准扶贫政策按照技术指标来识别贫困户，然而，基层社会情况差异巨大，难以完全量化和规范化处理，技术治理效度有限①；同时，在乡村社会，精准难题②一直存在，只有相对精准，而无绝对精准。而且，乡村社会对于贫困的认识是注重缘由的，农民有着关于贫困的认知模式，也有着关于国家救助的伦理上的正义感。于是，关于相对贫困的问题就在我们所调研的乡村社会中爆发了出来。

（二）贫困户的“政策性福利”

通过精准识别确定的贫困户就能够享受各种政策性的“精准服务”，目前这种救助扶贫措施分布在医疗、教育、住房、扶贫项目等多个方面，这些方面囊括了普通农户维系生存生活的大部分，可以说救助相当全面，力度相

---

① 王雨磊：《数字下乡：农村精准扶贫中的技术治理》，《社会学研究》2016 年第 6 期。

② 贺雪峰：《农村基层治理的精准难题》，《云南行政学院学报》2017 年第 3 期。

当大，这甚至在无形中制造出了贫困户特有的“政策性福利”。

精准服务方面，医疗和教育方面的救助措施是基础性的，也是对于普通农户来说力度最大的，目前，贫困户在医疗和教育上的花费能够报销90%以上。住房方面达到一定的标准，贫困户便可以申请“危房补贴”，对于农民来说也能够解决较大的问题。在扶贫项目上，S县政府正在推行产业扶贫、光伏发电、金融扶贫和企业带贫等项目。产业扶贫方面，政府提倡从农作物种植转向经济作物种植，贫困户有补贴。2016年，C乡政府提倡种土豆，为贫困户补贴种子，2017年提倡种植花生，为贫困户每亩补贴400元。光伏发电项目即利用太阳能发电，政府会将所获利润发给贫困户，S县已在C乡选址，下一步准备投资兴建。金融扶贫方面，贫困户与村里企业签订协议，企业以贫困户的名义贷款，按照贫困户的户数，每户可贷五万元，三年还清，企业每年要给贫困户分红3600元，分三年完成。目前，D村村主任注册有两个农业公司，有实体经济，满足金融扶贫条件，与贫困户签有协议。企业带贫方面，按照企业帮扶的贫困农户数，国家给企业每户5000元的投资，而企业需要连续5年帮扶贫困户1200元/年。目前，D村村主任也争取到了这一扶贫项目，帮扶贫困户67户。

此外，S县还正在推行另一项政策措施，即贫困户要把低保户全覆盖，实现“两户合一”，这项政策推行之后，贫困户又将同时享受原本低保户享受的救助措施，即每月享有一定数目的生活补贴。如此，对于贫困户的精准服务已经基本能够囊括农民日常生产生活中的各个方面，并且救助力度相对于农民生活的一般水平来说并不低。因而，对于经济社会分化水平不高的S县农村来说，贫困户往往意味着享受“政策性福利”，这种优厚待遇是与当地农民生活的一般水平持平甚至要高。

（三）贫困边缘户的相对剥夺感

相对于贫困户的政策性福利和优厚待遇，乡村社会经济生活条件一般及偏下的村民便由此产生了较为强烈的相对剥夺感，慢慢滋生出一个特殊的群体——贫困边缘户。

当农户收入差异相对较小，精准扶贫政策覆盖到了相对贫困农户的时候，另外一些较为普遍存在的相对贫困农户——贫困边缘户就会产生强烈的不公平感和相对剥夺感。他们会以各种理由和方式来表达自己的心理不平衡，常用的理由包括对基层政府的评审方法质疑，对个别人的贫困户身份不满，甚至出现通过骂街、闹事等行为来发泄心理不平衡等。在国家惠民政策、贫困户福利未下乡前，相对于贫困户的处境，贫困边缘户在村庄竞争中仍有些许的优越感。但在贫困户享受到扶贫政策后，尤其是政策给予的大量资源和扶贫项目是为了发展贫困户以使其脱贫致富，家庭条件稍低的贫困户获得了高福利的待遇，各方面有了显著改善，贫困边缘户因此产生了强烈的相对剥削感。

此外，由于贫困的发生在乡村社会是不均质分布的，分配贫困户指标很可能会产生的问题是，贫困户数多的村指标却少，贫困户数少的村指标却多。在乡村这个熟人社会中，信息的传播会使农户自发地与不同村庄贫困户的家庭状况进行比较。当看到其他村的贫困户条件优于自身时，他们势必会感到不公平、不正义。D 村三组 41 岁的刘红善，离异并带有一子，因家庭条件差至今单身，与 84 岁的老母亲一起生活在两间老式瓦房里，2016 年评上贫困户，2017 年再精准时被摘帽。刘红善患有高血压，头晕，天热不能干活，春、冬两季在本地的建筑工地做泥工，每天收入 80～100 元，一年收入一万多，家庭人均年收入稍高于贫困线标准，于是在 2017 年评议中，被摘掉了 2016 年刚评上的贫困户。虽然刘红善家人均年收入稍高于贫困线，但是自己与老母每天吃药和孩子（12 岁）上学的费用支出较多，属于支出型贫困，且当前家庭发展能力不足。在访谈中，他列举了几户比他家庭条件好却享受贫困户待遇的农户，心理不平衡，在向乡扶贫办询问无果后更是不满，村庄中存在着一部分类似他这样的贫困边缘户，正在试图通过各种方式诉求自身的利益。而在林堂村，有个卖棺材的人，由于意外被砸骨折，视为大病患者，并被列为贫困户。2016 年年关，村干部与扶贫干部慰问其 200 元，此人嫌少，后来他被发现在县城买有商品房，乡镇也有商品房，2017 年被清退了。可是，原本享有待遇，又被剥夺了待遇，此人产生了极大的心理不平衡，经常向乡村干部“问事”。

在扶贫工作的政策背景下，精准识别贫困户的同时构造出贫困边缘群体，此群体有三个典型特征：第一，他们的经济生活条件在村庄中属于偏下水平，但是并没有明确达到精准扶贫的标准；第二，他们中有相当一部分人曾经因为各种理由享受过贫困救助、低保等政策，不被识别为贫困户让他们有较大的相对剥夺感；第三，他们会试图用各种方法诉求自身利益，如找乡村干部“询问”、上访、申诉，甚至举报等。

精准扶贫政策推行愈加紧迫，贫困边缘户也随之日益被塑造成为一个特殊的社会群体。在外界看来，乡村社会有人一直对于精准扶贫政策不满，他们在诉求“公平”“正义”，那么是不是识别还不够“精准”？服务还不够“到位”呢？显然，外界的理解和贫困边缘户的行为逻辑并不相符。贫困边缘户是由于相对剥夺感而被塑造出来，政策越是精准识别、精准服务，他们的相对剥夺感就会越强，行为方式也会越极端。

三　“讲政策”的基层政权

基层组织是直接面对农民的国家代理人，也是精准扶贫政策推行的实践者，他们在精准扶贫政策中发挥了怎样的作用，有着怎样的运作机制？

（一）行政化的基层组织

十八大之后，乡村社会掀起了一场自上而下的规范化运动，基层政府的职权被关进制度的笼子里，农村治理从乡村社会秩序的维系变为提供有正式规则的服务。政府服务规范化，规章制度公开化，决策透明化，压缩了乡村干部的弹性权力空间，之前所能采取的“土方法”和策略性技巧也失去了存在的条件。在扶贫工作开展时期，乡村干部严格按照程式化的工作安排来推进工作进程。以往的“非正式治理”策略被更加精细化、技术化、程式化、规范化的治理方式所取代，政策推行过程中这种行政化的要求更加明确。在脱贫攻坚战的非常时期，精准扶贫在作为政治任务下乡后，更能反映基层治理方式的转变。

首先，基层组织的工作内容愈加行政化。具体表现为乡村两级干部的行政工作特点愈加明显，工作越来越细、工作量越来越大，“材料活儿”凸显。一位乡镇民政所办事员在谈起基层工作时，诉说道：“民政所工作人员不仅是帮扶人，还是驻村干部，防火、维稳、环境卫生、扶贫等乡村两级的工作均干，无星期天、节假日。上面千条线，底下一根针。”在精准扶贫工作开展期间，乡村两级几乎所有的工作人员都被抽调去扶贫，甚至还要动员乡村小学教师和信用合作社的工作人员参与扶贫。他们要根据精准扶贫的政策要求填很多的表格，数次走访群众等。一位驻村第一书记告诉我们，他为了填各种表格，已经用了一个箱子的笔芯，表格材料堆积成山。72 岁的林村村委主任向笔者倾诉道：“脱光脊梁，三更半夜，填表子。”

其次，基层组织的工作方式规范化。表现为工作手段不能违法，工作程序不能走偏，工作内容不能更改，一切都要讲政策。精准扶贫要求对于贫困户的救助到人到事，每个贫困户都有一个属于基层组织的帮扶联系人，帮扶联系人要定期走访贫困户，了解和关心贫困户各方面情况。上级对于帮扶联系人的工作有着严格的考核，比如他们会随机抽检，不仅看表格材料，也会随时走访贫困户了解帮扶情况。

最后，基层组织的治理环境也逐渐被营造出了行政化的空间。以前基层工作没分那么细，现在工作到人到事，权责分明。一位乡政府工作人员告诉我们：“现在的我是责任大，路子窄；肩膀小，担子重；头小帽子大。”同时，近期各种政策的推行也创造了一种相对公开的政策实践环境，主要体现在第三方调查和迎检工作上。在扶贫工作中的低保户认定上，乡民政所无低保调查权、审批权。由县城退休职工和社会团体工作人员组成第三方调查组织，县财政局支付费用，民政所的人负责送这些专门人员到村，由村干部带领进入调查，审批权由县民政局、残联、扶贫办这三个单位联合拥有。被剥夺了管事权的基层干部，变为了纯粹的“办事员”，只是承担下情上达和协助调查的责任。上级检查扶贫工作和中央的暗访行为均对基层政府构筑了高压式的工作环境，迫使基层组织规范其行为。

面对精准扶贫政策推行的高压态势，基层组织的行政化既是为了顺应政策推行的要求，也是在国家政策面前规避政治风险的方式。按照政策办事，这成为基层政权给予自身行为合法化的最大理由，也是他们面对不均质的乡村社会所能给出的标准答案。可问题是，乡村社会能够按照政策推行者的意图而达到政策的初衷吗？政策的强力推行加上基层组织的行政化反应，产生的社会效益如何？

（二）基层治理的现实困境

在精准扶贫政策强力推行的背景下，基层组织进一步行政化，这至少产生了以下两方面的社会效益。

第一，规范化和行政化的取向束缚了基层组织的手脚，增加了治理成本。基层治理成本的增加不仅体现为基层组织要为政策推行付出大量的人力和物力，也表现为他们需要不断地为这种治理的效果“买单”。

一位扶贫工作人员告诉我们，上级对于扶贫工作考核非常量化和指标化，其中有一项就是每月对于贫困户的走访至少有两次，都要有工作记录，上级会随机抽检。有时候，有人打电话给贫困户问他的帮扶联系人是谁，有没有在某月某日来访？有些贫困户因为年老或者智商问题不太记得帮扶联系人的事，也不记得是否有人来访，这样便会给工作人员带来极大的考核压力。工作人员每次到贫困户家里都不断地强调自己的名字，并且交代有人问的话一定要说自己的名字。如果说对于贫困户的服务还可以通过工作人员的努力达到，那么对于其他村民的态度工作人员则是无能为力。有时候上级也会派人到现场随访，访问到贫困户的时候可以感受到工作人员的辛苦工作，但是就怕访问到其他村民，因为不少贫困边缘户都会以各种方式告诉检查者自己也很贫困却没有享受到任何待遇，这不公平。于是，这将给基层工作人员的工作蒙上一层阴影。

行政化和规范化的要求衍生出了许多工作内容，这些工作都需要基层工作人员自己消化解决。乡村社会是非程式化的，很多方面没有办法完全规范化，因而拿着规范化的要求面对乡村社会会产生一系列的问题。以往，基层工作人员可以拿一些“土办法”来应对，这些“土办法”可能不规范，可是在乡村社会却能够有效化解问题，如今这些“土办法”都被摒弃，也就意味着基层组织被束缚了具有主动性的手脚，而只成为按章办事的“办事员”。这使得基层组织的治理成本加大，不断投入人力物力，却不断涌现出一些运用规范化的方式很难化解的问题。

第二，农民要求基层政权为自己的利益诉求负责，基层政权却只能对农民讲政策。干群之间话语体系无法对接，矛盾无法化解，问题突出。

在社会大众特别是农民的认知中，基层组织仍旧对基层治理效果负主要责任，农民有任何问题都会试图向基层政权求助，希望本地的“当家人”能够主持他们所认为的“公道”与“正义”。这是因为农民仍旧对基层组织有着基本的政治信任，相信基层组织能够解决自己的问题、维护乡村社会的公平与正义。农民的思维依然停留在乡村治理的场域中，而基层政权却已经日渐转变行为方式而成为国家政策的推行者。双方的话语体系在发生变化，无法有效对接，随之，干群关系也悄然发生了微妙的变化。

一位工作人员告诉我们，现在每天都有一群人聚集到乡政府门前“问事”，多数都是诉求“低保户”“贫困户”“复员军人补助”等，其中也有一些人因为情绪激动出现打骂工作人员的现象，而这种现象在几年前并不常见。以往确实存在如人情保、关系保、政策保的现象，而基层组织会运用“土方法”来化解各种问题，这种情况下，反而很少有人不断去找基层组织“问事”。悖论是，为何在基层组织按政策规范地履行职责时，却出现了不少人不断去乡政府门前“问事”的现象？

从干群关系的角度来看，以往基层政权由于其治理职责需要回应农民的各种治理诉求，哪怕是运用“土方法”或者不规范的手段；而现在基层政权却只讲政策、讲规范化和行政化，他们无法在现有的体制框架中有效回应农民的治理诉求，问题无法化解，这激发了有着治理诉求的农民（如贫困边缘户）的敏感神经，他们将矛头对准乡镇，基层组织成了他们的出气筒。

基层政权在行政化、规范化，制度在精细化，乡村干部在讲政策，可是新的干群关系问题不断凸显，政策实践的效果有待检验。这种反应的背后是政策推行与乡村治理的社会基础之间产生了错位。有着“精准”要求的政策实践遭遇到了不规范的乡村社会，原本在乡村治理的场域中产生的问题现在被转移到了政策推行的场域中，政策推行无法有效回应这些问题。行政化和规范化的治理使得“土方法”失效，转换了乡村治理的途径和场域；这种情况下，无法被规范的乡村社会有着强烈的关于乡村治理的诉求，而被制度捆绑的乡村干部在权责不匹配的情况下越来越对这种诉求无能为力。基层组织的行政化需要有相应的社会基础相匹配，现在的问题是，社会基础还未发生根本的变化，行政化的趋势却已经先行。行政化的治理束缚了策略性技巧的发挥，形成了底层的夹缝（上面加压，下面涣散），基层组织化解问题的能力受到限制，一些问题的持续性积压导致维稳体制超负荷运转，甚至导致乡村治理生态变异。

四　政策兜底与基层政治生态建构

脱贫攻坚是党中央为确保“十三五”期末实现全面建成小康社会目标做出的重大战略部署，“社会保障兜底脱贫一批”是其中的重要举措，精准扶贫正是这种战略部署的微观实践。然而，小康社会的建设是全方位的，政策兜底的作用也应该更为全面地去理解。

在基层社会，民生层面的政策兜底就是通过各种方式方法给予农民一定的福利和补贴措施，这种利益的输入是政策兜底的重要部分，但是也应该看到，特定的利益输入打破了村庄内部的均衡结构，引发了一些人存在心理不平衡，甚至制造出了“贫困边缘户”群体。因而，在民生层面进行政策兜底的同时，也应该顾及村庄内部结构被打破而使部分人产生的心理不平衡和相对剥夺感。在这个层面上，研究扶贫资源的合理配置，让这些救助资源与服务措施不仅能够发挥民生层面的政策兜底作用，也能发挥心理和社会认同层面的政策兜底作用。

政策推行要顾及村庄内部的政治结构，合理调配救助资源，避免形成某种享有“政策性福利”的特殊群体。农民由于“政策性福利”而引发的部分人的心理不平衡、不公平感是促发地方社会不稳定的核心要素。因而，政策推行要顺应村庄内部的政治结构，以世道人心、制定政策的初衷为政策推行的指引，以政策目标的达成和政治合法性的建构为主要原则。

顺应村庄内部的政治结构，就要充分相信基层组织、激发基层组织的能动性。基层组织直面乡村社会，对于乡村社会的内部结构最为了解，他们最有条件将国家政策转化为被乡村社会接受并能产生预期效果的具体措施。给予基层组织一定的政策执行权，就是尊重基层和顺应乡村社会内部结构的典型体现。同时，基层政权要为乡村社会治理的所有后果负责，这是农民的共识，也是国家的要求。基层政权的权责匹配是他们完成政策实践、脱贫攻坚的政治基础。在权责匹配的场域中，基层政权会将政策执行问题还原为乡村治理问题，使得社会救助制度不仅在民生层面，而且也要在心理和社会认同等层面发挥政策兜底作用。从这个意义上说，国家的政策执行在基层只有转化为乡村治理问题，政策兜底作用的发挥才能更全面，政策执行的效果才能借助于乡村治理的结构而达到最优状态。基层政权作为政策推行的“办事员”无法回应贫困边缘户的相对剥夺感，可是作为乡村治理的主体却能够回应相同的诉求。

在基层社会中，干群之间话语体系不对接形成了新的干群关系问题。基层的政策逻辑是行政的逻辑，是官僚制的一部分，官僚体制的运作将基层组织变成了规范化的“螺丝钉”；而有主体性的农民却不是能被批量生产的国民。很显然，讲政策条文的基层组织用规范化的治理手段不能解决依旧生活在乡村治理场域中的农民的诉求。因此，我们应该重塑政策实践的基础，即基层政治生态和乡村社会的政治性。

在乡村治理的场域中，首先要构建恰当的政治生态，形成特定的政治秩序，在此基础上才能完善有效的政治规则。治理体系现代化的实践，其问题就在于，跳过了政治生态中信任基础的建构和政治秩序的形成，而拿一个外来的政治规则（规范化、服务型政府、民主决策、民主监督等）来填充到既有的乡村治理体系中，这就使得农民的治理诉求与基层组织的治理体系无法对接，从而发生了诸多错位。在精准扶贫政策实践的乡村，当农民的诉求难以得到有效的解决时，必然会发生上访、闹事等现象。基于以上判断，笔者认为，应该修复并建构基层社会的政治生态，并且匹配有效的政治规则，这样才能真正提升基层组织的治理能力。

参考文献

邓维杰：《精准扶贫的难点、对策与路径选择》，《农村经济》2014 年第 6 期。

唐丽霞、罗江月、李小云：《精准扶贫机制实施的政策和实践困境》，《贵州社会科学》2015 年第 5 期。

李鹍、叶兴建：《农村精准扶贫：理论基础与实践情势探析——兼论复合型扶贫治理体系的建构》，《福建行政学院学报》2015 年第 2 期。

葛志军、邢成举：《精准扶贫：内涵、实践困境及其原因阐释——基于宁夏银川两个村庄的调查》，《贵州社会科学》2015 年第 5 期。

雷望红：《论精准扶贫政策的不精准执行》，《西北农林科技大学学报》（社会科学版）2017 年第 1 期。

王雨磊：《数字下乡：农村精准扶贫中的技术治理》，《社会学研究》2016 年第 6 期。

左停、杨雨鑫、钟玲：《精准扶贫：技术靶向、理论解析和现实挑战》，《贵州社会科学》2015 年第 8 期。

贺雪峰：《农村基层治理的精准难题》，《云南行政学院学报》2017 年第 3 期。

社会治理与公共安全

Reports on Social Governance and Public Security

B.16 河南省网络舆情事件分析报告*

殷 铬**

摘 要： 从2017年网络舆情事件中可以看到，网络舆论环境近年来出现了新变化：网络舆情趋于理性，但也出现了麻木现象；网络舆情呈现热点更热、一般性话题“瞬间即逝”的现象；地方政府和部门舆情应对水平整体提升，但治理理念仍未树立；“舆论倒逼”效力减退，但常态化的网络监督机制并未形成。在网络舆论环境治理的问题上，不存在只能管理而不能被管的主体，也不存在只能被管而不能管理的客体。树立舆论共同体的理念，以主体间共治取代主客体管控，激活网络活力，实现网络与现实的互动，在彰显是非曲直的基础上疏导舆情，这是网络舆论环境治理的关键。

---

* 基金项目：国家社会科学基金项目“网络公共空间官民共识的生成机制”（13BSH35）。

** 殷铬，博士，河南省社会科学院社会发展研究所副研究员。

关键词： 网络舆情　网络舆论环境　网络治理　河南

网络公共空间在改变社会交往形式的同时，也为大众提供了参与公共生活的机会。网络虽然具有虚拟性，但网络舆论已经成为一种现实的力量。近年来，网络舆论环境发生了一些变化，这些变化是社会心态的反映，又与特定政策措施直接相关。本文拟从网络舆情事件的舆论特点中分析网络舆论环境的变化，进而提出优化和改进的理念和路径。

一　2017年河南网络舆情事件及舆情特点

网络舆情事件是指在特定时间内成为网络舆论焦点的社会事件。具有冲击性的社会事件点燃其背后的社会情绪、激起集体认同，在网络上聚焦、扩散并产生强烈的舆论效应，这是网络舆情事件的演变轨迹。社会矛盾的凸显是其产生的背景，特殊的具有象征意义的社会事件是引爆点，而网络起到了聚焦的作用。因此，网络舆情事件虽然以事件为核心，但其构成并非“事件＋网络”，而是“事件＋社会背景＋网络”。2017 年发生在河南但影响广泛的网络舆情事件依旧较多，具有典型意义的有 22 起（见表 1），表现出以下特点。

表 1　2017 年河南省网络舆情事件汇总

时间	事件	时间	事件
2017 年 1 月	猛禽因持续雾霾无法觅食被饿晕	2017 年 5 月	电梯劝烟猝死事件
2017 年 2 月	记者采访火灾事故遭殴打	2017 年 6 月	洛阳广场舞老人抢场地打人事件
2017 年 3 月	濮阳小学踩踏事故	2017 年 6 月	女子被车撞倒无人救助遭二次辗轧死亡事件
2017 年 3 月	农妇短信骂镇领导被拘十日	2017 年 6 月	项城城管队员高考送水点索要矿泉水
2017 年 3 月	高速公路施工方与村民群殴	2017 年 7 月	新乡小麦“镉污染”事件
2017 年 4 月	永城公安局领导子女违规入警	2017 年 7 月	“幼女编造被老师强奸”事件

续表

时间	事件	时间	事件
2017 年 4 月	农民挖三棵蕙兰被判三年	2017 年 8 月	“大妈涉黑团”讨债事件
2017 年 4 月	“臭脚盐”事件	2017 年 8 月	宝丰交警“雨中摆拍”事件
2017 年 5 月	中储粮河南万吨小麦“被忘”7 年变质	2017 年 10 月	2016 年平均工资河南垫底
2017 年 5 月	驻马店某区官员带队强拆合法民宅	2017 年 11 月	卢氏“土坯房”县委书记落马
2017 年 5 月	宝丰某小学教师猥亵 9 名女学生	2017 年 12 月	信阳某高校男生自曝被学校合作企业老总性侵

（一）网络舆情事件数量不减、涉及面扩大，但关注度和影响力却出现了分化的局面

由于人口基数等原因，河南一直是网络舆情事件的高发地。2017 年发生在河南被网络关注的典型性舆情事件依旧较多。从时间上看，这些事件贯穿全年，几乎每一个月都有舆情事件的发生。从内容上看，除了强拆、司法不公、警察城管违规、基层官员作风粗暴、环境污染这些老问题之外，社会伦理问题、师德、老年人行为、食品安全等都成为引发舆论关注的问题。虽然舆情事件数量并没有减少，并且涉及面也在扩大，但受关注的程度和产生的影响却产生了分化。大部分事件被网络所聚焦的时间很短，在产生舆论波动之后就迅速“平静”，只有少数事件产生了发散式的“涟漪效应”。相对于其他事件，“臭脚盐”“电梯劝烟猝死”“广场舞老人抢场地打人”“女子被车撞倒无人救助遭二次辗轧死亡”“幼女编造被老师强奸”事件属于影响较大的事件。“臭脚盐”事件牵涉到食品安全、盐业体制、盐业改革等问题；“广场舞老人抢场地打人”事件的背后是几年来频频出现的所谓老年人“变坏”问题；“电梯劝烟猝死”事件涉及生命、伦理及法律问题；“女子被车撞倒无人救助遭二次辗轧死亡”事件折射了人心的冷漠；“幼女编造被老师强奸”事件牵涉到师德沦丧与司法不公问题。这类事件背景复杂，容易引发网民的热议，成为少数受到持续关注的事件。与以往不同的是，那些一

再发生的旧议题虽然也能引发舆论波动，但由于存在情绪麻木、“审丑疲劳”等问题，难以形成大的波澜。近年来网络空间一个突出特点是，网络舆情事件产生了分化，多数事件的冲击性开始减弱，只有少部分事件才能引发媒体、网民的持续性参与。

（二）涉官事件在网络舆情事件中依然占据较高比例

涉官事件在网络舆情事件中的比例一直较高，在河南也不例外。在上面列举的22例网络舆情事件中，涉官事件有12例，占总数的五成以上。“记者采访火灾事故遭殴打”“农妇短信骂镇领导被拘十日”“永城公安局领导子女违规入警”“官员带队强拆合法民宅”“城管队员高考送水点索要矿泉水”事件与官员或基层政府工作人员直接相关。“卢氏‘土坯房’县委书记落马”事件之所以会引起网络关注，是因为事件具有讽刺意味。“猛禽因持续雾霾无法觅食被饿晕”、“臭脚盐”、“中储粮河南万吨小麦‘被忘’七年变质”、小麦“镉污染”、交警“雨中摆拍”属于与政府、部门管理相关的事件。“农民挖三棵蕙兰被判三年”牵涉到司法问题。十八大以来党风政风发生了深刻的变化，政治生态逐步好转，然而官员不作为、乱作为的问题并没有真正得到解决，悍吏、污吏冷漠无情、粗暴执法、祸害百姓的现象没有从根本上得到遏制，涉官网络舆情事件频发就是这种问题的直接表现。涉官网络舆情事件居高不下反映了基层治理的危机，如果不加以重视，会在某种程度上销蚀反腐败所取得的成果。

（三）拆迁恶性事件减少，社会伦理事件增多

强拆所造成的恶性事件是近年来网络舆情的焦点。“新郑半夜强拆”事件（2014年）、“艾滋病拆迁队”事件（2014年），“洛阳拆迁坠亡”事件（2015年）、“平顶山暴力拆迁”事件（2015年）、“郑大四附院遭强拆”事件（2016年）、“郑州惠济区薛岗村拆迁户杀人”事件（2016年）是这类恶性事件的典型，产生了极其恶劣的社会影响。2017年，这类恶性事件减少，引起舆论聚焦的只有“驻马店某区官员带队强拆合法民宅”事件。拆迁恶

性事件的减少虽然不能排除时间上的偶然性，但也存在一定的必然性。盲目“撤村并居”的政策环境不复存在，政府对乱拆迁问题加大了治理力度，这是拆迁恶性事件减少的直接原因。在强拆恶性事件减少的同时，社会伦理事件开始增多，校园欺凌、性侵、猥亵儿童、老人“变坏”、人心冷漠成为网络热点话题。“电梯劝烟猝死”、“广场舞老人抢场地打人事件”、“女子被车撞倒无人救助遭二次辗轧死亡”、“幼女编造被老师强奸”、“大妈涉黑团”讨债、“高校男生自曝被学校合作企业老总性侵”就属于这类事件。在老人“变坏”、师德沦丧、人心冷漠的话题背后，是人们对社会伦理状况的忧虑。

（四）网络舆情的持续性减弱，“断头新闻”现象突出

网络舆情的持续性是反映舆论环境和社会心态的一个重要内容。过度的炒作所造成的舆情不正常扩散并不是好现象，但缺乏持续性同样也不是好的现象。网络事件在没有结果或是非曲直没有清晰的情况下消退，这并不是一种治理的状态。在基层治理能力没有本质性提升的情况下，舆情缺乏基本的持续性，这应当被视为一个问题。舆情缺乏持续性最直接的表现是“断头新闻”的增多。“断头新闻”又称作烂尾新闻①，是指舆情事件或焦点新闻在没有结果的情况下不再被舆论关注，因而没有相应的后续调查和问责措施。在2017年河南网络舆情事件中，这种断头或烂尾新闻非常突出。“驻马店某区官员带队强拆合法民宅”最初由“中国质量万里行”记者报道，在网络上引起了一定程度的关注，然而并没有像过去同类事件那样产生强烈的震动，也缺乏后续的围观行为。当地官员回应民宅是在拆除已签订补偿协议房屋时被带倒的，这种“漏洞”明显的说法也没有像往年那样引起质疑。“信阳某高校男生自曝被学校合作企业老总性侵”视频在网上发布之后，被一些大网站转载，但也仅仅成为一个话题，并没有像往常那样被持续跟踪，也没有人去关注其调查、处理结果，事件在很短时间内就消失在公众视野中。“记者采访火灾事故遭殴打”事件虽牵涉到新闻媒体，但同样也只是引

① 代丽丽：《断头新闻的实质与原因分析》，《西部广播电视》2014 年第 6 期。

起关注而已。当地乡政府虽然道了歉，但连打人原因及打人者的身份都没有公布，即便如此，也没有持续的跟踪报道和网络围观，事件成为“断头新闻”而很快被“平息”。“农妇短信骂镇领导被拘十日”、“高速公路施工方与村民群殴”事件、新乡小麦“镉污染”事件同样也是如此，在没有最终结果的情况下被媒体和民众“忘却”。网络事件一般都存在形成、高涨、蔓延、消退四个阶段，然而近几年这种状况发生了变化，只有少数“特大”事件才会被持续关注，大部分事件往往在刚刚引起网络关注之后就消退，这并不是正常的现象。

二　从网络舆情事件看网络舆论环境的新变化

网络舆情事件并非偶发的、孤立的事件，而是矛盾、风险的结果，在偶然性中包含着必然性。网络舆情事件的舆情也不是事件的直观反映，而是事件与舆论环境共同作用的结果。从网络舆情事件特点可以看到网络舆论环境的变化。

（一）网络舆论趋于理性，但“理性”中伴随着麻木

近年来网络生态环境发生了变化：网络“大 V”的影响力逐步回归正常状态；网络水军操纵舆论、少数官员挟持官方的现象不再像过去那样普遍存在；同时侮辱、谩骂、围攻、诽谤等行为受到遏制，民谣、官谣泛滥的现象也逐步减少。舆情事件的网络舆论也不像过去那样，完全一边倒，网民正从盲信、盲从中走出来，开始有了独立的思考。虽然负面情绪依旧存在，但舆论表达却不再毫无顾忌，暴戾之气受到控制，网络舆论正趋于理性。然而，在这个过程中却伴随着另一个问题，即舆论的麻木性。这表现在以下几个方面：其一，网民对公共话题的热情减弱，猎奇式、娱乐化的玩世心态开始流行。这种心态与怨气结合在一起，其表现就是看热闹和说狠话，对公共生活缺乏真正意义上的参与。其二，对怪事见怪不怪。在社会矛盾凸显、怪事大量出现的时期，容易产生“审丑疲劳”，这种疲劳和玩世心态结合在一

起，就是对现状的确认，这是人心冷漠在网络公共空间的表现。其三，义愤被单纯的愤怒取代。义愤是基于道义的愤慨，而单纯的愤怒却只是情绪的发泄。正因为愤怒取代了义愤，人们不再关注事件的处理结果，公共事件很容易在宣泄后冷却。近年来，一些地方政府部门的麻木不仁、基层政府工作人员的冷酷无情对社会造成了很大的伤害，如果舆论陷入麻木的状态，监督的力量就会减弱。舆情理性与麻木并存的现象是网络公共空间出现的新问题，其形成的原因较为复杂，有社会心态变化的因素，但管理手段单一是问题产生的直接原因。

（二）网络舆情呈现热点更热、一般性话题“瞬间即逝”的现象

在社会矛盾凸显的时期，各种刺激民众的心理和情绪的舆情事件不会减少，但事件爆发的强度和烈度却不一致。近年来，网络舆情的“马太效应”非常明显，即热点更热，而一般性话题很快在公众视野中消失。从全国范围看，2017 年网络舆情热点集中在“于欢案”“榆林产妇跳楼”“泸州校园死亡”“杭州保姆纵火案”“江歌案”等事件之上，这类事件因为本身的震撼性、冲击性及背景的复杂性迅速成为网络舆论关注的焦点，引发网民关注和围观。与这些热点事件相比，大多数事件虽然在一开始有一定的热度，但却消退得很快。从 2017 年河南的网络舆情事件看，舆情的“马太效应”同样非常明显，同样是少数事件被网络持续追踪和关注，多数事件在被网络曝光后很快消退，有些甚至不需要调查结果就不了了之。这种聚焦少数“大事件”的现象是近年来网络舆情的新变化，其中蕴含的社会信息值得思考。网络舆情的“马太效应”与事件本身有关，即事件激起了本已存在的集体认同，但同时也应该看到管理方面存在的问题。近年来，政府加大了对网络负面行为的打击力度，遏制了谣言泛滥、网络暴力的增长势头，但也产生了一些意想不到的“效果”，即正常的发声也受到了制约。网民及自媒体更愿意参与、围观已经成为热点的事件，在热点事件中发泄情绪，这种跟风现象并不是简单的情绪感染，在特定环境下恰恰是一种理性的选择。跟风与冷漠其实是对同一问题的两种表现，它并不是一个简单的心理问题，有一定的社

会含义。当舆论焦点越来越少的时候，舆论观点的极化会更加严重，网络舆情的“马太效应”应该引起重视。

（三）地方政府和部门舆情应对水平整体提升，但治理理念仍未树立

网络媒介的出现在一定程度上改变了官民话语权结构，地方政府对网络舆情的应对经历了由不适应到主动应对的过程。2017 年网络舆情事件虽然较多，但总体上并未失控，在一些事件中，地方政府部门的应对正走向成熟。比如“幼女编造被老师强奸”事件，虽然事发地的应对存在问题，但在上级部门介入后就出现了转折。2017 年 7 月 4 日微博上爆出“河南 12 岁女生被两教师强奸，而警方竟然拒绝立案”的帖子之后，周口西华县公安局当天发布辟谣通报，通报认定该帖是制造噱头、吸引眼球，并有“经过公安机关调查其所发信息严重失实”的字样，这种火速辟谣、快速发布“调查”结论的做法起到了相反的作用，网民认为这个通报坐实了微博帖子的内容。7 月 5 日，上级部门周口市公安局重新发布通报，称已经注意到该事件，决定“由市公安局组成专案组，接手对该举报案情的调查。我局将根据调查的结果依法依规处置，并主动提请检察机关实施法律监督”。这种通报起到了良好的作用。随着相关事实的展现，真相大白，舆情发生反转，这种展示真相的应对反而让那些轻易下结论的网络评论者反思其言行。周口公安局的应对处置显示了一定的水准。从总体上看，地方政府在监控舆情上下了很大的功夫，舆情应对摆脱了堵、捂、压的习气，官方为官员或工作人员买单的问题开始减少，由应对而产生次生舆情的现象也越来越少，舆情应对的水平有了整体的提升。然而对网络舆情的认识还停留在被动防控和应付之上，消除负面影响是其出发点，是一种压力型应对方式，并非真正以解决问题为出发点。一旦“新闻断头”、压力解除，就不见后续处理结果。这一点在“记者采访火灾事故遭殴打”“农妇短信骂镇领导被拘十日”等事件中表现得非常清楚。治理的本质不是搞定，而是主动解决问题，只有摆脱官民对立的思维方式，树立舆论共同体的理念，才能真正将

网络舆情变为改善现实的力量。虽然地方政府舆情应对的水平有所提升，但这种治理理念并未建立。

三　网络舆论环境治理的理念与路径

网络空间具有虚拟性，但网络舆论却并不是虚拟的，而是舆论主体之间相互作用的产物。虽然社会事项（舆论客体）有着本来的是非曲直，然而是非曲直的彰显却是一个“自为”的过程，有赖于舆论主体克服私障、消除“意必固我”。舆论主体之间不是力量比拼的关系，而是互动关系，这种互动并非将自我意志强加于人，而是不断地修正自身的立场、态度和先入之见，回归真相和公道。公共事件需要舆论引导，但这种引导不是操纵人们的意识、控制人们的行为，而是去除附着于事件上的私利、私意、情绪，彰显是非曲直。在网络舆论环境的治理问题上，不存在只能管而不能被管的主体，也不存在只能被管而不能管理的客体，网络舆论环境中存在的问题不是由一方造成的，而是舆论主体共同的责任。网络治理是社会治理的重要环节，“各个平等的治理主体之间的互信共识和良性互动，是治理取得成效的先决条件”。① 如果将“防人之口”作为出发点，那就完全违背了治理的本质。将官方视为舆论的客体和管理舆论的主体，将民众视为舆论的主体和管理舆论的客体，这是把舆论共同体一分为二，绝对不可能实现优化舆论环境的目标。

（一）树立舆论共同体的理念，以主体间共治取代主客体管控

“突发事件的网络变异并非简单的传播问题，而是事件、背景、网络、应对失当等多种因素共同作用的结果。”② 网络舆情并非网络单方面制造出来的，其产生原因及影响都具备社会性。舆论环境的治理同样也是社会性

① 童星：《从科层制管理走向网络型治理——社会治理创新的关键路径》，《学术月刊》2015年第10期。

② 殷辂：《突发事件的网络变异及其规制》，《中州学刊》2014年第6期。

的，若只有政府管理而没有民众的参与，网络舆论环境不可能真正走向理性。舆情失真或变异也并不是官民中的一方造成的，而是官民共同的问题。政府与民众不是主客体的关系，而是主体间关系，只有各尽其分、协同治理的问题，而不存在政府对民众的管制和驾驭的问题。以主体间共治取代主客体管控，树立舆论共同体的理念，消除横亘在官民之间的障碍，防止官方被少数官员挟持、网民被网络炒手操纵，这是网络舆论环境治理的关键所在。舆论治理不是防人之口，而是相互协同、相互监督；遏制网络谣言、网络暴力也绝非官对民的管制，而是官民共同的责任。悖理用强，依靠技巧搞定舆论，只能使舆论环境更加恶劣。

（二）激活网络活力，形成常态化的监督机制

在社会矛盾凸显的时期，舆论的不正常平静并不是好现象。以遏制网络活力为代价的管制，只会激发网络媒介的负面作用。民众的话语表达乃至于诉求都是参与社会治理的一部分，情绪化或极端化只是暂时的问题，完全可以在公开的互动中消除。从对立的思维出发，将网络视为被管控的客体，实际上是将自身孤立于网络之外，在这种情况下，网络舆论环境不可能得到改善。网络治理的前提是相信民众的良知和理性、保持网络活力，只有这样才能真正发挥舆论的正面作用。在诉求表达机制不健全、监督渠道缺失的时期，更应该激活舆论的监督功能，形成常态化的监督机制。扩充舆论表达渠道，激发民众理性参与公共事件的热情，提升舆论力量并作用于现实，形成合理的诉求有道义力量的支持，不合理的诉求有道义力量制约的氛围，这是建立常态化舆论监督机制的关键。

（三）建立网络与现实的互动机制

公共事件如果只停留在网络围观层面而不涉及问题的解决，就不可能真正得以平息。时间虽然能冲淡舆论，但并不能稀释问题，在公共事件是非曲直没有彰显的情况下，即便淡出公众的视线之外，也只是暂时的消退，其遗留的问题比如对公共部门的失望、怀疑、不满将转移到新的事件之中。目前

的问题是，网络仅仅成为口头力量的汇集地，网络舆论只有触动上层机关和部门才能发挥现实的作用，缺乏正常的参与渠道。一些地方政府的舆情监控和处置仅仅是消极应对、消除影响，与解决问题相脱节。要真正发挥网络舆论的正面作用，必须建立网络与现实的互动机制，杜绝少数官员绑架官方的现象，促使舆论所涉及的问题真正得到解决。只有还原真相、还原是非、还原责任，才能释放风险、平息事件。

（四）在彰显是非曲直的基础上疏导舆情

网络舆情疏导并非官对民的疏导，而是共同寻求真相和公道，促使网络事件涉及的问题得到公正的解决。因此，舆情疏导不是单纯的技术问题[①]，而是主体之间逐步建立共识的过程，而这种共识是以事件的是非曲直为基础的。首先，舆情疏导的前提是允许人们发表不同的看法。在意见分歧之下保证在态度、规范上存在基本的共识，这是形成意见共识的基础。若缄口不言，就没有舆情，就不存在疏导问题，只有畅所欲言，才能真正消除戾气。其次，舆情疏导不是力量的比拼，而是诉诸良知和理性。舆情虽然以事件为核心，但并不外在于人，去除私障和蛮横，消除预设立场和先入之见，是非曲直就能够彰显。最后，舆情疏导需要建立公开的互动沟通机制。“是非之心，人皆有之”，保障人的独立性，在公开、理性的基础上理性沟通，就能够形成基于真相和公道的共识。

---

① 殷辂：《网络群体性事件之舆情引导相关研究评析》，《中共郑州市委党校学报》2017 年第 1 期。

B.17
2017年度河南十大社会热点问题分析报告

李三辉*

摘　要： 作为社情民意的集中体现，社会热点问题一直是透视经济社会发展状况的直观之窗。聚焦社会热点事件，关注舆情发生、传播及后续运行态势，有助于全民共同审视社会突出问题并促进其合理解决，助推社会治理。2017年河南十大社会热点问题包括：郑州建设国家中心城市问题、大气污染治理问题、公务部门"四风"建设问题、劝阻社会不文明行为问题、城市公共服务短板问题、住有所居问题、高等教育发展问题、脱贫攻坚问题、"智汇郑州"人才新政问题、公立医院医改问题。

关键词： 河南　社会热点问题

网络化时代的当下，尤其是伴随着移动社交媒体和自媒体的扩展，越来越成为一个不缺信息且资讯繁杂的时代，也越来越成为一个新闻难辨真伪且缺少真相的时代。2017年的网络舆论场继续着新闻热点的更迭变幻，公众的关注轨迹也历经着线路切换，但网络喧嚣过后沉淀下来的始终是民众关切最深的社会问题。经过认真筛选，按照事件发生的大致

* 李三辉，河南省社会科学院社会发展研究所研究实习员。

时序，我们整理出了2017年度牵动河南社会民生的十大热点问题：郑州建设国家中心城市问题、大气污染治理问题、公务部门“四风”建设问题、劝阻社会不文明行为问题、城市公共服务短板问题、住有所居问题、高等教育发展问题、脱贫攻坚问题、“智汇郑州”人才新政问题、公立医院医改问题。

一　国家中心城市建设开启郑州迈进全球城市新征程

2017年1月，国家发改委出台《关于支持郑州建设国家中心城市的指导意见》，具体明晰了2016年12月国务院批复的《促进中部地区崛起“十三五”规划》中“支持武汉、郑州建设国家中心城市”的决策部署，提出郑州市要努力建设具有创新活力、人文魅力、生态智慧、开放包容的国家中心城市，在引领中原城市群一体化发展、支撑中部崛起和服务全国发展大局中做出更大贡献。[①] 6月5日，《河南省建设中原城市群实施方案》出台，提出“要把郑州国家中心城市建设作为首要突破口”。为加快推进郑州国家中心城市建设，8月14日，郑州市第十一届四次全会谋划到2030年将郑州全面建成国家中心城市，向全球城市迈进，并明确了郑州6大城市定位，即国际综合枢纽城市、国际物流中心、国家重要的经济增长中心、国家极具活力的创新创业中心、国家内陆地区对外开放门户、华夏历史文明传承创新中心。[②]

国家中心城市建设带给郑州新时代的历史发展机遇，这个战略定位一是将极大提升郑州综合经济实力，增强郑州的综合服务能力，在中原城市群发展、促进中部地区崛起的征程中发挥更大的引领辐射作用；二是促进供给侧结构性改革在中部地区的深化实践，带动以郑州为腹地中心的人力资源、市

① 《国家发展改革委关于支持郑州建设国家中心城市的指导意见》，河南日报网，2017年1月24日。

② 《郑州进一步明确六个定位 2030年全面建成国家中心城市》，河南日报网，2017年8月14日。

场资源、功能平台等优势资源的整合与转化，加快新旧动能转换；三是更加凸显郑州作为新亚欧大陆桥经济走廊主要节点城市、重要综合交通枢纽、商贸物流中心和内陆进出口大市等区位优势，打造内陆开放高地、推动“一带一路”建设。下一步，郑州要继续紧贴国家中心城市建设的战略思路，一是充分利用自身优势推进“郑中心”建设，一方面发挥郑州区位交通运输这一最大优势，打造国际性综合性交通枢纽；另一方面将国家战略叠加下的政策优势转化为生产力优势，如中原经济区、郑州航空港经济综合实验区、中原城市群、中国（郑州）跨境电子商务综合试验区、郑洛新国家自主创新示范区、中国（河南）自由贸易试验区、国家综合交通枢纽示范城市等。二是要不断培育新经济，夯实产业支撑基础，提升综合影响力，消解郑州经济实力不强的突出问题。三是全方位融入“一带一路”建设，大力强化“临空经济”发展，持续提升郑州现代化水平和国际影响力，创新开放型经济发展模式。当前，新时代下的郑州发展已站在了目标定位更高的历史起点上，开启了向全国乃至全球城市体系中更高层级城市迈进的新历程。

二　“雾霾假”与“限号行”相继来袭诘问全省大气污染何时息

近年来，空气污染问题一直是广大民众关心的焦点议题，虽然大气环境治理作为生态文明建设的重要层面始终受到政府重视，但河南省大气污染防治依然面临严峻形势。2018 年 1 月，环保部发布了 2017 年全国 74 个城市空气质量排行状况，郑州市虽然取得了三年来的最好成绩，比 2015 年进步 4 名，比 2016 年进步 2 名，但依然未能退出全国“后十”，位列全国倒数第 9。[①] 正是因为大气环境污染程度的持续恶化，“雾霾假”在多地出现，即中小学生因雾霾停课。2017 年 1 月 3 日是元旦节后第一天，由于雾霾红色预

① 《环境保护部通报 2017 年 12 月和 1 ~ 12 月重点区域和 74 个城市空气质量状况》，中华人民共和国生态环境部网站，2018 年 1 月 18 日。

警并未解除，郑州市教育局发出紧急通知，全市中小学继续停课。值得注意的是，这已经不是郑州市第一次启动最高级别的红色预警，2016 年的 12 月中旬，“雾霾假”已经上演过一次。[①] 如果说“雾霾假”是大气污染下的无奈，那么全省机动车集中限行则是岁末改善空气质量的“焦急管控”。

2017 年 12 月，18 个省辖市和 10 个省直管县（市）相继实施机动车限行，而郑州市更是在 12 月 29 日发布了《关于实施机动车限行措施的通告》，将限行政策推向常态化，即从 2018 年起常规执行主城区工作日的限行政策。[②]

“雾霾假”“限号行”在给民众生活带来不便的同时，也让更多的人思考生态环境与自身的关系。一方面检视自身的生态意识和行为，另一方面可借助对放假原因的解释强化孩童们的环保教育，使他们从点滴做起。从全国范围来看，在为空气质量考虑而实行机动车限行的省份中同步限行超过 10 个省辖市的情况并不多，这一方面说明河南省大气环境状况不容乐观，另一方面也显示了河南省坚决应对大气污染的态度、治理攻坚的力度。不难理解，2017 年初“雾霾假”和岁末大限行的相继来袭是对政府治理能力的直接拷问，如何打好党的十九大部署的污染防治攻坚战，尤其是推进大气污染防治和蓝天保卫行动始终是民心所盼。

根据党的十九大和省委十届四次全会精神，2018 年河南《政府工作报告》提出，未来 5 年实现大气污染治理取得决定性成效，生态环境明显改观，其中 2018 年空气优良天数在 210 天以上。而根据郑州市创建国家生态园林城市的计划，2019 年 6 月底前，郑州市全年空气质量优良天数要不少于 292 天，任务目标艰巨。下一步，河南省应当持续开展大气污染防治行动，强化依法治污、精准治污、全民治污，以调整产业结构、能源消费结构、交通结构为重点取得治本层面的新突破，突出重点区域、行业、环节、时段，严格落实“六控”措施，高标准推动扬尘治理和“散乱污”企业治

① 《雾霾跨年格外凶　郑州小学元旦后连续两天停课》，人民网，2017 年 1 月 3 日。

② 《河南各地限行时间即将到期　郑州 2018 年继续限行　其他城市如何?》，大河网，2017 年 12 月 29 日。

理，持续减少大气污染物排放总量，完善重污染天气应急应对预案，坚决打赢蓝天保卫战，不断增强人民群众的获得感和幸福感。

三 “蹲式窗口”受到“人民的名义”拷问

2017 年 4 月 14 日，有网民在郑州市社保局注意到了《人民的名义》热播剧中光明区“蹲式窗口”的现实版。随后有媒体报道，郑州市社保局办事大厅一窗口柜台设计让办事市民“站立不安”，引发网络热议。报道图片显示，多名办事群众通过安全玻璃与柜台间的缝隙和工作人员交流，或弯着腰，或半蹲地上。而工作人员回应称：“网络曝光情况并不属实，社保局大多窗口为敞开式办公，仅有两个发放社保卡的窗口有隔板阻隔，但也配有椅子。近日前来更新社保卡的人较多，一些群众将椅子拉到了后面，所以才有了报道的图片。”① 随着事件的发酵，湖南株洲、辽宁沈阳等多地服务窗口相继被反映“过于低矮”“让人站也不是，蹲也不是”。据了解，早在 2014 年就有媒体关注此类问题，但并未改善。不过，针对这次“蹲式窗口”事件，郑州市社保局及时进行了整改，阻隔市民与工作人员的玻璃围栏已被拆除，服务台三面呈开放式，办事大厅重新启用叫号机，并增派工作人员维持秩序。②

多地“蹲式窗口”的存在引人深思，其危害也显而易见，这不仅“委屈”了群众，伤害了党群、干群间的感情，也损害了政府公信力、矮化了政府形象、违背了全心全意为人民服务的行动宗旨。此类事件发生的最主要原因是“四风”问题和“蹲式思维”顽疾的长期存在，也暴露出了一些基层部门为民服务理念的薄弱，反映出部分基层单位仍然存在“门难进、脸难看、事难办”的异化状态。如何消除此类现象，一是为民服务部门要切实转思维、改作风。十九大闭幕后不久，习近平总书记就专门对纠正“四

① 《郑州市社保局回应“窗口办事要蹲着”》，新华网，2017 年 4 月 15 日。

② 《多地“蹲式窗口”曝光　专家：为民服务岂能高高在上》，新华网，2017 年 4 月 19 日。

风”问题做出重要指示，强调“纠正‘四风’不能止步，作风建设永远在路上”。[①] 改变物理上的“蹲式窗口”只需移除就可达成，但要改变服务部门的“蹲式思维”则需久久为功，强化公职人员的人性化服务意识，使公职人员时刻将群众利益放在第一位，从细节上考虑百姓尊严，杜绝“蹲式窗口”出现，尤其是一些直接与基层民众打交道的服务窗口。二是完善责任倒逼机制。相关职能部门要继续强化对基本服务窗口单位的奖惩考核评价机制，通过满意度测评、意见反馈等多种形式将监督权、话语权、主动权交到民众手中，以服务质量为标尺对窗口服务单位进行动态奖惩，倒逼基层服务单位转思维、干实事。三是常态化开展公共服务部门的问题自查工作，未被曝光的问题单位也当立行立改，接受社会各界的监督。

四 “医生电梯内劝阻吸烟案”释放对社会不文明行为的劝阻鼓励信号

2017 年 5 月 2 日，在郑州某小区电梯里，医生杨帆劝阻一位老人吸烟引发争辩，其后不久老人突发心脏病猝死。杨帆被老人家属诉至法院，要求赔偿 40 万余元。9 月 4 日，根据公平原则，郑州金水区法院一审判决双方分担损失，裁定杨帆补偿老人家属 1.5 万元。一审判决后，杨帆认为自己无过错，认捐不认赔（补偿），也并未上诉。但老人家属上诉至郑州市中级人民法院。2018 年 1 月 23 日，郑州市中级人民法院认定，一审法院的判决适用法律错误，应予以纠正，杨帆不需要承担相应的法律责任。[②] 从整个事件的发展过程来看，其发生、一审、二审都备受民众和法学界的格外关注，“医生电梯内劝阻吸烟案”之所以引起广泛关注，很重要的一点是每一个个体在生活中都很可能会遇到类似的事情，因而激起了强大的共鸣。

事实上，关于在公共场所禁烟，很多地方性法规或规章都做出了相应规

---

① 《十九大后，习近平对“四风”问题再出重拳》，新华网，2017 年 12 月 15 日。

② 《医生劝阻吸烟案、朱振彪追逃致死案写入最高法工作报告》，澎湃新闻，2018 年 3 月9 日。

定。如郑州市就规定，公民有权制止在禁止吸烟的公共场所的吸烟者吸烟。《北京市控制吸烟条例》也规定，在禁止吸烟场所内，公民可以行使劝阻吸烟的权利。“医生电梯内劝阻吸烟案”以一种极端案例的形式向大众传达了日常法律问题和舆论信号，公民有劝阻他人在公共场所吸烟的权利，劝阻吸烟有利于保护环境、维护社会公共利益与公序良俗。鼓励依法劝阻不当行为，践行社会主义核心价值观。当然，这里有一个限度问题，所以郑州市中级人民法院召开“医生电梯内劝阻吸烟案”相关情况新闻发布会时提到，“杨帆在电梯内劝阻吸烟行为未超过必要限度，属于正当劝阻行为；劝阻吸烟行为本身不会造成死亡结果；杨帆没有侵害生命权的故意或过失”。[①] 不难理解，若是为了制止一个轻微的违法或违规行为而超出必要限度，致人重伤或死亡，则需承担相应的法律责任。

诚然，每一个司法案件都力求获得法律效果和社会效果，郑州市中级人民法院认为一审判决让正当行使权利的公民承担补偿责任，将会挫伤公民依法维护社会公共利益的积极性，不利于促进社会文明、引导良好公共环境。在社会舆论洪潮为改判叫好的同时，我们是否应该思考，抛开法律责任的界定，“医生电梯内劝阻吸烟案”死亡老人及其家属是否应该获得脱离法律判决外的人道主义关怀？杨帆未反驳一审并自愿捐赠补偿款的意图和行为？笔者认为，在法律铁定裁决之侧感知社会道德柔软亦是促进社会文明、维护社会主义核心价值观的彰显。毋庸置疑的是，此案受关注被讨论的意义已不止于事件本身，其所传达的社会期待扩展至“公民是否可以劝阻不当行为，后顾之忧何如?”正如郑州市中级人民法院的判决所阐述的那样，“每一起社会公众高度关注的热点案件，都是一堂全民共享的法治公开课，遵守法律法规和社会公序良俗，是每个公民的义务，维护社会公共秩序和社会公共利益，是每个公民的责任，对这种合法正当行为，人民法院依法予以支持和保

① 《郑州中院召开关于田某某诉杨某生命权纠纷一案相关情况新闻发布会》，郑州市中级人民法院网站，2018 年 1 月 23 日。

护，司法审判永远是社会正能量的守护者”![1] 正是在此类案件的推动下，最高人民法院院长周强在第十三届全国人民代表大会第一次会议上的工作报告中表明，依法审理“医生电梯内劝阻吸烟案”“朱振彪追赶交通肇事逃逸者案”，让维护法律和公共利益的行为受到鼓励，让见义勇为者敢为，以公正裁判树立行为规则，引领社会风尚。

五 “运动场地之争”揭示城市公共服务发展堕距

2017 年 5 月 31 日，河南洛阳王城公园篮球场内，跳广场舞的老人与打篮球的年轻人因为场地使用问题发生冲突，最终由言语冲突发展成为肢体冲突。一时间，一段“大叔大妈抢占篮球场跳舞与打篮球年轻人起冲突”的视频在网上被广泛传播，视频中数名老人包围住一名赤裸上身的年轻小伙，有老人对小伙子进行拉扯并捶打。据了解，此前双方就因为场地问题已发生过多次争执，对场地使用的时间一直协商未妥，只不过矛盾在当天爆发升级。事后，民警对案件进行了调查，当事双方达成调解协议，公园管理方暂时关闭了篮球场。[2] 国内众多媒体和自媒体都对事件进行了相关跟踪报道，此事件作为一个爆发点引出了“城市建设”“公共服务”“代际冲突”“道德文化”等一系列话题，在社会上引起持续讨论。

公园争夺篮球场的事件虽然得到平息，但其背后隐藏的问题依然存在。一个新闻事件之所以能引起轩然大波，是因为此类事件折射出的问题具有普遍性，随着城市建设的发展和人民生活需求的日益扩大，健身运动场地紧张、公共休闲空间不足的情况在全国各地大量存在，尤其是在大城市、中心城市和特大城市表现较为突出。党的十九大指出，中国特色社会主义进入新时代，我国社会主要矛盾已经转化为人民日益增长的美好生活需要和不平衡不充分的发展之间的矛盾。具体到“场地之争”所涉及的城市公共服务发

① 《郑州中院召开关于田某某诉杨某生命权纠纷一案相关情况新闻发布会》，郑州市中级人民法院网站，2018 年 1 月 23 日。

② 《广场舞老人殴打篮球小伙　抢球场背后的场地尴尬》，人民网，2017 年 6 月 3 日。

展问题，政府要充分承担公共管理职能，提升公共服务能力和水平，尤其是在做城市建设规划时一定要科学全面谋划、提高站位，力求一张蓝图绘到底、做好城市发展的中长期规划，通盘考虑运动场地、休闲设施等民生需求，切实满足人民日益增长的美好生活需要。针对老城区、建成区休闲场地缺乏的现象，城市管理者应当着力做好“城市修补”工作，充分利用街头空地、公园游园等，将其建成便民休闲场地，提高使用率。同时，可以协调开放一些学校、单位的运动场地，分时段共享使用。

从网上对该事件的热烈讨论看，一些媒体、网民不断将焦点对准老年群体，将事情扩展到“公交让座风波”“倚老碰瓷”“老人变坏”等话题上，进而引发了对“代际冲突”“道德文化”等的讨论。对于舆论场中的网络极化情绪，我们也应当保持警惕，清醒对待将个体责任推给群体的言论，为自属群体发声时多一点理解包容，尤其是在当今的自媒体时代，新闻工作者、媒体人和个体理当客观公正地还原事情真相，避免引发对立和撕裂，造成舆情混乱。这也要求政府等公信部门在处理舆情事件时，要以正确的姿态对待网络舆情，迅速跟进、及时发布调查结果，加强对不当言论的动态监管，进而维护自身公信力，净化网络舆论生态。

六　河南发力“租购并举”　推动中原百姓“住有所居”

住房保障是广大人民群众的一项基本生活需求，尤其是对城镇居民而言更为重要，住房政策动向历来是公众关注的焦点。近年，河南多个城市房价攀升，尤其是郑州市中心城区房价出现了疯涨现象，2017 年以来郑州市频繁出台多条限购政策，从需连续缴纳 2 年社保（限非郑户口），到增加利率，再到限购区域扩大到荥阳、中牟、新郑等地，郑州房价才有所稳定。一方面是过于火热的购房，另一方面是“重售轻租”。为了让房地产市场长期健康发展，“租购并举”是至关重要的一环。为此，河南省大力推进住房租赁试点工作、培育房屋租赁市场，2017 年 7 月 31 日，省住建厅下发《关于进一步推进郑州市住房租赁试点工作的意见》，要求郑州市完善试点方案，保障租购同权。[①] 8 月 14 日，郑州市发布《培育和发展住房租赁市场试点工作实施方案》，指出要以建立购租并举的住房制度为主要方向，降低房地产的投资属性，增强住房的居住属性，引导居民转变住房消费观念，促进住房租赁市场持续健康发展。11 月 10 日，省住建厅召开住房租赁试点工作推进会，助力郑州、开封、洛阳三市住房租赁试点工作。[②] 随后，省委深改组也将建立多主体供给、多渠道保障、租购并举的住房制度作为重大工作事项，全省各地住房租赁市场急剧升温。

培育和发展住房租赁市场，有利于改善住房供应结构，稳定房屋租赁关系，形成购租并举、一二三级市场协同发展的良好格局，实现“房子是用来住的，不是用来炒的”基本定位。培育和发展住房租赁市场，加大人才公寓建设力度，有助于增强城市对人才的吸纳力，解决不同层次群体的住房需求，缓解房地产市场供求矛盾。公租房是实现“住有所居”的一个重要渠道。2010 年，河南开始建设公租房，截至 2017 年 11 月，全省公租房已完成分配 85.97 万套。[③]《2018 年河南省政府工作报告》指出，过去五年累计分配保障房 90.2 万套，2018 年基本建成各类保障性住房 34 万套，推进民生事业发展。[④] 对照河南实际，下一步仍需深化住房体制改革，加快建立多主体供给、多渠道保障、租购并举的住房制度，因地制宜发展共有产权住房，有序推进郑州等地住房租赁市场试点工作；不断创新管理机制以确保住房分配公平，引导多方投资，努力缓解资金瓶颈；依据住房需求，构建以商品房、公房、公共租赁房、经适房、安置房、培育发展住房租赁市场等为内容的住房供应体系，因城施策做好房地产市场稳定工作；增加土地供应，有效解决住房供给问题，并进一步强化公租房保障，将符合条件的机关事业单位、高等院校、公立医院、科研院所和国有企业青年人才，以及其他新就业

---

① 《河南省住建厅下发意见推进住房租赁试点工作》，新华网，2017 年 8 月 1 日。

② 《郑州：租购并举新举措　住有所居新保障》，新华网，2017 年 11 月 15 日。

③ 《我省已建公租房 115 万套　总量全国第一》，《郑州晚报》，http：//zzwb. zynews. cn/html/2017 - 12/23/content_ 916530. htm。

④ 《2018 年河南省政府工作报告》，河南政府网，http：//www. henan. gov. cn/zwgk/system/2018/01/31/010764471. shtml。

无房职工、外来务工人员等纳入保障范围；持续推进保障性安居工程建设，统筹做好大棚户区拆迁安置工作，加快老危旧房改造和城市有机更新工作，确保人民群众安居乐业，社会和谐稳定。

七　郑大、河大入选“双一流”　河南高等教育发展迎来时代机遇

教育作为社会民生的重要方面，一直都备受各界人士关注，2017 年引发河南人民强烈反响的教育事件首推郑大、河大入选“双一流”。2017 年 9 月 21 日，教育部揭晓了备受社会各界关注的世界一流大学和一流学科（简称“双一流”）建设高校及建设学科名单。它是继“211”“985”工程之后，我国实施的又一个含金量极高的高等教育重大发展战略。在“双一流”建设名单中，郑州大学成功进入一流大学建设高校序列，其中临床医学（自定）、材料科学与工程（自定）、化学（自定）3 个专业被列入一流学科建设计划；河南大学则进入一流学科建设高校行列，其中生物学学科进入一流学科建设计划。目前，郑州大学、河南大学都已出台了“双一流”建设方案，通过“三步走”迈向世界一流。[①] 事实上，从国家“双一流”建设方案的酝酿，到各个省份出台政策支持辖区高校建设高水平大学，再到“双一流”建设名单的公布，“双一流”方案在全国范围尤其是高校内引起持续关注。就河南实际而言，2016 年 7 月，河南省决定重点建设 2 ~ 3 所国内高水平大学、7 ~ 10 所特色骨干大学等，并决定分两期投入 31 亿元打造一批具备世界一流水平的优势特色学科。省十次党代会报告提出，支持郑州大学、河南大学等有条件的高校争创一流大学、一流学科。[②]

从全国广泛关注“双一流”建设问题和河南两所高校入选建设名单，我们可以看出：一是教育越来越成为经济发展背后全社会最迫切的需求。

---

① 《郑大、河大入选“双一流”意味着什么?》，新浪教育，2017 年 9 月 22 日。

② 《国家“双一流”建设河南不能再缺席了》，《河南日报》2017 年 2 月 15 日。

历经了改革开放40年发展的今天，人们获得优质教育尤其是高等教育的需求越来越超过衣食住行等基本需要，同时，作为实现社会阶层流动、获取社会进步的重要途径，教育承载了一代又一代人民的社会期待和对美好生活的向往。所以，每一次教育制度改革和教育政策变动都牵动着广大民众的内心。二是河南高等教育发展取得了历史性突破。多年来，拥有1亿多人口、经济总量持续位居全国前列、多名城市入围全国百强城市的河南省，高等教育资源严重匮乏，没有一所“985”国内一流高校。但是，对照此次“双一流”建设名单，从省份分析来看，河南省收获最大，郑州大学从众多“211”高校中脱颖而出进入一流高校建设名单，河南大学也从众多竞争对手中挤进一流学科建设名单，两所高校的成功入围在河南高等教育发展中具有划时代意义。三是国家对河南优质教育发展的重视和支持。两所龙头高校成功入围“双一流”体现了国家对河南这个1亿人口大省的重视，对河南创办优质高等教育的支持。同时，也在一定程度上回应了河南人民长期以来对高等教育资源配置不均、高考制度改革等问题的急切呼喊和教育焦虑，有利于开发河南巨大的人力资源、回流优秀人才，助力河南经济社会发展和国家现代化建设。可以预见的是，“双一流”建设是促进河南高等教育发展的最好时代机遇，它并不单单是郑大、河大迈上新台阶的机会，也使省内其他高校成为“双一流”建设的参与者、受益者。下一步，河南省需要切实充分对接国家“双一流”战略部署，完善全省高校建设方案和拓展政策支持，吸引更多社会资金办好高等教育，全面提升高等教育质量。

八　兰考、滑县领跑全省脱贫摘帽之路

打赢脱贫攻坚，事关经济社会发展大局。2017年，河南省在脱贫攻坚方面交了一份漂亮的“成绩单”。3月27日，河南正式宣布，兰考率先脱贫，成为河南贫困退出机制建立后首个实现脱贫的贫困县。一时间，“兰考脱贫”成为网络热词，因为对于在2013年底还有7.94万贫困人口的兰考来

说，短短三年，便在河南省率先脱贫“摘帽”，实属成就巨大。[①] 10月31日，《河南省人民政府关于批准滑县退出贫困县的通知》正式下发，滑县成为河南省继兰考之后第二个实现脱贫摘帽的贫困县。[②] 截至2017年底，河南还有农村贫困人口221万，贫困县和贫困村分别为51个、3723个。2018年要摘帽贫困县33个，实现110万人口脱贫，2019年要退出所有贫困县。[③] 因此，兰考、滑县的率先脱贫意义重大，它们为河南省打赢脱贫攻坚战树立了标杆、积累了宝贵的脱贫经验，为实现全面小康社会奠定了良好基础。

从脱贫实践来看，河南将脱贫攻坚作为显要政治任务和民生第一大事来抓，重点在“两不愁、三保障”上强化落实，确保国家和省内政策部署在各地生根，做到脱真贫、真脱贫。一是紧跟中央扶贫脱贫精准思路，从单纯做到脱贫向着眼于经济社会发展全局来开展工作转变，结合实际具体化实施“五个一批”工程，大力推进了产业扶贫等长效具体举措。据统计，2017年河南有101.1万人通过转移就业促脱贫，约占贫困劳动力总数的74%；实施了产业扶贫项目7412个，覆盖217.3万人次的贫困人口。[④] 二是重点倾斜深度贫困地区，出台《关于支持深度贫困地区脱贫攻坚的实施意见》，从财政金融、产业项目、易地搬迁、教育医疗等9个方面对“三山一滩”重点区域和深度贫困的县、村全力攻坚。三是资金投入力度空前，2017年河南投入各级专项扶贫资金132.63亿元，较2016年增长240.3%；全省贫困县统筹使用235亿元财政涉农资金，较2016年增长87.3%。截至2017年11月底，扶贫再贷款余额125.7亿元，使用量居全国第3位。[⑤] 四是广大扶贫干部和群众通力合作，努力做到扶贫与扶志相结合，激发了全社会的扶贫热情和脱贫动力。应当看到，光荣摘掉贫困县帽子，是兰考和滑县经济社会发

① 《〈人民日报〉上的兰考“三年脱贫史”》，人民网，2017年4月5日。

② 《河南宣告滑县脱贫摘帽》，河南省人民政府网站，2017年11月3日。

③ 《（脱贫攻坚）河南2017年脱贫百万人》，新华网，2018年3月13日。

④ 《（脱贫攻坚）河南2017年脱贫百万人》，新华网，2018年3月13日。

⑤ 《脱贫攻坚潮涌中原——2017年河南脱贫攻坚工作综述》，映象网，2018年1月5日。

展、河南脱贫攻坚战中具有里程碑意义的大事，但脱贫不是目的，全面小康才是前进方向，脱贫摘帽只是新时代征程上的第一阶段。不过，兰考、滑县相继脱贫也让我们看到，打赢脱贫攻坚战不是梦想而是可以完成的目标，兰考、滑县的标杆效应可以被其他地方开展工作所效仿；要切实缩小贫富差距，需要增加低收入者收入，尤其是助力贫困户脱贫，但给钱给物不如协助贫困户自主创造收入，如通过建立符合实际的产业园区，打造“造血”平台来促进城乡融合发展；要深入完善帮扶长效工作机制，由于脱贫后的县村发展更加需要产业支撑，应注重思考如何防范贫困人口的返贫风险，在扶贫理念、扶贫举措上保持时代创新，提高扶贫脱贫质量。

九　“智汇郑州”人才工程广纳全球智慧　助推国家中心城市建设

近年来，全国各大城市都在大力争夺人才，为当地的经济社会发展蓄力，我们进入了一个比历史任何时期都更需要人才的时代。2017年11月23日，郑州市委、市政府举行了“智汇郑州”人才政策发布会，正式面向全球发出“招贤令”，公布了“智汇郑州”人才工程“1+N”政策体系，首批同步出台了22个配套政策，为人才汇集提供切实服务和制度保障。同时，重磅出炉《关于实施“智汇郑州”人才工程加快推进国家中心城市建设的意见》，推出郑州史上“含金量”最高的30条人才新政。[①]

总体看来，“智汇郑州”人才工程在打造内陆人才汇集高地、激发释放创造活力、推进郑州国家中心城市人才队伍建设等方面体现了四大特色。一是梯级结构明晰，广揽各层次人才。围绕建设国家中心城市的战略谋划，郑州市以“大人才观”推出“智汇郑州”30条，实施4个高层次人才分类认定计划、7个专项人才计划，构建多层级、全链条人才队伍结构。到2020年，引进培育5~10个顶尖创新创业团队，聚集100名国内外顶尖人才、

① 《“智汇郑州”人才工程启动　同步出20个配套政策》，和讯网，2017年11月23日。

3000 名重点产业急需紧缺人才、2000 名社会事业领域领军和专业骨干人才，新增40000 名高技能人才，每年吸引20 万名高校毕业生在郑创新创业。[①] 二是“重金”引才与柔性吸才并举。加大人才“重奖”力度，对两院院士等顶尖人才、国家和地方领军人才、突出贡献人才、获世界或全国奖的高技能人次给予“重金”奖励。探索多样化人才引育模式，如“乡情”引才。三是人才要抢更要留。抢人才不是目的，让人才真正长久留在城市并为当地经济社会发展贡献力量才是初心。为了更好地优化人才环境，郑州市出台了《郑州市重点产业人才支撑计划实施办法》（暂行）、《郑州市青年人才储备计划实施办法》（暂行）等20 个配套政策，根据工作开展情况，还将陆续出台《郑州市高层次人才服务绿色通道实施办法》等其他配套政策，在居留签证、子女入学、医疗保障等方面提供便捷、高效的服务，解决人才的后顾之忧。四是响应十九大号召，重视青年人才后备力量培育。出台青年人才普惠性政策，对高校毕业生、职业（技工）院校毕业生、留学归国人员和技能人才实行“零门槛”落户；对新引进落户的全日制博士研究生、35 岁以下的硕士研究生、本科毕业生和技工院校预备技师（技师）发放生活补贴；对符合条件的博士、硕士和“双一流”建设高校的本科毕业生，首次在郑购房时发放补贴。同时，多渠道筹资建设人才公寓，提供给各类人才租住。

当前，伴随着中国经济社会结构、人口结构的急剧变迁，区域间、城市间的人才争夺战正酣并将日趋激烈，如何在人口红利消减的大环境下吸引外部人才提高本地人力资本、改善人口结构并做好人才引进后的配套保障措施，关系到城市的动能转换、区域影响力提升以及持续发展问题，值得每一个城市管理者重视思考。

十　公立医院全面告别“以药补医”时代

没有全民健康，不算全面小康。2017 年 1 月 1 日起，河南省全面建立

① 《中共郑州市委郑州市人民政府　关于实施“智汇郑州”人才工程加快推进国家中心城市建设的意见》，智汇郑州人才网，2017 年 11 月 24 日。

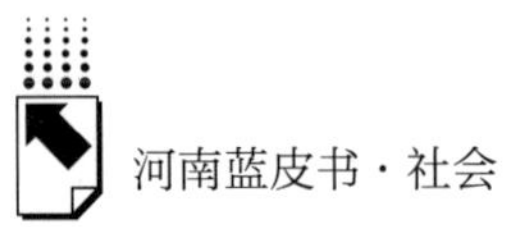

覆盖所有困难群众的大病补充医疗保险制度，给困难群众“定制”医保，基本实现了应保尽保，切实减轻了困难群众的大病医疗费用负担。但是，如何从更大广度上缓解看病难、看病贵，真正确保“病有所医”，依然是医疗制度改革所面临的迫切任务。2017 年 8 月 31 日零时，河南省在前期试点城市经验的基础上，实施了力度空前的公立医院综合改革，11 个省辖市的 284 家城市公立医院取消药品加成、建立公立医院运行新机制，同时调整了 3700 项医疗服务价格。至此，河南省公立医院全面破除了“以药养医”机制。①

此次直面“看病贵”的医疗卫生领域新改革，可谓意义重大，惠及广大人民群众，向老百姓释放了诸多改革红利。一是极大地深化了医疗卫生体制改革，从解决“看病贵”这一长期存在的问题出发，为缓解医患紧张关系营造了一个现实环境。二是切实减轻了患者看病的经济负担。取消药品加成切实消解了长期用药患者的看病负担，同时，此次医改将 16 种治疗恶性肿瘤的靶向药物和常用药纳入医保报销目录并暂定个人自付比例为 20%，这些调整的确惠及了相应患者人群。三是此次医改实现医患双方共享改革红利。从此次医改的原则内容看，药品价格、设备费用、检验费用的“三降”，部分特殊患者群体的一些服务价格保持稳定的“一稳定”，非医保报销项目不上调的“一不调”都使得患者人群享受到实在优惠，而诊疗、手术、护理等医疗服务项目的价格上调，也充分体现了对医务人员技术劳务价值和专业价值的尊重。当前，河南省公立医院都在以此次医改为契机，正式向“以药补医”时代告别，建立运行新机制，逐步增强公益性回归。

① 《河南 284 家医院今起医药大调价　实现药品零差价销售》，大河网，2017 年 8 月 31 日。

B.18

河南城中村回迁安置社区治理困境及化解路径研究*

——以郑州市为例

潘艳艳**

摘　要： 近年来，随着城市规模的扩大和城中村改造工作的推进，城中村回迁安置社区的数量逐年增加。城中村回迁安置社区在社区环境、人口结构、文化氛围、运行机制方面呈现出独特属性，也面临着环境卫生情况不佳、遗留问题久拖不解、社区管理制度不健全，居民市民化程度低等治理困境。本文认为，要在理顺组织关系的基础上有序推进回迁安置社区的转型发展，构建党组织领导下基层政府、社区自治组织、社会力量、社区居民共同参与的社区治理格局，最大限度地维护回迁安置社区的和谐稳定，实现回迁安置社区的良性治理。

关键词： 河南　回迁安置社区　社区治理

城中村是我国城市化进程中的一种特有现象。随着我国经济的快速发展，城市规模不断扩大，原处于城市边缘地带的行政村被包围在城市建设区域内，日益成为城市中的“黄金地带”。近些年来，随着全国各地城中村拆

* 本文系2016年河南省社会科学规划项目“河南城中村安置社区治理困境及对策研究”（项目号：2016CSH018）、2018年河南省社会科学院基本科研费项目（项目号：18E25）的阶段性成果。

** 潘艳艳，河南省社会科学院社会发展研究所实习研究员。

迁改造的序幕拉开，回迁安置社区应运而生，这种在整村拆迁或合村并城后，由于原有村民就地或异地上楼安置而形成的社区，不仅成为城乡居民的生活家园，同时也成了城市社区的基本类型。然而由于我国城乡二元体制长期存在，尽管回迁安置社区的经济结构和居民的主要经济来源已基本实现非农化，但社区的机构设置、管理模式、文化等方面依然存在明显的“乡村痕迹”，从而形成了“亦城亦乡”的特殊形态。当前，城中村回迁安置社区法律属性不明，管理体制缺位，新旧矛盾错综复杂，导致社区治理面临诸多困境。解决回迁安置社区的治理难题，促进该类社区和谐稳定发展是新时期进一步推进新型城镇化进程，提升城乡社区治理水平的重要内容。对此，笔者以郑州市为例考察河南省城中村回迁安置社区的治理情况，通过对不同区域、不同类型、不同建设年代的回迁安置社区开展走访调研，总结分析当前回迁安置社区的治理现状以及面临的问题与挑战，进而提出针对性的治理对策。

一　郑州市城中村回迁安置社区的形成和发展

郑州市是河南省的省会城市，曾经拥有228个城中村，是省内拥有城中村数量最多的城市。长期以来，城中村因为居住环境较差、治安不良、矛盾纠纷频发等问题而饱受诟病，城中村改造势在必行。2003年，郑州市出台《郑州市城中村改造规定》，将西史赵村作为试点正式启动城中村拆迁改造工作，建成后的普罗旺世社区成为郑州市城中村改造的样本。2007年，郑州市政府印发《进一步规范城中村改造的若干规定》，城中村改造大潮开始扩散，并创造了轰动全国的“郑州模式”。“十二五”期间，郑州市的城中村改造全面提速，四个开发区、六个城市区及县城、产业集聚区、组团新区规划区范围内，共启动拆迁村庄627个，动迁175.65万人，郑州全域范围内保持着每年拆迁100多个村的进度。[①] 2016年底，刘庄、陈寨、张家村等

① 《张家村拆迁后，郑州四环之内再无城中村》，新浪网，2016年11月30日。

最后一批城中村拆迁完毕，标志着郑州城中村改造进入了收官阶段。城中村在郑州地图上消失的同时，一片片安置社区也在陆续建成完工。截至2017年9月，全市已开工安置社区364个，占总量的89.9%，开工安置房面积1.1亿平方米，已交付回迁安置房4417万平方米，已回迁群众80.8万人，超过动迁人数的一半以上。[①] 随着回迁安置社区数量的逐年增加，原城中村村民大批回迁，郑州将正式步入“后城中村”时代，回迁安置社区治理为城市治理能力提出了全新考验。

二　城中村回迁安置社区的特殊属性

城中村回迁安置型社区作为一种新型社区，兼有城市社区和农村社区的特征，但同时又与城市社区和农村社区存在很大差异，为由农村社区向城市社区转型的过渡社区，在建筑环境、人口结构、文化氛围、运行机制方面具有明显的独特性。

（一）居住空间的密集性

城中村被改造前，很多呈现“握手楼”“接吻楼”“一线天”的外观形态，影响市容市貌的同时也存在很多安全隐患。被改造之后，回迁安置社区整体环境有很大的改善。但相比其他商品房居住区、单位制居住区，回迁安置社区有着较为明显的空间特征，主要表现为社区建筑以高层、多层为主，建筑密度普遍偏大、楼间距较窄、绿化面积较少、公共文化空间小。回迁安置后原村村民一般都有两套以上住房作为拆迁补偿，原村村民在自住之外，大多将闲置的安置房出租给外来人口或中小型企业来赚取租金。在有的安置社区，开发商将社区居住空间设计为回迁村民居住空间和外来人口居住空间两部分，前者多为大户型在80平方米以上，后者多为30～70平方米不等的小户型，且往往一层多达十几户，房屋的出租率较高。

① 《郑州今年已开建364个安置区　8月底已回迁80.8万群众》，新浪网，2017年9月21日。

（二）居民结构的复杂性

在城中村回迁安置社区中，被安置的原村村民只占全体社区居民的一部分，社区内存在大量的流动人口，包括外来务工人员、公司职工、学生等不同类型的社会群体，也有少量因为房价因素购房的城市居民，社区普遍人口密度较大，居民素质参差不齐。从笔者调查的数十个回迁安置社区情况看，外来人口多占社区总人口的四到六成，且离城市中心越近，交通越便利的社区，因有大量的商铺和外来人口聚集，人口流动性越强，居民构成越复杂。

（三）社区文化的异质性

城中村回迁安置社区文化的异质性不仅体现在传统乡村文化和现代都市文化的交会、碰撞上，也体现在本土文化和外来文化的冲突和融合上。一方面，在长期的乡村生活中，原城中村村民形成了一套适应农村的生活方式、风俗习惯、道德规范，在被动城市化过程中，社会角色一时难以转变，对城市文化观念、生活方式还不能完全适应；另一方面，传统乡村社会是由血缘、地缘结成的熟人社会，原村村民乡土观念、宗族观念较强，就地安置后原村村民的社会关系依旧存在，仍然对原来的村庄有很深的社会认同感，而对外来人口和外来文化的融入存在多多少少的排斥心理。原村村民、城市居民、外来人口在社区内形成了不同的文化圈，各种文化在交流碰撞中互相影响、互相融合。

（四）管理体制的交叉性

城中村改造，所触及的人与事远不止于城与村、拆与迁那么简单。村集体经济背后的利益纠葛、土地征用与租赁中的多方流转、原住民和租住者自发形成的系统共生问题，使得城中村改造充满了复杂性和多样性。[①] 回迁安

---

① 潘慧琳：《城中村改造，城镇化过程中的“阵痛”——郑州城中村变革13年》，《决策探索》，2016年9月。

置社区作为一种过渡型社区，其经济、社会、文化亦城亦农的属性使得社区治理也呈现交叉性。从当前情况来看，回迁安置社区在社区管理体制上存在三种不同形态：一是已完成“村转居”，以社区居委会为主体实行居民自治；二是已建立居委会，但村集体经济尚未改制完成，村委会和居委会并存的“半转居”状态；三是仍继续实行村组自治。回迁安置社区既要对原村居民进行管理，又要对城市导入人口和外来人口进行管理；既要对原农村遗留的集体经济进行管理，又要对城市发展和社会事务进行管理。管理人口数量的增多和类型的多样，大大增加了安置社区的管理任务、管理成本和管理难度。

三　城中村回迁安置社区面临的治理困境

河南省的城中村回迁安置社区是在城市发展扩张和政府行政驱动双重推力下形成的，在一系列“被拆迁”“被改造”“被安置”过程中，原有村庄的秩序格局被打破，而新建成的社区管理机制尚不完善，这导致一些治理问题日益暴露出来，这些问题若不解决，将严重影响社区的顺利转型和后续发展。

（一）社区环境卫生情况不佳，基础设施存在隐患

当前的城中村回迁安置社区中，普遍面临着较为严重的环境卫生问题，突出表现为毁坏绿地种菜、楼内小广告横行、生活杂物乱放、垃圾成堆、私自搭建等，有的回迁安置社区因为重现城中村时期的“脏、乱、差”而被称为“新城中村”，这些问题的出现与社区转型不彻底有很大的关系。一方面，原村村民受限于生活习惯、文化素质等因素的影响，在回迁安置到新社区后，依旧延续原有乡村的生活惯性，城市生活观念尚未形成，导致区容环境卫生问题的增多。另一方面，社区环境卫生情况的不容乐观，与外来流动人口较多也有着密切的关系。与原村村民相比，外来流动人口因为大多是租赁居住，对社区的归属感更低，因此缺少维护社区环境卫生的自觉性和主动性。

在基础设施方面，回迁安置社区的房屋质量一般要低于商品房，且规划设计不合理、配套设施不健全的情况普遍存在。在调查中可以看到，有的回迁安置房墙皮脱落、墙面开裂、房屋渗水现象时有发生；有的社区回迁好几年依旧没有供暖，消防设备不足或丢失破损现象严重；有的社区地理位置较偏，周边超市、学校、医院等生活资源短缺。这些问题不仅为社区治安管理埋下了隐患，也对居民日常生活带来了极大的不便。

（二）征地拆迁遗留问题久拖未解

郑州的城中村改造前后经历了十几年的时间，关于城改的政策也经过多次调整，从早期的“政府让利，村民受益，企业得利”的改造模式到后期“政府主导，群众自愿，区级负责，市场运作”模式，郑州城中村改造的步伐不断加快，甚至一度演变成一场大规模的拆迁运动。在大拆大建的浪潮中，城中村改造应有的招拍挂程序存在“提前进场、定向拿地、底价成交、返还成本”的暗箱操作，政府一味追求政绩而缺乏有效监督，开发商为了利润而欠缺合理规划，导致安置社区建成后一些遗留问题集中爆发出来。一是拆迁补偿方面，政府、开发商与村民签订的协议中承诺的补偿金额、住房面积未达到村民要求，拆迁安置政策在落实中欠债较多；二是政府和开发商为了加快拆迁改造力度，许多安置房被政府默许采取“边建设边办手续”的做法，导致有的安置房已经建好但因审批手续不全无法竣工验收，或者村民已经回迁多年但是房产证因为各种原因迟迟办不下来；三是开发商为了在拆迁补偿后节约成本，在建设安置房时重速度而轻质量，造成建筑设计不合理、容积率超配、配套设施不到位、房屋质量不能保证等。一些回迁安置社区的历史遗留问题没有得到合理解决，引起了回迁村民的很多不满，甚至导致上访事件的多次发生，不仅激化了干群矛盾，也为后续社区管理增加了难度。

（三）社区管理制度不健全不规范，自治水平较低

城中村回迁安置社区不同于城市普通商品房住宅区、单位制住宅区、老

旧社区，其特殊属性决定了该类型的社区管理不能完全照搬已经成熟的城市社区管理制度和管理方法，而继续沿用农村管理体制也与社区城市化发展规律相违背。由于我国目前尚未出台专门针对安置社区管理的指导性文件和政策法规，在河南省政府主导的拆迁安置过程中，也未能同时构建适应安置社区发展的有效机制，导致回迁安置社区在管理上存在一定程度的“制度盲区”，在转轨中城乡体制衔接不畅。第一，社区治理的组织体系较为混乱，有的安置社区转型不彻底，原村集体经济关系尚未理清，村委会和居委会“双轨并行”，职能重叠、交叉管理导致管理失效。还有的安置社区虽然已完成村转居，但居委会实际成为街道政府职能的延伸，承担了大量行政事务，自治基础较为薄弱。第二，社区管理人员专业水平有待提升。改制后的城中村建立了社区居委会来管理社区公共事务，但是居委会主要干部大多由原村委会干部转化而成，在社区管理上依旧采用传统农村的家长式管理方法，无论能力素质还是工作经验都不能适应现代城市社区管理的需要。第三，物业管理服务不完善。当前的回迁安置社区都有物业公司入驻参与社区治理，但大多数社区居民对物业管理并不满意，一方面虽然物业公司为许多原村村民提供了就业岗位，但物业工作人员工资低、流动性大，对社区公共环境的维护造成了消极影响。另一方面，被安置的原村村民对公共服务的有偿使用意识尚未形成，拖缴或不缴物业费成为普遍现象，导致部分物业公司进一步降低物业服务质量，形成恶性循环。

（四）居民市民化程度较低，城市生活融入性差

城中村回迁安置社区可以理解为一种形式上的“村改居”，随之应该跟进的便是逐步给予回迁村民以城市居民的待遇并通过村委会向居委会的转变将变换身份的新居民有效地组织、管理起来。[①] 然而实际上，许多原城中村村民在回迁安置后，尽管户籍身份从“农业人口”变为“非农业人口”，但

① 陈晓莉、白晨：《回迁安置社区社会管理创新的语境与思路》，《学习与实践》2012 年第 4 期。

在就业、医疗、社会保障方面并没有享受到与一般城市居民同等的待遇。在就业方面，原城中村村民受限于文化水平、技能、学历因素，在城市就业市场上往往处于劣势地位，能从事的多是清洁工、流动摊贩、摩的拉客或其他非正规职业。同时，也存在很多食租群体，他们单纯依靠拆迁补偿费、房租收入来维持生活，主观上丧失了外出就业的内在动力，进一步巩固了求稳怕变、小富即安的小农意识；在社会保障方面，身份转变后，原城中村村民失去了作为农民享有的社会保障，被纳入城镇居民社会保障体系。尽管郑州市已经出台了关于被征地农民的社会保障的相关办法，也建立了征地农民社会保障专项资金，但是存在相关配套制度不健全、专项资金无法落实的问题。当前原城中村村民享有的社会保障层次普遍偏低，社会保障支付金额不高，社会保障的低层次、低水平也导致了原城中村村民对城市生活的适应性滞后。

四　化解城中村回迁安置社区治理困境的路径与对策

城中村回迁安置社区的治理是环境、制度、文化等多方面重塑的过程，必须从被安置村民的需求和利益出发，循序渐进地推进回迁安置社区的转型发展，最大限度地维护社区的和谐稳定，促进安置村民真正适应和融入城市生活，从而实现回迁安置社区的良性治理。

（一）理顺组织关系，有序推进安置社区转型

在城镇化进程中，回迁安置社区的形成，可以说是“城中村”时代的终结，同时也是城市现代化社区发展的起点。当前，随着全省的城中村拆迁改造工作的基本完成，回迁社区和安置群体的数量不断增加，基层政府面临大量回迁安置社区的治理任务。首先，政府要转变管理理念。从“城中村”到现代城市社区的转型不可能一蹴而就，基层政府必须从社区发展实际出发，将社会管理的理念和方式由激进式、运动式转变为衔接性和渐进性，坚持“一村一策”、平稳过渡，有序推进城中村的拆迁改造和回迁安置。其

次，要统筹协调，分类指导安置社区的转型治理。对已完成村改居的社区，要逐步建立社区党支部、居委会、居务监督委员会三位一体的管理体制，不断提高社区党支部的组织凝聚力，强化居委会的服务职能，推进居务监委会落实监督管理职责，共同做好社区治理工作。对仍保留村委会的安置社区，要理顺居委会与村委会之间的权责范围，加快推进村集体经济的股份制改革，在一定时期保持两套基层自治组织的优势互补、共同合作。最后，要加快推进社会保障城乡一体化建设，健全以个人为主、村集体补助、政府补贴的保障资金筹措机制，加强安置居民社会保障专项资金的监督管理，使安置居民能够享受到附着在户籍上的各项福利政策，包括教育、就业、医疗、养老等，促进安置居民在社会保障制度上的有效衔接。

（二）加大工作力度，妥善处理历史遗留问题

河南省的城中村改造历程带有鲜明的“权力烙印”，在行政力量的强力推动下，政府在征地拆迁、回迁安置过程中无视城中村村民的主体性和合法权益，进而触发了一系列社会矛盾，也阻碍了回迁安置社区实现良性治理。针对拆迁改造遗留问题导致的治理困境，政府应当吸取教训，从前期的拆迁改造到后期回迁治理都要履行好监督管理责任，一是要主动搭建各利益主体平等、自由表达利益诉求的平台，规范引导利益主体在社区建设管理过程中协商互动。二是要强化服务意识，对回迁安置社区的规划选址、户型设计、集体经济改制、集体收益分配等涉及村民切身利益的事务，做好与原城中村村民的沟通协商工作，最大限度地维护村民的合法权益。三是加强对回迁延迟、房产证办理困难等回迁安置项目的梳理排查，制定专项研究方案，推动各职能部门和项目负责单位的责任落实，争取将回迁安置社区的遗留问题尽快解决。

（三）优化社区服务，提高安置社区自治水平

加强城中村回迁安置社区的治理，关键是要逐步建立和完善党组织领导下的基层政府、社区自治组织、社会力量、社区居民共同参与的社区治理格

局，不断探索创新回迁安置社区的管理模式。一是要发挥好回迁安置社区基层党组织的领导核心作用，充分整合各类资源，发动辖区单位基层党组织、社区党员参与社区治理中来，在健全组织机构、完善制度建设方面发挥好领导统筹作用，以加强社区党建工作来推进社区建设工作。二是要提升居委会的社区管理与服务能力，探索基层政府与社区居委会的协商治理模式，明确基层政府和社区居委会的职能定位，政府应侧重公共服务供给和监督指导，并将社区制度建设、日常管理、民主选举等事务放权给社区，推动社区的“去行政化”治理。探索政府购买公共服务模式，引进社会工作服务机构或其他社会组织为社区提供技能培训、组织维权、文化建设等专业服务，满足社区居民的多样化服务需求。完善社区工作人员的选拔、考核、培训机制，为回迁安置社区培养一支素质高、能力强的干部队伍。三是协助社区物业提高服务水平，社区居委会应主导建立居民广泛参与的社区物业监督评定机制，督促物业公司履行好环境治理、设备维修、秩序维护等工作职能，也可在条件成熟的情况下指导社区居民成立业主委员会、业主代表大会，搭建居民代表与物业公司的沟通桥梁，实现合作共治。

（四）加强居民参与，促进安置居民的社区融入

要使回迁安置社区居民实现真正的“市民化”，不仅是从居住环境、户籍身份上实现，最关键的是要确保“新居民”对新身份的认同、对新社区的融入。因此要鼓励引导“新居民”参与社区管理和服务，在社区参与中逐渐融入城市生活。一是促进社区居民参与自治。进一步完善社区民主治理和民主监督制度，建立居务监督委员会、居民议事会，定期和不定期召开相应范围的居民代表会议，共同协商议定社区各重大事项，充分保障居民的知情权、议事权、社区事务决策权。二是积极培育居民领袖。可以在社区活动中发现和挖掘社区工作积极分子，也可以吸纳原城中村内有威望的个人或群体力量参与到社区治理中，激发社区骨干参与社区治理的主动性和创造性，带动社区居民开展社区的自我组织、自我管理、自我服务。三是加强社区文化营造。丰富和拓展社区活动内容，针对不同层次的社区人群开展不同形式

的社区活动，通过活动加强不同居民群体之间的沟通联系和互动交流，培养居民主动参与、互利互助的社区精神，增强社区凝聚力。四是扶持和发展社区志愿服务组织。紧密结合社区实际情况，以创建文明社区、和谐社区为出发点，指导居民组建以文明倡导、治安巡逻、兴趣爱好、助老扶弱为主的志愿服务队伍，从而弥补基层政府在社会治理服务方面的不足，推动社区实现健康和谐发展。

参考文献

陈晓莉：《村改居社区及其问题：对城中村城市化进程的反思与改革》，《兰州学刊》2014 年第 3 期。

闻丽英：《城中村回迁安置社区的法律治理困境与出路》，《山西师大学报》（社会科学版）2015 年第 4 期。

孟存鸽、刘敏：《城中村回迁安置社区的产生法律属性与治理困境探析》，《山西高等学校社会科学学报》2013 年第 10 期。

张晨：《城市化进程中的“过渡型社区”：空间生成、结构属性与演进前景》，《兰州大学学报》2016 年第 6 期。

虞晓芬、金细簪：《农转非社区管理中的问题及其解决途径》，《城市问题》2014 年第 6 期。

李烊，刘祖云：《拆迁安置社区变迁逻辑的理论解释——基于“制度 - 生活”的分析框架》，《南京农业大学学报》（社会科学版）2016 年第 6 期。

潘慧琳：《城中村改造，城镇化过程中的“阵痛”——郑州城中村变革 13 年》，《决策探索》2016 年第 9 期。

陈晓莉、白晨：《回迁安置社区社会管理创新的语境与思路》，《学习与实践》2012 年第 4 期

吴莹：《“村改居”社区物业管理的主要类型与存在问题》，《城市观察》2016 年第 1 期。

刘晔、刘于琪、李志刚：《“后城中村”时代村民的市民化研究术——以广州猎德为例》，《城市规划》2012 年第 7 期。

B.19
河南省自然灾害风险社会分析报告
——基于万有风险模型的应用研究

张之革　陈　璐　陈　安*

摘　要：　全面认识和科学评价自然灾害风险既是防灾减灾工作的基础环节，也是经济社会可持续发展的迫切需要。本研究构建了符合河南省客观实际的灾害风险评价指标体系，其中包含5个二级指标，23个三级指标；此外，结合非线性灾情指数法设计了万有风险评价模型；在此基础上，评价河南省18个地区的灾害风险，最终呈现出河南省各地区的风险排名。从评估结果能够直观明了地观测出河南省各地区风险现状，有助于相关部门明确工作重心，为地方的防灾减灾救灾规划提供理论指导。

关键词：　自然灾害　万有风险模型　风险评价　区域灾害

一　引言

近年来，自然灾害极端气候事件爆发频次增加，重特大自然灾害接连发生，地震、严重洪涝、干旱和地质灾害等多灾并发，给经济社会带来严重影

* 张之革，河南理工大学应急管理学院硕士研究生，主要研究方向为风险与应急评价；陈璐，中国科学院科技战略咨询研究院博士研究生，主要研究方向为应急管理理论与方法；陈安，中国科学院科技战略咨询研究院研究员，博士生导师，主要研究方向为风险与应急评价。

响，国家防灾减灾工作面临严峻形势。2017 年，我国自然灾害以洪涝、台风、干旱和地震灾害为主，风雹、低温冷冻、雪灾、崩塌、滑坡、泥石流和森林火灾等灾害也有不同程度的发生。各类自然灾害共造成全国 1.4 亿人次受灾，881 人死亡，98 人失踪，525.3 万人次紧急转移安置，170.2 万人次需紧急生活救助；15.3 万间房屋倒塌，31.2 万间房屋严重损坏，126.7 万间房屋一般损坏；农作物受灾面积 18478.1 千公顷，其中绝收 1826.7 千公顷；直接经济损失 3018.7 亿元。2017 年河南省内洪涝灾害较为严重，地震灾害虽有发生但未造成人员伤亡和较大经济损失，成灾原因固然受制于雨水情况，但灾情的大小在相当程度上取决于人类防灾减灾及赈灾措施的实施。

自然灾害损失虽然不可避免，但可通过调整人类活动规避或减轻风险，开展灾害风险评估是防范和规避重大灾害风险的前提和基础。但是目前关于灾害的风险评估模型基本上都是线性模型，一个最经典的风险模型是用事件的危险性和事件发生的可能性来进行定义，该模型只考虑了灾害本身的特点，后续关于风险模型的研究将承灾体性质也考虑了进去，如基于灾害危险性和承灾体易损性的风险模型，基于灾害危险性、承灾体易损性和暴露性的风险模型，基于灾害危险性、承灾体脆弱性和应对能力的风险模型等，这些模型通常将风险与变量之间的关系定义成简单的线性关系，有其自身的优缺点。然而，在大多数情况下，风险与相关变量之间的关系并不是单纯的线性关系。

鉴于此，本研究创新性地设计了非线性灾害评估模型，即万有风险模型，并结合世界风险指数的模式和方法，计算河南省的风险指数，最终呈现出河南省各地区风险指数排名。通过河南省各地区风险指数能够直观明了地观测出各地区风险现状，此外，有助于更好地了解和评估自然灾害和受影响的社会之间的相互作用，并且结合其模块化的结构，可以有助于相关部门明确工作重心，加强风险管理，将重点放在预防方面，在未来几年内持续改进风险现状。

二 灾害风险评价指标体系设计

（一）灾害风险指标体系结构

关于灾害风险的衡量也经历了漫长的变化过程，有学者认为灾害风险大小由致灾因子危险性和承灾体脆弱性两部分构成，还有学者认为灾害风险大小由致灾因子危险性、承灾体脆弱性和应对能力三部分构成，等等。纵观灾害风险评价模型，主要有以下几个特点：一是衡量风险指数的结构变量不统一；二是衡量风险指数的指标内涵不统一。尤其是关于脆弱性的内涵，在学术界争议很大，这在根本上导致了灾害综合风险评价模型的混乱。本研究主要根据世界风险指数的评价结构，将灾害综合风险指标体系结构分为自然灾害危险性和承灾体的脆弱性两方面。

1. 自然灾害危险性

自然灾害危险性是指造成灾害的自然变异的程度，主要是由灾变活动规模（强度）和活动频次（概率）决定的。一般灾变强度越大，频次越高，灾害所造成的破坏损失越严重，灾害的风险也越大。

2. 承灾体的脆弱性

承灾体的脆弱性或易损性，是指在给定危险地区存在的所有任何财产由于潜在的危险因素而造成的伤害或损失程度，其综合反映了自然灾害造成的损失程度。一般承灾体的脆弱性或易损性愈低，灾害损失愈小，灾害风险也越小，反之亦然。承灾体的脆弱性包含三个指标：敏感性、应对能力和适应性。

敏感性是指承灾体可能受到危险因素威胁的所有人和财产，如人员、牲畜、房屋、农作物、生命线等，一个地区暴露于各种危险因素中的人和财产越多即受灾财产价值密度越高，可能遭受的潜在损失就越大，区域脆弱性越强。

应对能力指的是该地区的应对灾害的水平，是指负责治理、防灾和预警、医疗服务、社会和经济安全等职能部门应对风险灾害的能力，包括应对灾害的人力资源、财力资源、物资资源等。应对能力越高，灾害发生时越能尽可能地减轻灾害损失，区域脆弱性越低。

适应性表示受灾区在长期和短期内能够从灾害中恢复的程度以及适应未来自然事件和气候变化的能力，也可以称之为恢复力或调整力，包括社会自然和社会的条件、减灾投入，适应性越高，从灾害中恢复的时间越短，区域脆弱性越低。

（二）具体评估指标选取

根据上面的分析，我国的风险指数框架是由暴露出的自然灾害危险性与社会脆弱性相结合构成。具体的指标的选取需分析影响各个因素的主要指标，找出能够客观揭示造成灾害损失和影响的指标因素。本报告以世界风险指数指标体系为基础，采用专家咨询方式将指标体系做出相应调整，比如将原始指标体系中的基尼系数、人大女代表比例等不能够反映灾害风险的指标给剔除，并添加了能够反映河南省区域灾害风险的公安消防官兵人数、抢险救援器材、涉灾预算支出强度等指标。最后构建适用于河南省实际情况的灾害风险指数评价指标体系（详见表 1），其中包含 5 个二级指标，23 个三级指标。

自然灾害危险性指标包含频次和烈度两个二级指标，其中烈度又包含死亡人数、伤亡人数、直接经济损失、房屋倒塌数量、农作物绝收面积等 5 个三级指标。

区域脆弱性包含三个二级指标，其中敏感性包含地区总人口、人口密度、耕地面积 3 个三级指标，敏感性在一定程度上反映了承灾体的暴露程度，暴露程度越大，地区面临的风险指数越大；应对能力包含每万人拥有卫生技术人员数、每万人医疗机构床位数、原财产保险收入、医疗卫生机构数、公安安全支出、政府支出的（R&D）经费、地震台数等 7 个三级指标；适应性包含人均水资源量、性别比、老年人口抚养比、15 岁以上文盲人口、地方财政一般预算支出、人均 GDP、居民人均可支配收入等 7 个三级指标。

表 1 河南省风险指数指标体系

自然灾害危险性	频次	各类灾害频数
	烈度	死亡人数(人)
		失踪人数(人)
		直接经济损失(亿元)
		房屋倒塌数量(万间)
		农作物绝收面积(千公顷)
区域脆弱性	敏感性	地区总人口(万人)
		人口密度(万人/平方公里)
		耕地面积(千公顷)
	应对能力	每万人拥有卫生技术人员数(人)
		每万人医疗机构床位数(张)
		原财产保险收入(亿元)
		医疗卫生机构数(个)
		公共安全支出
		政府支出的(R&D)经费
		地震台数(个)
	适应性	人均水资源量(立方米/人)
		性别比(女 =100)
		老年人口抚养比
		15 岁以上文盲人口
		地方财政一般预算支出
		人均 GDP
		居民人均可支配收入(元)

三 万有风险评价模型设计

(一)万有风险评价模型

自然灾害风险是指自然灾害可能达到的程度及其可能性，是致灾因子危险性、承载体脆弱性相互作用的综合结果，一般的灾害风险模型都是从灾害和承灾体这两个维度出发，选取变量对这两个维度进行表示，最后将几个变量用乘除法组合在一起得到灾害风险模型。其中，有两种包含两个变量的灾害风险模型，第一种风险模型包含灾害强度与发生可能性的变量组合，仅考虑了致灾因子的性质，并未考虑到承灾体以及其他有可能影响风险大小的因素；第二种风险模型包含灾害强度和承灾体易损性的变量组合，虽然同时考虑了致灾因子和承灾体性质，但未考虑到二者的联系的紧密程度，也就是说，忽略了灾害和承灾体之间的距离，如果发生的灾害和承灾体距离或联系较远，那么灾害可能会对承灾体造成的伤害就会大大降低。因此，在对风险进行描述时，还可以引入第三个变量——致灾因子同承灾体之间的关系。因此，本研究参考前人的研究成果，设计出万有风险模型，模型表示如下：

$$R = k\frac{H \times V}{r^2} \quad \text{（公式 1）}$$

式中，R 是自然灾害风险；H 是自然灾害危险度，表示灾害发生的强度和频次；V 是承灾体脆弱度，表示承灾体应对灾害的准备能力的强弱程度；r 表示是的灾害和承灾体之间的关系，也就是灾害危险性和承灾体脆弱性之间的关系。需要注意的是，这里的关系 r 可以是物理或地理上的距离远近，也可以是灾害和承灾体间的相对远近关系。两者关系越强，代表距离越小，灾害对承灾体造成的损害就会越大，反之关系越弱，距离越远，灾害对承灾体造成的损害也就越小。这里的 k 可以理解为一个常数，会因灾害种类不同而不同，比如一般情况下，地震的灾害系数 k_1 就会比火灾灾害系数 k_2 要大得多。

在本研究中，其中 r 的确定我们采用专家打分法，将 r 值划分为 5 个等级。r 的取值范围及等级划分详见表 2。由于 18 个市区面临的灾害种类不尽相同，因此在本研究中我们暂不考虑 k 的影响。

（二）自然灾害危险性指数模型

区域自然灾害危险性可能包括旱灾、洪涝灾害、地质灾害等灾害的共同

表 2 r 的取值范围及等级划分

等级划分	r 取值	物理意义	实际意义
1	0.5~0.6	灾害和承灾体之间的距离非常近	灾害危险性和承灾体脆弱性有非常强的关系，地区发生的灾害次数非常多，且脆弱性极易导致灾害的损失加大
2	0.6~0.7	灾害和承灾体之间的距离很近	灾害危险性和承灾体脆弱性有很强的关系，地区发生的灾害次数很多，且脆弱性很容易导致灾害的损失加大
3	0.7~0.8	灾害和承灾体之间的距离一般	灾害危险性和承灾体脆弱性有关系一般，地区发生的灾害次数一般，且脆弱性会导致灾害的损失加大
4	0.8~0.9	灾害和承灾体之间的距离有点远	灾害危险性和承灾体脆弱性之间的关系比较弱，地区发生的灾害次数少，且脆弱性可能会导致灾害的损失加大
5	0.9~1	灾害和承灾体之间的距离很远	灾害危险性和承灾体脆弱性之间的关系非常弱，地区发生的灾害次数非常少，且脆弱性不怎么会导致灾害的损失加大

威胁，因此自然灾害危险度受灾害的强度和频次等综合影响，自然灾害危险度表达方式为：

$$H^2 = \sum_{1}^{n} w_i \times h_i \qquad \text{（公式 2）}$$

式中，H 是自然灾害综合危险度；h_i 是表示影响自然灾害危险性的影响因素；w_i 是权重，表示该因素对危险度的影响程度；n 表示影响因素总数；i 表示各影响因素。

（三）区域脆弱性指数模型

承灾体脆弱度受敏感度、应对能力等综合影响，社会脆弱性表达方式为：

$$V^2 = \sum_{1}^{n} w_i \times v_i \qquad \text{（公式 3）}$$

式中，V 是承灾体脆弱度；v_i 是影响社会脆弱性因素的脆弱度；w_i 是权重，表示该因素对社会脆弱性的影响程度；n 表示影响因素总数；i 表示各影响因素。

四 结果与讨论

（一）研究结果

根据搜集到的数据（其中自然灾害危险度数据来源于2017年河南省自然灾害情况；区域脆弱性数据来源于河南省统计局网站数据库及官方年鉴），首先需要对数据进行无量纲化处理，接着采用上述评价模型进行评估，最终得出河南省灾害风险指数评价结果，详见表3。

表3 河南省各地区灾害风险指数评价结果

综合风险指数			危险性指数			脆弱性指数		
排名	地区	指数	排名	地区	指数	排名	地区	指数
1	南阳市	0.8086	1	平顶山市	0.9645	1	南阳市	0.7323
2	洛阳市	0.7172	2	洛阳市	0.8558	2	周口市	0.7227
3	漯河市	0.7129	3	濮阳市	0.6447	3	郑州市	0.7088
4	平顶山市	0.6662	4	郑州市	0.6383	4	洛阳市	0.6788
5	郑州市	0.4524	5	漯河市	0.5471	5	驻马店市	0.6573
6	驻马店市	0.4431	6	济源市	0.4474	6	商丘市	0.6529
7	濮阳市	0.3565	7	南阳市	0.3975	7	信阳市	0.6274
8	许昌市	0.3063	8	三门峡市	0.2945	8	新乡市	0.6249
9	三门峡市	0.3035	9	信阳市	0.2706	9	安阳市	0.5692
10	信阳市	0.2652	10	许昌市	0.2705	10	平顶山市	0.5595
11	济源市	0.2354	11	鹤壁市	0.2448	11	许昌市	0.5549
12	新乡市	0.1837	12	驻马店市	0.2427	12	濮阳市	0.5531
13	开封市	0.1701	13	新乡市	0.2381	13	焦作市	0.5373
14	焦作市	0.1568	14	焦作市	0.2363	14	开封市	0.5134
15	鹤壁市	0.0949	15	开封市	0.2121	15	三门峡市	0.5049
16	安阳市	0.0701	16	安阳市	0.1232	16	漯河市	0.4691
17	商丘市	0.0399	17	商丘市	0.0299	17	鹤壁市	0.3874
18	周口市	0.0016	18	周口市	0.0008	18	济源市	0.3367

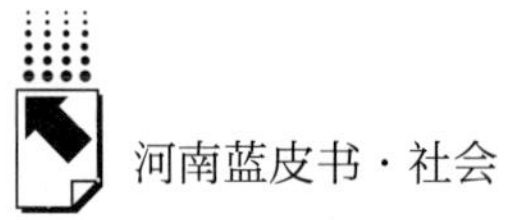

1. 河南省各地区灾害危险性指数结果分析

根据自然灾害危险性指数，河南省各地区危险程度可以分为4级：第1级地区包括：平顶山、洛阳、濮阳、郑州、洛海，其自然灾害危险性指数范围在0.5471之上，平顶山市是河南省自然灾害危险最严重的地区；第2级地区包括：济源，自然灾害危险性指数值在0.2705～0.5471，是我国自然灾害危险程度较严重的地区；第3级地区包括：新乡、焦作、鹤壁、驻马店，自然灾害危险性指数分布于0.2363～0.2705，自然灾害危险程度居于中等水平；第4级地区包括：安阳、开封、商丘、周口，自然灾害危险性指数在0.2363之下，危险程度较轻，是河南省自然灾害危险程度最轻的地区。

根据民政部国家减灾委统计，2017年，河南省自然灾害以森林火灾、洪涝灾害、地质灾害为主。旱灾、冰雹、强降雨等其他灾害也有不同程度的发生。河南省各类自然灾害共造成全省共53人因灾死亡，15人失踪，1003间房屋倒塌，农作物绝收面积1401150公顷，直接经济损失41.39亿元。其中全省多于13%的自然灾害死亡人数、失踪人数、直接经济损失、倒塌房屋集中于自然灾害危险性最严重的第1级城市平顶山。自然灾害危险性最严重的第1级城市和比较严重的第2级城市，死亡人数、失踪人数、直接经济损失、倒塌房屋、农作物绝收面积等指标综合均达到总水平的约83%。其中平顶山、洛阳、郑州是灾害发生频次最多的地区（5～7次），约占全省自然灾害发生总频次的27%；安阳、商丘等市的危险性指数约为3%，周口甚至低于1%，这与区域地理位置有很大关系。

2. 河南省各地区脆弱性指数结果分析

根据自然灾害脆弱性指数，河南省各市脆弱水平可以分为4级：第1级地区包括：郑州、洛阳、南阳、驻马店、周口，其自然灾害社会脆弱性指数大于0.6573，是河南省社会脆弱性水平最高的地区；第2级地区包括：平顶山、信阳、商丘、新乡、安阳，自然灾害社会脆弱性指数范围在0.5595～0.6573，是河南省社会脆弱性水平较高的地区；第3级地区包括：开封、许昌、焦作、濮阳，自然灾害脆弱性指数分布于0.5134～0.5595，自然灾害社会脆弱性较低；第4级地区包括：三门峡、漯河、济源、鹤壁，自然灾害社会脆弱性指数小于0.5134，是河南省自然灾害脆弱水平最低的地区。

根据自然灾害脆弱性指标计算结果，脆弱性水平在全省间整体存在较大差异，这说明河南省近年来虽然注重各地区均衡建设，但是各地区贫富差距依然存在。因为脆弱性水平是一个地区文化水平、收入水平以及医疗卫生建设水平等的综合体现。河南省自然灾害脆弱性高的地区分布于南阳、周口、郑州、洛阳。

3. 河南省各地区灾害综合风险指数结果分析

自然灾害综合风险水平指向两个维度：危险性指数（代表一个地区发生自然灾害的频率和灾害轻度）和承灾体脆弱性指数（承灾体面临灾害时可能达到的损失程度），二者共同决定一个地区的风险水平。

根据自然灾害综合风险指数，全省区域风险水平可以分为4级：第1级地区包括：洛阳、平顶山、漯河、南阳、郑州，其风险指数大于等于0.4524，是全省自然灾害综合风险水平最高的地区；第2级地区包括：信阳、驻马店、三门峡、许昌、濮阳，其风险指数指在0.2652～0.4524，风险水平相对较高；第3级地区包括：开封、新乡、焦作、济源，风险指数位于0.1568～0.2652，这些地区的自然灾害风险指数处于中等水平；第4级地区包括：安阳、鹤壁、周口、商丘，风险指数小于0.1568，是自然灾害综合风险最低的地区。

2017年河南省自然灾害综合风险各市空间分布格局分析表明：河南省总体自然灾害风险处于中等或偏高水平，约2/3的城市风险水平为中等或更高。从人口层面而言，河南省大多数人口所生存和生活的环境风险较高，风险最低的地区只包括四个城市：周口、商丘、安阳、鹤壁。

（二）讨论

本文结合选取的指标及其取值，对河南省灾害系统空间分布格局进行研究分析，得出以下一些结论。

1. 综合风险指数呈现偏西地区高，东部地区低的空间分布格局

通过分析，我们发现各等级所包含的区域大致趋于一致，也就是说自然

灾害综合风险指数与自然灾害危险性指数在空间等级分布上整体一致，总体上呈现偏西地区高，东部地区低的空间分布格局，河南省危险程度最高的区域是南阳。从自然灾害危险性指数来看，总体来看中部地区风险最高。平顶山和洛阳为河南省自然灾害危险性最大的区域，较为频发干旱、疫情、地震等灾害，其中安阳因地理位置成为河南省各区域中灾害发生频率最大的地区，东部地区因其所处平原危险性指数相对来说偏低。

2. 相似地区风险水平差异显著

具有相似地形地貌区域在风险水平观测上呈现出 1 ~4 个等级，为进一步挖掘各区域风险指数的影响因子，我们对相似性区域做一对比分析。

山地地区以洛阳、三门峡、焦作为例，其中综合风险排名顺序为：洛阳 > 三门峡 > 焦作，这与自然灾害危险性指数排名趋于一致，自然灾害脆弱性指数以洛阳最大，其他两个地区等级趋于一致，综合风险指数和危险性指数综合后，整体的综合风险发生变化。这三个区域都属于山地都会面临着滑坡、泥石流、地震、干旱等自然灾害，洛阳不管是在自然灾害危险性指数方面，还是在区域脆弱性方面，指数排名都最高，因此最终的风险指数排名还是洛阳最高。

平原地区我们以许昌、开封、周口为例，其中综合风险排名顺序为：许昌 > 开封 > 周口，这与自然灾害危险性系数排名趋于一致。其中自然灾害危险性指数整体较低，脆弱性指数偏高，开封为最小，这说明区域脆弱性对灾害综合风险指数有较大的影响，降低区域脆弱性在一定程度上能够降低自然灾害风险指数，防灾减灾建设与社会经济建设的同步协调发展应引起足够重视。

3. 区域脆弱性水平区域差异较为显著

全省脆弱性指数实际值在［0.3，0.7］，但是危险性指数实际值却在［0，0.97］。此数据说明河南省各地区的风险水平差距较大，以周口市为例，其危险性指数为0.0008，但其脆弱性指数却达到0.72。这说明河南省抗灾、承灾能力较差，需要增强各城市区域的综合防灾能力。

根据本文的研究方法，所有三级指标均通过标准化处理在［0，1］，但通过模型运算结果发现：总体上，全省自然灾害脆弱性指数取值大于0.3，而危险性指数却在0~0.97分布，且差距较大。这充分表明，全省社会脆弱性水平明显高于自然灾害危险程度。换言之，与自然灾害本身的严重程度相比，承灾体的抗灾能力更应该受到各方重视。关于自然灾害的危险性在一定意义上人力有限；在社会脆弱性指标体系中，尤其是一个地区的应对能力和适应性皆可以通过切实有效的措施得以加强（例如增加卫生医疗投入、自动气象站点、公安消防力量、森林覆盖率等），从而降低社会整体脆弱性。

五　结论

本研究的主要目标是评价河南省各地区灾害风险并研究不同区域的灾害特点，因此，构建了适用于河南省实际情形的自然灾害风险指数评价指标体系；考虑风险要素之间潜在的非线性关系，设计了灾害风险的非线性评估模型，该模型与万有引力模型相似，所以亦称万有风险模型，与之前的线性模型相比，该模型的优势体现在引入了第三个变量——灾害和承灾体之间的关系，并将该模型应用到此次评价中，从而验证了模型的适用性、科学性和有效性。

对河南省18个省市区的风险指数评价结果有以下几个结论：一是综合风险指数呈现偏西地区高，东部地区低的空间分布格局；二是相似地区风险水平差异显著；三是区域脆弱性水平区域差异较为显著；自然灾害的发生不可避免，但我们可以通过人为活动减轻灾害损失，可以通过以下几点策略来降低区域脆弱性：一是制定综合性的灾害风险管理战略，创造可协调的运作模式；二是强化防灾减灾法制保障，加强政府绩效考核；三是健全防灾减灾救灾资金多元投入机制及市场分担机制；四是强化科研投入，提高自然灾害管理科技支撑水平。

后续可以对相关问题进行进一步研究。基于本文提出的万有风险模型，可以对变量 r 和 k 进行更深入的运用。对于变量 r，其框架和内涵可以进一步优化和丰富，以得到更具实际意义的信息；对于变量 k，可以开展不同灾

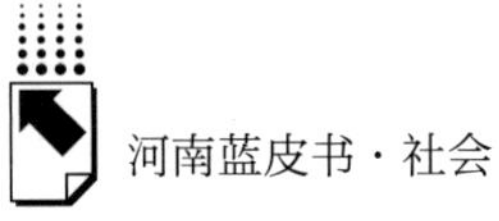

害之间的评价分析，然后进行对比，这样的分析结果将更有助于提高防灾减灾管理决策的质量和有效性。

参考文献

吴凡、汪明、刘宁：《美国地震风险评估中灾害模型的探讨》，《灾害学》2012 年第 2 期。

王绍玉、唐桂娟：《综合自然灾害风险管理理论依据探析》，《自然灾害学报》2009 年第 2 期。

张继权、冈田宪夫、多多纳裕一：《综合自然灾害风险管理——全面整合的模式与中国的战略选择》，《自然灾害学报》2006 年第 1 期。

颜峻、左哲：《自然灾害风险评估指标体系及方法研究》，《中国安全科学学报》2010 年第 11 期。

B.20

河南省农村志愿服务研究报告

河南省社会科学院课题组*

摘　要： 加强和推进农村志愿服务对实现乡村振兴、深化乡村精神文明建设、提高乡村治理水平、完善基层公共服务供给等具有重要意义。本文总结和梳理了河南省在推进农村志愿服务的制度建设、阵地建设、人才建设、项目建设等方面所取得的显著成绩和突出问题，并进一步提出了扎实推进农村志愿服务的对策建议。

关键词： 河南省　农村志愿服务

党的十九大报告和2018年中央一号文件相继提出，要推进诚信建设和志愿服务制度化，大力培育服务性、公益性、互助性农村社会组织，积极发展农村社会工作和志愿服务。近年来，河南省积极贯彻落实党中央关于推进志愿服务发展的政策方针，紧密结合文明创建工作和新农村建设，推动农村志愿服务从无到有，从有到优，实现了河南省农村志愿服务的制度化、常态化发展。

一　推进农村志愿服务工作的重要意义

“三农”问题关系我国发展全局，在中国特色社会主义进入新时代，向

---

* 课题组组长：牛苏林；课题组成员：冯庆林、潘艳艳、李三辉。

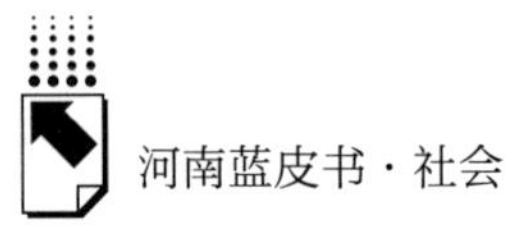

着全面建成小康社会目标迈进的关键时期和全面实施乡村振兴战略之际，加强和推进农村志愿服务具有十分重要的意义。

（一）加强和推进农村志愿服务，是实施乡村振兴战略的必然要求

党的十九大提出实施乡村振兴战略，这是我国在决胜全面建成小康社会的关键时期做出的重大战略部署，也是“三农”工作的总抓手。实施乡村振兴战略不仅需要政府的大力支持，更需要全社会力量的广泛参与。尤其是在农业大省的河南，大批青年农民外出务工，导致农村人力资本严重短缺，不仅缺少各类管理人才、经营人才、专业技术人才，甚至连种田能手和青壮年劳动力都十分匮乏。农村人力资本匮乏是实施乡村振兴战略面临的重要问题。在这种背景下，农村志愿服务直面农村基层，不仅服务领域广泛，而且服务形式多样，从倡导农村文明风尚到促进农民精神面貌提升，从帮扶困难群体到助力脱贫致富，从沟通干群关系到化解矛盾冲突，从参与民主管理到保护生态环境，志愿服务在农村的政治、经济、文化、生态建设的方方面面都发挥着重要作用，已经成为维护农村稳定，促进农村发展、助力乡村振兴的一种不可或缺的力量。毫无疑问，加强和推进农村基层志愿服务，对于进一步促进乡村产业兴旺发达，美化乡村生活环境，倡导乡风文明，形成自治、法治、德治三位一体的乡村治理体系，实现农业强、农村美、农民富的美好目标，均发挥着不可替代的重要作用。

（二）加强和推进农村志愿服务，是加强农村精神文明建设的重要载体

长期以来，精神文明建设一直是农村发展的薄弱环节。在农村开展丰富农民精神文化生活的志愿服务实践活动，是改善农村精神文化环境，提高农民文明素质，深化农村精神文明建设的重要抓手。一方面，志愿服务以“奉献、友爱、互助、进步”为宗旨，能够促使农村志愿者把服务他人、服务社会与实现个人价值有机结合起来，自觉践行社会主义核心价值观，通过奉献爱心、服务社会来陶冶情操、修身立德，满足自身向上向善的精神追

求。另一方面，农村志愿者通过培训、教育或者文艺活动等多种方式开展精神文明的宣传教育，在农村祛除乡村生活陋习，弘扬和传承优良的传统道德观，把尊老爱幼、济贫扶弱、维护公益作为基本的道德规范，促进了乡村社会更加互助友爱、乡邻和睦、乡风文明。

（三）加强和推进农村志愿服务，是提高乡村治理水平的有效途径

乡村治理是社会治理的基石，坚持法治、德治、村民自治相结合的治理结构，形成治理有序的乡村治理体系，既是加强基层民主法治建设的应有之义，也是实施乡村振兴战略的重要内容。加强和推进农村志愿服务，是建设“三治合一”的乡村治理体系的内在要求。一方面，志愿服务组织可以在政府和群众之间发挥“桥梁”的作用，在帮助政策下达和民意上传中建立政府和群众的沟通对话机制，推进干群矛盾的化解。另一方面，志愿服务组织可以通过政治参与，把农民组织起来，对农民开展民主政治教育，逐步激发出农民的政治参与意识，促进农民有序参加民主政治活动，提高农村民主管理水平。同时，志愿服务组织能够发挥资源链接优势，发动村内外的志愿者力量提供环境治理、养老助残、扶贫济困、生产互助等方面的社会服务，既满足了农村社会公益日益增长的需求，又进一步提高了农民群众自我管理和自我服务的能力。

（四）加强和推进农村志愿服务，是完善基层政府公共服务的重要补充

河南省是农业大省，也是农村人口总数最多的省份。近年来，虽然河南省在脱贫攻坚方面取得了突出的成就，但是农民贫困问题并未从根本上得到解决，目前农村贫困人口仍大量存在，“三留守”群体、残疾人、五保人员等弱势群体还需持续关注，农村医疗、教育等公共服务资源短缺问题也很突出。此类问题，依靠基层政府有限的财政投入和基本救助政策并不能得以根本解决。在这种情况下，志愿服务作为第三方力量，能够有效弥补政府在公共服务供给方面的不足，一方面，志愿者能够对农村困难群体给予物质资助

和精神关怀，帮助困难群体解决日常生活问题，改善其生活环境；另一方面志愿者通过组织慈善救助、捐款捐物、结对帮扶等多种活动方式动员全社会力量，实现各类救助资源的统筹和整合，从而在政府的兜底保障之外，实现对特殊群体和困难群众的精准帮扶。

二　河南农村志愿服务取得积极成效

近年来，河南省高度重视志愿服务发展，积极推进农村志愿服务的制度建设、阵地建设、人才建设、项目建设，农村志愿服务工作取得了显著成绩。

（一）构建组织运行体系，农村志愿服务队伍日益壮大

据统计，目前河南省已注册志愿者1107.54万多人，团体注册有45380个，农民志愿者154.6万多人，全省按照“六有一落实”标准已建成7137个志愿服务站。开封市祥符区以创建全国文明城市为统领大力推进志愿服务工作，全区有注册志愿者67967人，是开封市六个区注册人数最多的一个区，其中农民志愿者25434人，占注册人数的37.4%。濮阳市依托市志愿服务联合会，健全市、县（市直、区）、乡（镇、街道）、村（社区）志愿服务协调组织，组建党政机关、企事业单位、学校、民间组织四类学雷锋志愿服务队伍，形成了“四纵四横”志愿服务组织体系。筹集资金近千万元，高标准建设11个志愿服务总站和200多个“文明使者”志愿服务站，形成了网络化、全覆盖的志愿服务管理平台。目前，全市74万志愿者，3200余个志愿服务队常年活跃在濮阳大街小巷、社区、农村，活跃在每一个有需要的地方，每年参与志愿服务时间累计100多万小时，用爱心温暖着这座城市，也使学雷锋志愿服务成为濮阳最闪亮的名片。

（二）加强制度体系建设，农村志愿服务制度日趋规范

全省认真贯彻落实《志愿服务条例》和中共文明办关于推动志愿服务

制度化常态化的总体要求，在制度建设上综合施策，为加强和推进农村志愿服务营造了良好的制度环境。

一是健全工作领导体制。全省各乡镇成立由乡党委书记为组长，副书记为副组长，乡镇团委、妇联、民政、各行政村支部书记共同参加的农村志愿服务组织协调机构，村“两委”班子负责农村志愿服务工作。构建了“总站（队）—分站（队）—服务队”三级网格化志愿服务体系。如安阳市以乡镇、街道为单位，组建镇级志愿服务总队，下设直属分队和村分队，分队下设若干小队，形成“指令直接、运行有序、管理高效”的运作机制；唐河县形成了志愿服务站、分站和志愿服务队三级志愿服务组织体系。

二是建立保障机制。各地结合实际，根据志愿服务项目的要求，对农村志愿者进行专业知识和技能培训，建立志愿者星级认定制度、褒奖制度和回馈制度。

三是注重城乡志愿服务融合发展，推动城乡资源共享。全省广泛开展文化科技卫生“三下乡”活动，定期组织专业技术志愿者到乡镇、村进行培训，增强农村志愿者的知识和专业技能。积极促进城市文明单位与农村结对共建，推动公益协会、爱心联合会等社会组织开展农村志愿服务，增强县直部门对农村志愿服务的针对性、实效性。如濮阳市“益点爱助学中心”“六一爱心助学中心”等公益组织在帮助留守儿童、失依儿童方面成效突出；南阳市探索了“社会志愿服务组织＋乡镇志愿服务站”模式；等等。

四是积极探索社会化资金募集渠道，强化志愿服务“造血”机制。2017年9月，中国志愿服务基金会与濮阳市志愿服务联合会共同启动“志愿濮阳”专项基金项目，建立了全国首家志愿服务专项基金，面向全国公开募集资金，探索志愿服务社会化筹融资的创新样本。建立志愿服务基金会能够为志愿者购买保险，解决其参与活动的后顾之忧，为常态化开展志愿服务提供源源不断的动力。

（三）注重能力体系建设，农村志愿服务内容不断丰富

调研发现，一些地区在推动农村志愿服务常态化发展的同时，积极打造

了一批主题特色鲜明的志愿服务品牌。如汤阴县以“五风”（严党风、抓政风、淳民风、正村风、美家风）建设为线，建立县、乡、村三级“五风”评议会，开展了“农民夜校”“岳乡榜样、汤阴模范”等精神文明建设活动，受到中央和其他主流媒体的广泛关注。濮阳市“老李热线”“阳光大厦”被表彰为全国学雷锋志愿服务示范岗，“爱周六”志愿服务项目、文明交通引导志愿服务项目被评为全国最佳志愿服务项目。滑县以“善行滑州”为主题塑造了地方特色服务品牌。

在推动农村志愿服务活动过程中，部分地区还逐步形成了一些较为成熟的运作模式：一是“党建+志愿服务”模式。如洛阳市组织党员采取就近就便“结对帮扶”“一帮一”“多帮一”的方法，开展“我们一起奔小康”“聚力点亮微心愿”等农村志愿服务活动，树立了党员开展志愿服务的标杆。唐河县以党员志愿者为主体开展“党心连民心、亲情进万家”活动等。二是“县直党政机关+乡镇（街道）+社会组织”模式。如方城县采取此模式一方面要求与群众密切相关的民政、文化、科技、农办等单位推出切实的志愿项目，另一方面动员支持社会组织开展一批社会公益项目。三是“扶贫+志愿”服务模式。各地在定点扶贫单位中开展“贫困村文明共建，打赢脱贫攻坚战”行动，对贫困村开展产业发展帮扶、完善基础设施、美化生态环境、扶贫救困、关爱留守人群与残障人士、引导文明风尚等志愿服务，驻村帮扶干部和帮扶责任人成为农村志愿服务的新生坚强力量。南阳市通过“千企帮千村、万名干部助脱贫”“结穷亲、进农户、话农事、解民困”等内容形式，开展“助力脱贫攻坚”党员学雷锋志愿服务活动等。四是“文明单位+志愿服务”模式。各地市、县积极统筹各级文明单位的志愿服务队力量参与农村志愿服务。如南阳市开展以关爱留守儿童、空巢老人、残障人士和保护生态环境等为主要内容的志愿服务，确立省级文明单位重点帮扶贫困村，市级、县级文明单位对其他行政村实施“一对一”“多对一”帮扶。

（四）注重民生体系建设，农村志愿服务凸显惠民效应

调查发现，目前河南农村百姓对志愿者的了解，普遍就是帮助孤寡老

人、残疾人、贫困家庭、困难儿童等特殊群体。从调查数据看，54.6%的志愿者参与的是“弱势群体服务”，在选择中占比最大。由于目前农村志愿服务内容仍不丰富，志愿服务创新项目稀缺，大多数志愿者选取孤老寡残作为服务对象。各地根据农村生产生活实际，基础性志愿服务活动开展得比较扎实，如清洁家园、邻里互助、关爱“三留守”、文体活动、民事调解、文明引导、移风易俗等志愿服务活动，已成为推动农村志愿服务常态化发展的基本内容。

志愿者对农村困难群体的服务，在改善农村民生工作方面发挥了特殊的作用。

一是通过物质资助和精神关怀，帮助农村困难群体解决问题，改善生活，稳定了他们的情绪，减少了埋怨与抵触心理，增加了困难群众对政府的好感。濮阳市通过“益点爱助学中心”打造了益点爱之家、日行一善等特色项目，已长期救助237户贫困家庭，398名学生，累计捐赠物资300余万元；益客公益协会已帮扶318户贫困家庭、500余名留守儿童，长期一对一帮扶贫困儿童69名。

二是通过培育一批“关爱三留守”“扶危济困”“邻里守望”等志愿服务项目，持续推进了扶贫、济困、助老、救孤、恤病、助残等民生重点领域的志愿服务。各地根据不同需求推出个性化服务项目，针对老年人、未成年人开展送温暖、送文化、送书籍、送爱心的志愿服务活动，将志愿服务送进学校、敬老院；针对种养殖大户等不同群体，开展送技术、送科普的志愿服务活动，将志愿服务送进种养殖大户，增大了群众得到社会温暖的力度，提升了群众获得感。

三是通过党员、干部、村医、教师、退伍军人等与留守人群、困难群众结成志愿服务对子的形式来解决实际问题。唐河县以党员志愿者为主体开展“党心连民心、亲情进万家”“四个一”活动（每月做一件好事、参加一次公益活动、找社区居民聊一次天、帮助群众解决一个问题），赢得群众的广泛好评。

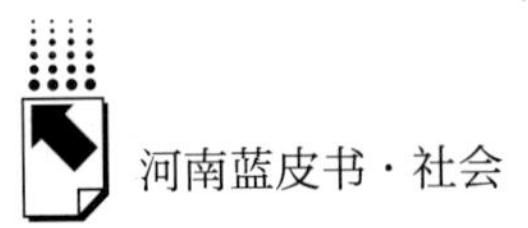

（五）注重乡风文明建设，农村志愿服务培育时代新风尚

各地在推进农村志愿服务工作过程中，把志愿服务作为精神文明创建的重要抓手，借助文明村镇、文明家庭、星级文明户等群众性精神文明创建活动，结合农村人居环境整治、文明引导、移风易俗、民事调解、社会治安等内容常态化开展志愿活动，以志愿服务的良好成效培育文明乡风、良好家风、淳朴民风，提升乡村社会文明程度，培育了时代的新风尚。

一是以文化引领营造乡风文明氛围。各地通过宣传栏、文化墙、新媒体等载体宣传乡风文明行为规范，让村民潜移默化地加以理解和应用；通过完善农村文化设施，充分发挥农家书屋作用，营造良好的文化氛围；发挥农村党组织、共青团、妇代会、老年协会的作用，让党员、团员、老干部、乡村教师等骨干力量带头营造良好的文明风尚；不断加强农村文化志愿服务队伍培育，经常性地开展群众喜闻乐见的文化活动，让广大群众成为文化活动的参与者、创造者。

二是以制度建设促进乡风文明长效有序。各地充分发挥村党组织领导核心作用，结合各村发展实际，把乡风文明纳入村规民约重要内容，让乡风文明建设形成机制，让乡风文明建设成为常态。同时广泛开展“传家训、立家规、扬家风”行动，发挥党员干部、“五老”人员、新乡贤的带头作用。常态化开展“文明村镇”“美好家庭”“道德模范”等基层文明创建活动，以榜样力量引领道德风尚。

三是以榜样力量树立乡风文明典范。各地以美丽乡村建设为主题，以文明创建为抓手，突出抓好乡风民风、人居环境和文化生活建设，广泛开展文明村社创建、文明户创建，开展身边好人好事和道德模范评选活动，激发农村活力，深化创建内涵，提高文明素质。汤阴县以“五风”（严党风、抓政风、淳民风、正村风、美家风）建设为主线，广泛开展移风易俗、弘扬时代新风行动，建立县、乡、村三级“五风”评议会，树立了“农民夜校”“岳乡榜样、汤阴模范”等精神文明建设特色品牌，受到中央和其他主流媒体的广泛关注。

四是以移风易俗祛除生活陋习。全省各乡镇都成立了红白理事会，帮助群众操办红白事，既避免了民众不得已的“攀比”，平衡了公众心理，又减少了铺张浪费，使丧事简办的文明风尚逐步深入人心。节俭之风在乡村悄然兴起，铺张浪费、大操大办之风得到了有效的遏制。

三 河南省农村志愿服务面临的主要问题

虽然河南省农村志愿服在近年的发展中取了一些成绩，但同时也存在着一些困难与问题，主要表现为以下几方面。

（一）认识不到位

一些基层干部认为志愿服务不是中心工作，其重要性远低于经济建设、扶贫、环保等工作，不属于硬性指标任务，将农村志愿服务作为应付性工作，导致“闲时不愿意抓、忙时没空抓”现象在基层较为普遍。调查中还发现，在基层干部认识不到位的地区，农民群众对志愿服务认知度不高、参与不主动，志愿服务意识尚未融入农民生活。

（二）发展不平衡

大部分地方领导重视发展农村志愿服务，将农村志愿服务作为推动本地精神文明建设的重要载体，各项工作推进顺畅，各类活动开展得有声有色，如濮阳、安阳、洛阳、南阳、新乡等地。也有些地方领导不重视或迫于扶贫、环保等硬性指标的压力，将农村志愿服务工作边缘化，不做统筹安排指导，无法形成规范化的志愿服务制度体系，使得这些地区的农村志愿服务水平仍然滞留于发展的初始阶段。这种状况在一些脱贫攻坚任务较重的地区尤其突出。

（三）制度不健全

一是注册机制不健全。1998 年国务院发布的《社会团体登记管理条例》中规定，“在同一行政区域内已有业务范围相同或者相似的社会团体不予登记注册”。目前河南一些地区的民政部门仍然在沿用20年前的旧条文，用“一行一业”的规定限制民间志愿服务组织的发展。我们在调查中发现，一些地区的民间组织为志愿事业默默奉献多年至今仍被拒之门外，有的一个地区竟达四五例之多。由此可见，部分地方民政部门的封闭守旧与不作为已成为推进农村志愿服务发展的严重路障。

二是培训教育制度不健全。对志愿者的培训不足，培训师资力量薄弱，无法满足提高志愿者素质、改善志愿服务技能的需要，造成了农村志愿服务专业化程度普遍偏低。

三是资金保障与激励回馈制度不健全。调查发现，资金保障不足是目前农村志愿服务存在的一个普遍现象，也是各地反映较为突出和集中的问题。各县（区）虽已把志愿服务纳入财政预算，但实际支出占比很小，乡镇一级仍然没有专项经费，到村一级经费就更为紧张。目前开展农村志愿服务活动的经费多来源于社会捐赠，政府资金投入机制仍不健全。由此也在一定程度成为一些农村志愿组织运转不灵、发展乏力甚至沦为空壳的客观原因。在激励回馈机制方面，总体上来看缺乏对志愿组织和志愿者的有效激励，且激励措施、方式较为单一、表面，激励效果难以持久。

（四）运行不规范

一是农村志愿服务队伍建设不到位。绝大多数农村志愿队伍均以党员、老年人、“五保”人员为主，力量薄弱，专业化程度较低，活动内容表面、单一，难以满足农民群众多元化需求。

二是农村志愿服务阵地建设不到位。随着志愿服务制度化的深入推进，各地固定化志愿服务阵地的数量正不断增加。但仍有相当数量的行政村迄今还没有固定化的志愿服务站（点、广场）。

三是农村志愿服务品牌建设不到位。各地尤其是行政村一级，志愿服务活动内容单一，大多局限于环境卫生、慰问老人等1～2项志愿服务活动，无法满足广大群众在生产生活中的所需所求，缺乏有规模、有影响的本土特色志愿服务品牌。

（五）信息不健全

志愿服务信息化是顺应大数据时代发展要求的基本趋势，也是提高管理质量、降低管理成本的重要手段。从总体上看，河南省在志愿服务信息化建设方面还比较滞后，在地市、县、乡、村不同层级还没有建立起自己的志愿服务信息系统或网站，城乡志愿服务各种信息资源数据互不联通，资源不能共享，呈现明显的碎片化、零散化状态。

四　进一步扎实推进农村志愿服务的对策建议

（一）把志愿服务事业摆在更加突出的位置

1. 把志愿服务纳入各地党委、政府的中心工作

认真贯彻落实国务院颁布的《志愿服务条例》等文件精神，将志愿服务事业发展纳入国民经济和社会发展规划，把志愿服务纳入各地党委、政府的中心工作，将志愿服务经费纳入财政预算，注重发挥政府主导作用。

2. 以文明城市、文明单位、文明村镇创建为抓手，深入推进农村志愿服务发展

明确将志愿服务与精神文明建设工作同安排、同部署、同落实，将志愿服务列入各级文明单位、文明村镇、文明社区、文明校园等创评活动，使其成为评选、复查、晋升的重要考核依据。

3. 将志愿服务工作纳入地方党委和政府绩效考核内容

进一步量化指标要求、加大考核权重、强化绩效评估，使志愿服务成为衡量文明创建成果和干部绩效评估的“硬杠杠”。

（二）大力推进农村志愿服务制度化常态化建设

1. 适当放宽农村志愿服务组织依法登记条件

针对目前河南省大部分农村志愿服务组织规模小、注册资金不足、缺乏相应专职人员和固定场所的实际，在不违背《志愿服务条例》基本精神的

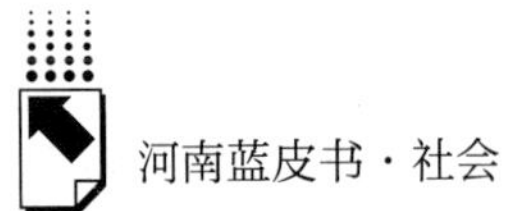

基础上，可以按照农村实际，适当成为放宽服务农村的志愿组织所需条件。各地民政部门要在活动场地、活动资金、人才培养等方面提供优先支持，激发农村志愿服务组织依法登记的积极性与主动性。

2. 进一步完善志愿服务组织网络，健全志愿服务制度体系

整合社会资源，丰富志愿服务项目内容，设计接地气的志愿服务项目，通过“你点我供”的精细化运作模式，不断完善项目对接机制、志愿者激励机制、测评考核机制等，形成管理有序的志愿服务体系，推进农村志愿服务“常态化”。

3. 实现志愿服务阵地全覆盖

按照省文明办“六有一落实”标准，在显著位置设立全省统一的新标识，建立健全规章制度，配备办公设备和便民设施，农村以乡镇、村为重点，全面推进志愿服务阵地建设，力争两年内实现农村志愿服务站全覆盖。

（三）加大资金投入力度，提供公共财政支撑

1. 将志愿服务经费纳入地方财政预算

建立政府资助志愿服务项目制度，通过项目化运作，加大政府购买志愿服务力度，加大财政资金对民间志愿服务组织运营管理的支持力度，加大对志愿队伍建设和志愿服务活动的财政支持，建立财政投入逐年增长机制。

2. 鼓励引导社会资源对农村志愿服务加大投入

在政府财力物力有限的情况下，积极发掘政策潜力，加强宣传，倡导社会各方“有钱出钱、有力出力”，支持农村志愿服务事业。制定实施社会资金支持志愿服务的优惠政策，鼓励企事业单位、公益慈善组织和公民个人等对志愿服务活动进行资助，形成社会化、多渠道的筹资机制。加强和规范志愿服务资金管理，严格财务和审计制度，提高资金使用效益。

3. 积极推广濮阳经验

通过建立志愿服务基金会的方式，积极开展社会捐助工作，给更多善人善心、善行善举搭建平台，为志愿服务提供有效的资金保障。

（四）树立志愿服务典型，打造志愿服务品牌

近年来，各地在推进农村志愿服务实践中涌现出大量好的典型和成功的经验，打造出一批有影响的志愿服务品牌，需要有关部门组织力量去系统发掘和大力宣传，深入开展寻找最美乡村志愿者活动，大力宣传农村志愿服务的先进典型，让农民看到身边榜样的光辉，达到“润物细无声”的效果。培育和树立先进典型，扩大品牌的影响，不仅弘扬了志愿服务精神，使志愿服务成为更多人的行动自觉，发挥了志愿服务的示范带动效应，而且也有助于探索、复制和推广各地的成功经验，进一步推动志愿服务事业在广大农村深入开展。

（五）加快推进志愿服务信息化建设，积极探索“互联网＋志愿服务”模式

加快建立全省统一的志愿服务信息平台，实现全省各市县志愿服务供需信息能够互联互通，实现志愿服务信息的互联互通和数据的有效汇集。积极探索“互联网＋志愿服务”模式。建立健全大数据辅助志愿服务科学决策机制，支持和建立志愿服务领域大数据技术服务机构，运用大数据开展志愿服务统计、分析和研判工作，促进科学决策，实现精准服务。

B.21
河南省农村社区治理创新观察与展望

郑州大学课题组*

摘　要： 中共十八届三中全会提出创新社会治理体系后，河南省以美丽乡村建设、脱贫攻坚为抓手，从基层党建、基层自治、居民参与、社会组织参与、公共文化培育、人居环境建设等方面入手，在一定程度上推进了农村社区治理现代化的进程。但是调查发现，目前河南省农村社区治理尚存在干群互信不足、基层人才缺失、社会保障水平偏低等困难与障碍。未来应当从畅通干群沟通渠道、吸引优秀人才、引入专业社工服务等方面发力，创新河南省社区治理模式，从而进一步加强河南省农村社区治理体系建设。

关键词： 农村　社区治理　创新

农村社区作为农村社会治理的基本单元，不仅是老百姓日常生活的地理空间和社会空间，更是推进新型城镇化、农业现代化、农村信息化的重要载体。从基层农村社区着手，创新农村社区治理模式，提升农村社区治理能力，对于我国进一步加强社区治理体系建设，实现社会主义现代化建设具有重大现实意义。2017 年 6 月 12 日，《中共中央国务院关于加强和完善城乡社区治理的意见》正式印发，提出了加强和完善城乡社区治理的指导思想、基本原则和总体目标，为开创新形势下社区治理新局面提供了依据。2017 年 11 月 18

* 课题组组长：张明锁，郑州大学教授，博士生导师；课题组主要成员：李艺、李倩影、吴乐田、陈灿、梁晶晶，郑州大学公共管理学院硕士研究生。

日，习近平总书记在党的十九大报告上指出，要加强社区治理体系建设，推动社会治理重心向基层下移，发挥社会组织的作用，实现政府治理和社会调节、居民自治良性互动，这为我们在新的历史条件下加强和创新社会治理指明了方向。鉴于此，课题组深入河南省东部、中部、南部地区，分别选取商丘市民权县、荥阳市贾峪镇、信阳市平桥区为观察点，对河南省农村社区治理进行了深度观察。通过了解观察点基层社区治理的创新性实践做法，分析其可推广性，从而为丰富河南省社区治理提供实践案例，为创新社区治理提供思路。

一　样本分析

本观察报告的数据样本来源于课题组 2017 年 7 月至 2018 年 1 月在商丘市民权县、荥阳市贾峪镇、信阳市平桥区三个观察点开展的实证调研。课题组以《中共中央国务院关于加强和完善城乡社区治理的意见》为指导，以实证主义方法论为基础，多次深入观察点收集相关数据及案例资料。调查内容涉及基层两委建设、居民参与、人居环境、公共服务供给等多个方面。课题组为保证调研成果的科学性与客观性，一方面，采用深度访谈、非结构式访问的方式，获取定性研究资料；另一方面，采用问卷调查的方式，运用偶遇抽样、滚雪球抽样相结合的抽样方法，获取定量研究资料。本次调查共涉及 23 个农村社区，累计发放问卷 920 份，回收有效问卷 891 份，其中商丘市民权县 311 份，信阳市平桥区和荥阳市贾峪镇各 290 份，有效问卷回收率为 96.85%。

调查样本中男性有 511 人，女性有 380 人，所占百分比分别为 57.4% 和 42.6%。调查对象在 41～50 岁的最多，所占比例为 22.2%；51～60 岁的样本量次之，所占比例为 21.2%；61～70 岁的样本量也较多，所占比例为 20.8%；31～40 岁的样本量所占比例为 17.3%；30 岁以下的样本较少，所占比例为 10.4%；71 岁以上的样本最少，所占比例为 8.1%。总体来看，样本主要集中在中老年群体中，这与河南省大部分农村地区的人口分布情况相契合。调查样本的文化程度较低，样本量的分布随着文化程度的递增而递减，小学及以下文化水平的人数最多，所占比例为 47.9%，初中的人数次之，所占比例为33.9%，高中/中专的人数较少，比例为14.1%，本科的人数最少，比例为1.3%。调查样本的职业分布较为广泛，其中务农人数最多，占到了64.4%的比例，然后依次是自由职业者、个体工商户、企事业单位职工、公务员、离退休人员，占比依次为22.6%、9.5%、1.8%、1%、0.7%。调查样本的年收入情况分布较广，以3000元以下的居多，3001~10000元的次之，30001元以上的最少，所占比例分别为30.6%、28.3%、11.7%，符合调查地的经济发展状况（见表1）。

表1　样本分布（N=891）

变量	指标	频数	百分比（%）
性别	男	511	57.4
	女	380	42.6
年龄	30岁以下	93	10.4
	31~40岁	154	17.3
	41~50岁	198	222
	51~60岁	189	21.2
	61~70岁	185	20.8
	71岁以上	72	8.1
文化程度	小学及以下	427	47.9
	初中	302	33.9
	高中/中专	126	14.1
	大专	24	2.7
	本科	12	1.3

变量	指标	频数	百分比（%）
职业	农民	574	64.4
	自由职业者	201	22.6
	公务员	9	1
	离退休人员	6	0.7
	企事业单位职工	16	1.8
	个体工商户	85	9.5
年收入	3000元以下	273	30.6
	3001~10000元	252	28.3
	10001~20000元	149	16.7
	20001~30000元	113	12.7
	30001元以上	104	11.7
—			

二　河南省农村社区治理现状

（一）河南省农村社区治理创新的重要成果

1. 美丽乡村建设

河南省于2013年启动美丽乡村建设试点工作，重点培育建设美丽宜居小镇、中心村及特色村。2014年，河南省投入14亿元建设美丽乡村，启动121个项目，用于农村基础设施建设和公共服务提供。2015年，河南省财政厅为美丽乡村建设发放专项资金13.72亿元，支持实施140个美丽乡村建设试点项目。截至2016年底，省财政奖补资金52亿元，实施562个美丽乡村建设项目，引导市县财政投入、村民筹资筹劳、整合其他财政涉农项目资金、带动社会资金投入约400亿元。河南省财政资金支持各地依据实际情况，寻求特色带动发展。目前全省涌现出一些特色鲜明、成效显著的项目，呈现了多种建设模式（见表2）。

表2　河南省“美丽乡村建设”典型模式及典型案例

典型模式	典型案例
生态乡村模式	秉持生态文明的治理理念，将农村社区视为一个农业、人类和自然生态系统相结合的系统，实现生产、生活和生态的协调一致
开发旅游模式	以当地旅游景点为中心，利用自身的人文景观和自然景观，完善相关的旅游配套设施，有序引导农村劳动力向第三产业转移
工业园区带动模式	以发展乡村工业为向导，让工业、企业进入工业园区集中建设，带动当地的经济发展，“以工促农、以城带乡”
传统村落保护模式	最大限度地保留民俗民居特色、传承传统文化并留住乡愁

2. 精准扶贫

2013年以来，河南省人民政府落实“省负总责”，从精准识贫、资源整合、资金管理、成效考核、贫困退出等精准管理层面制定具体办法，从“转、扶、帮、保、救”等方面精准施策，在教育、交通、医疗、水利、电力等基础保障层面制定专项方案。当前，全省共有577.7万农村贫困人口脱贫，5514个贫困村退出贫困序列，国定贫困县兰考率先脱贫摘帽，成为全国的标杆。当前，全省各地在脱贫实践中，存在以下几种具有特色的脱贫模式和地方典型案例（见表3）。

（二）河南省农村社区治理创新的主要经验

1. 深化基层党组织引领，发挥基层自治组织职能

农村的基层党组织是农村社区治理中的领导核心，是贯穿社会治理和基

表3 河南省“脱贫攻坚”创新模式及典型案例

典型模式	典型案例
就业扶贫模式	通过劳务协作对外输出就业、鼓励居家灵活就业、扶持自主创业、中介组织介绍就业、开发公益性岗位安置就业，帮助有劳动能力的贫困人群实现自我价值
产业扶贫模式	对有劳动力、有能力、有土地，但缺资金、缺技术的贫困对象，采取直接帮扶模式；对无劳动能力或劳动力不足、无法转移就业的贫困户，采取托管帮扶模式；对拥有土地、水面等生产资料的贫困对象，采取股份帮扶模式
发展特色产业模式	利用农业、生态资源优势，打造特色农业电商、生态旅游等产业
易地搬迁模式	引导村民搬出资源匮乏的老旧社区，确保村民“搬得出、稳得住、有事做、能致富”

层建设的主线，是推进农村基层工作的核心力量，是农村社区治理始终保持正确政治方向的重要保障。河南省各地农村在进行社区治理的过程中，坚持以党建工作为中心，推进农村基层工作，促进村委会建设，充分发挥党组织在社区治理中的领导作用。2017 年以来，各地在已有成效的基础上，主要从三方面进一步推进农村党组织建设和村委会建设。

第一，加强党员队伍建设。一方面，河南省各地农村积极壮大党员队伍，加强党员干部学习教育的同时培育发展优秀党员，发挥党员及基层党组织在各项工作中的重要作用。调查结果显示，农村社区党组织在密切联系群众、规范村级民主管理、建立完善规章制度、培训后备干部、培育村级党员干部、脱贫致富等各项工作中都发挥了一定的作用（见图 1）。另一方面，各农村社区结合实际情况开展了一系列党风廉政建设工作，定期组织党员干部开展党性党风党纪和廉洁从政教育。重点工作有三项，首先是组织党员干部开展党性党风党纪和廉洁从政教育，占总体工作的 20.9%；其次是制定落实党风廉政建设工作计划、目标要求和具体措施，占到总体工作的 16.4%；再次是推进“两委班子”成员权力运行程序化，占总体工作的 14.7%（见图 2）。

第二，完善村两委的建设。河南省各地农村逐步落实便民服务大厅、党员活动室等场所的建设，下设便民服务站、矛盾调解中心、图书室、妇女儿童维权站等办公室，为村民提供便利服务，维护社区稳定和谐，丰富村民文化生活。

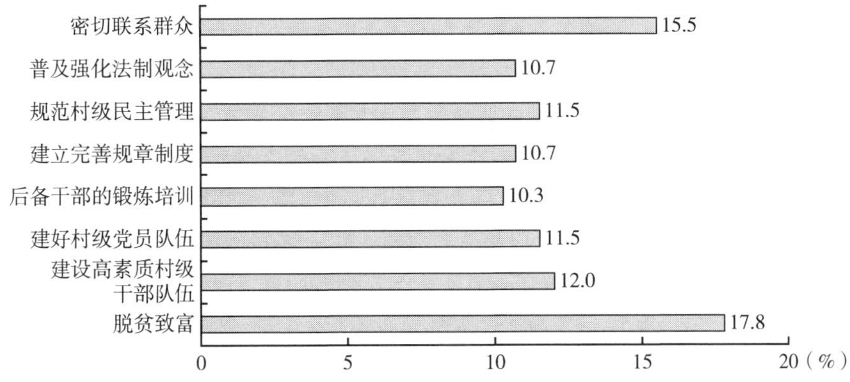

图1　党组织发挥的作用

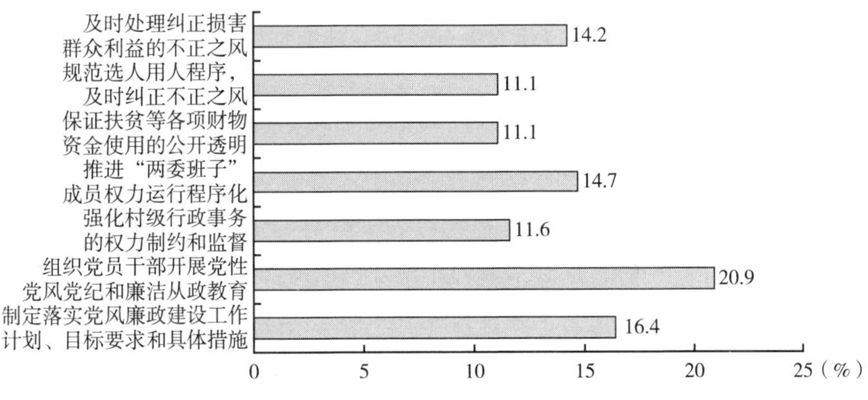

图2　过去一年中开展的党风廉政工作

第三，增加村务工作的透明度。各村建立健全村务监督委员会，组织村民代表对村委会执行工作情况进行监督，同时，通过公开栏进行村务公开，以此加强村民对村务工作的了解和监督。调研中了解到，各地在完善民主选举制度、开展社区协商、推进村务公开和民主管理等方面积极开展工作，得到村民的充分肯定。数据显示，村民对治安维护的满意度最高，道路水利设施方面次之，满意度分别占15.4%和13.8%（见图3）。

除此之外，河南省各地因地制宜，以改革创新精神通过实践来探索通过加强基层党组织建设引领社会治理的路径，民权县的“三·五”基层工作

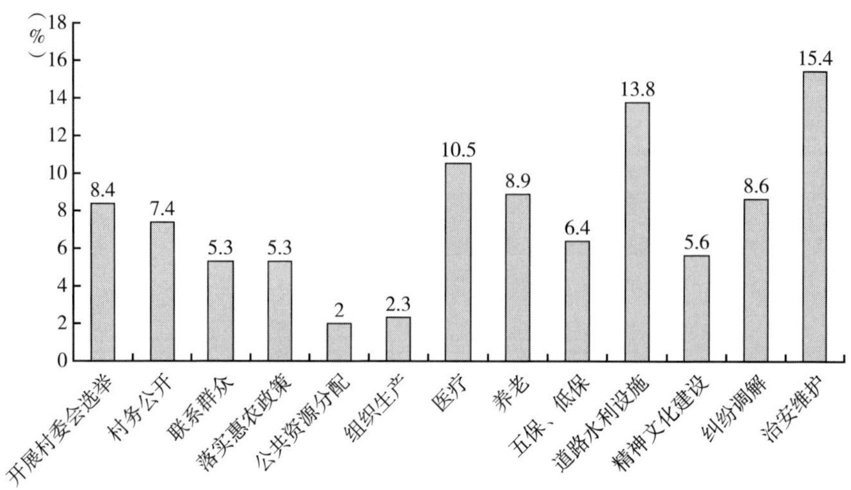

图3　村两委过去一年中令人满意的工作

日制度和平桥区的“严乡强村育新计划”均是其中具有代表性的实践尝试。

2. 鼓励居民参与，构建活力社区

组织群众、发动群众、鼓励群众参与是党的群众路线应有之义。在农村社区治理工作中，增强村民参与能力是提升社区治理水平的重要一环。河南省农村高度重视基层民主自治建设，采取一系列措施鼓励村民参与：坚持党的群众路线，科学运用“四议两公开”工作法决策村级重大事项，所有村级大事都按照规定的程序进行决策和公开；召开村民代表大会、村民大会等，进行村民代表和村干部的选举；建设和完善村级办公场所，将文化广场建设与村委会办公场所建设结合，增加村民参与度。例如此次调研的民权县的吴庄、史村铺等村的村委会办公场所都与文化广场相邻，村民到文化广场健身、参加活动的同时，可以在村委会公告栏前了解村务，增加了村民对社区事务的参与。从调查结果来看，72.6%的村民表示自己平时会去村委会（见图4）。

3. 发掘社会组织潜能，统筹社会力量参与

社会组织是我国社会主义现代化建设的重要力量。不仅在精准扶贫领域需要倡导社会组织的参与，打造“政府+企业+社会组织+个人”的模式，

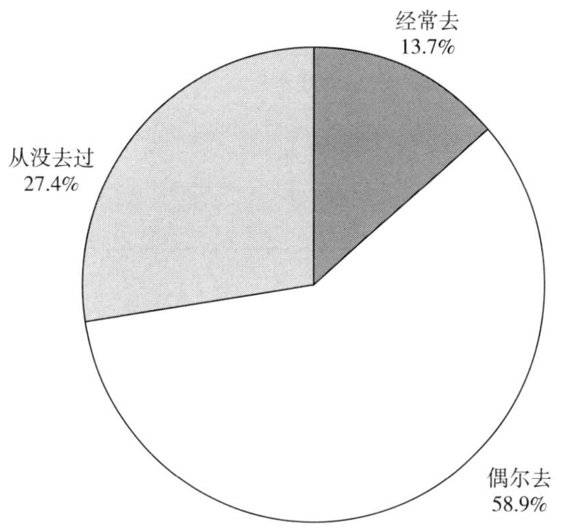

图 4　去村委会的频次

在农村社区治理方面也需要积极发挥社会组织的灵活性、创新性、专业性及参与性。在调研中发现各村红白理事会、人民调解队等组织的设置情况、实施情况及收到的成效各异，其中民权县下属村庄的红白理事会及荥阳市贾峪镇的爱心超市设置规范及实施效果最佳（见表4）。

表 4　各地区与当地是否有红白理事会

调查点名称	是	否	合计
民权	242(77.8%)	69(22.2%)	311(100%)
平桥	77(26.7%)	211(73.3%)	288(100%)
荥阳	28(9.8%)	259(90.2%)	287(100%)

根据数据，民权县 77.8% 的地区都设置了红白理事会，在规范宴请标准、规范婚礼仪式举办标准及婚丧礼金标准等方面所起作用较大（见表5）。该地红白理事会要求婚丧事宜一切从简，文明办事。此外，一些村庄还建立了道德品议会、人民调解员队伍等，有利于构建和谐乡村的社会组织，有的村还建有红娘协会、禁毒禁赌等协会，并评选移风易俗先进家庭和先进个人。

表5　各地区红白理事会所起作用

调查点名称	规范婚礼仪式举办标准(元)	规范婚丧礼金标准(元)	规范宴请酒席标准(元)	破除婚闹等陋习(%)
民权	197	148	210	50
平桥	62	45	55	39
荥阳	13	12	4	10

此外，荥阳市以慈善立市，涌现出很多草根慈善组织，贾峪镇石硼村的爱心超市便是其中之一。荥阳市贾峪镇石硼村爱心超市成立于2011年，其负责人李春凤自2004年开始便通过一己之力在郑州市区走街串巷收旧衣服达5000多件，经过清洗、熨烫发放给本村的残疾人和特困户。在获得政府的认可后，该模式逐步在贾峪镇和荥阳市推行，越来越多的企业及个人向“爱心超市”捐助日用品、衣物等，如今，“爱心超市”不仅是大家奉献爱心的平台，也是精准扶贫具体举措和全民慈善的一个缩影。

4. 丰富公共文化，树立文明乡风

树立良好社会风气，是社会主义核心价值观在农村地区落地生根的必然要求，是深化新型农村社区建设的重要途径，也是推动脱贫攻坚工作开展的重要抓手。调研发现，各地区依据地方特色，不断完善公共文化服务体系，深入实施文化惠民工程，丰富群众性文化活动。其中，平桥区各乡镇都建有图书馆、文化活动广场，丰富了居民日常生活；荥阳市通过建设“乡镇村史文化墙”，增强民众对自身文化的认同感并促进其文化素养的提升。

信阳市平桥区乡镇图书馆一年365天开放，社区居民可以根据自己的需要和时间安排来借阅图书。图书馆内建设有收藏馆、展览馆，有的还将本地的文化遗产如剪纸、泥塑、境内出土文物等统一收藏、展览，不仅有利于社区居民的参观学习，而且有利于它们的长久保存。图书馆旁的文化广场，是当地居民日常活动的主要场所。该文化广场基础设施齐全，每晚会开展广场舞等群体性体育健身活动，同时会不定期举办大型文艺会演、剧团表演等，不仅方便了社区居民锻炼身体，进行日常的社会交往，而且大大丰富了群众的文化生活。

荥阳市在全市乡镇大力推进乡镇村史文化墙建设，坚持因地制宜、试点先行、政府引导、社会参与的原则，将乡镇村史文化墙建设作为文明村镇建设的重要内容。乡镇村史文化墙的建设充分挖掘当地传统文化和民俗风情，以文字、图片、图画等形式，力争做到“一镇一特色、一村一品、一墙一景”。通过镇史镇情、村史村情和历史文化展示，弘扬历代群众留下的传统美德，有利于提升群众思想道德和文化素质，增强群众乡土情结和家园情怀，进而推进乡风文明建设。

5. 夯实基础设施建设，改善农村人居环境

2017 年 6 月，《中共中央、国务院关于加强和完善城乡社区治理的意见》指出要建立健全农村社区基础设施和公用设施的投资、建设、运行、管护和综合利用机制。农村公共基础设施是农村居民开展生活生产活动的必备条件，也是衡量农村公共服务供给的数量和质量的重要指标。调研组通过走访调查发现，近年来河南省各地基层政府注重农村道路、住房、供水、照明等基础设施的完善以及卫生、污水处理、绿化及环境等人居环境的改善。根据数据分析结果，河南省农村户户通电工程完成率为 97. 70%，在基础设施建设工程中排在首位，其次是危房改造和道路畅通工程，普及率达 88% 左右，生活供水和生产供水工程完成度也较好，完成比例分别为 86. 42%、76. 99%，均有效保证了村民日常生活（见图 5）。

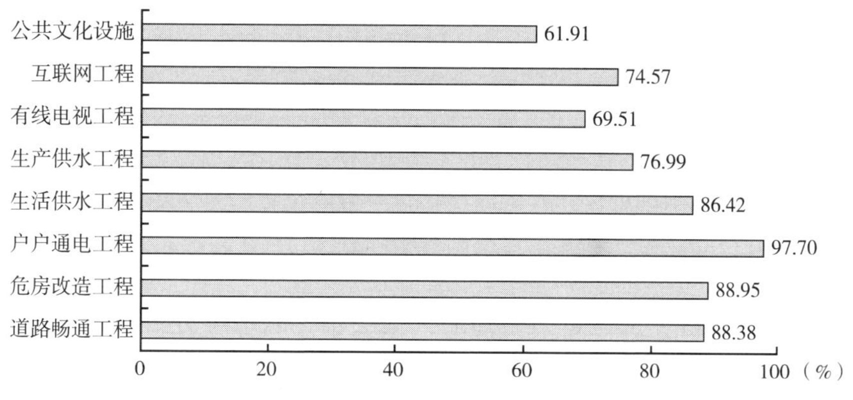

图 5　基础设施建设状况

具体来说各地又根据自身情况有所侧重。民权县的工作重点主要有三个方面：实施“村村通”工程、建设渠灌溉工程、电力升级改造、危房改造；实施乡村清洁工程；打造生态旅游链，同时还力求实现“户户搞绿化，村村有微景观”的目标。信阳市平桥区的工作重点在于推进道路硬化和危房改造工作。同时，开展农村非正规堆放点排查及治理工作，具体举措包括设置卫生监督管理员岗位、建立农村生活垃圾收运处理体系等。荥阳市建立了农村垃圾集中处理机制，动员全体群众参与进来，创造干净整洁的生活环境，让清洁家园行动常态化。

三　河南省农村社区治理存在的问题

（一）干群缺乏沟通互信，基层组织工作难开展

基层自治组织是政府和群众沟通的桥梁，是进行农村社区治理工作的重要主体。在调研过程中发现，各村存在村干部与群众之间沟通不畅、政策无法上传下达的现象，导致群众与干部之间出现信任危机。调研组在某地调研时实地参观了综治办公室、便民服务站等地点，了解了村里监督委员会、矛盾调解队等组织的基本职能和工作流程。但在对村民的调查中，很多被调查者表示社区中没有相关设施，当调查员进一步说明它们的工作内容时，有的村民才会想起确实有相关规定。这说明村委对相关部门设置的宣传力度不够，以至于村民缺乏对村两委相关工作的充分了解和认识，造成干部和群众之间存在信息不通畅、沟通不到位等问题。基层组织一旦失去了群众的信任，工作便很难顺利进行，社区治理也很难有效推进。从这点来看，干群之间的沟通互信问题确实是基层自治的首要问题。

（二）后备干部储备力量薄弱，基层领导队伍难更新

村两委是连接党与群众的桥梁与纽带，可以起到帮助基层政府贯彻落实国家政策，方便基层政府开展工作的作用。村两委干部及后备力量是基层各

项事业发展的“领头羊”，其素质和能力不仅决定村两委是否有生命力，而且决定基层政府的决策能否有效推行。河南省各地对培育后备干部的工作倍加重视，通过打分机制保障后备干部培训质量，通过适当提高村干部工资来吸引优秀后备军，但后备干部储备仍然不足。例如，课题组在某地与村委干部交流时，干部坦言现在村级管理中一个严重的问题就是村干部年轻化难以实现，不仅是大学生村官难留基层，而且本地的年轻人为了生计考虑也均外出打工。总而言之，后备干部自身意愿弱、村干部的待遇水平低、后备干部培养模式落后等多方面原因造成村两委后备干部队伍建设困难。后备干部不足，难以为农村治理多元主体注入新鲜血液，是农村社区治理的一个困境。

（三）社会保障水平低，公共服务能力待提升

2017 年 1 月，河南省人民政府办公厅印发《关于河南省“十三五”基本公共服务均等化规划的通知》，进一步加快完善河南省基本公共服务体系、推进基本公共服务均等化，促进社会公平正义，保障全体人民共享发展成果。但是，课题组调研发现，河南省基层在公共服务供给方面仍面临着诸多困境。

首先，在养老方面，农村地区 60 岁以上老人的养老方式仍然以传统的家庭养老为主，随着留守老人、失能半失能老人、高龄老人日渐增多，农村家庭养老功能的弱化，农村地区老人对养老服务需求日渐提高。但就目前的情况来看，很多乡镇村落还远远没有做好应对“银发浪潮”的准备，无论是在养老服务设施的硬件建设方面，还是在养老服务的供给方面，都存在较大的空白亟待填补，这样的供需失衡现象会为未来农村老人的养老问题埋下隐患。

其次，在医疗方面，虽然各地区已采取多种措施解决农村居民的看病吃药问题，然而他们对于医疗服务仍有着较为迫切的需求。目前乡镇医疗服务依旧存在很多困难，具体表现为：进药渠道单一，医药统辖过死；报销药品的费用发放不及时、不到位；卫生所的基础设施有待改善；乡村医生待遇有

待提高等。课题组的调研数据显示，有 542 名被调研者表示对当前的医疗服务不满意，占比为 61.5%；仅有 340 人表示满意，占比为 38.5%（见表6）。

表 6　对当前医疗服务是否满意

对当前医疗服务是否满意	频数	百分比(%)
是	340	38.5
否	542	61.5

最后，农村地区三留守人员众多，问题较严重。目前，农村留守老人大多数都依赖儿女养老，这种现象不仅会加大子女的物质压力与精神压力，而且也会加剧老人的养老风险。除此之外，老人留守在家，很容易因为缺乏沟通而产生孤独感，不利于营造晚年生活的幸福感。对于留守妇女来说，由于长时间待在家乡照顾老人孩子，没有属于自己的经济收入，日常生活主要依附于丈夫供养，因此缺乏自我意识，甚至缺失家庭地位。留守儿童的问题相比之下会更严峻。调研发现，有 46 人表示社区留守儿童问题非常严重，占比为 5.3%；有 367 人表示比较严重，占比为 42.5%；451 位被调查者表示本社区留守儿童问题不严重，占比为 52.2%（见表7）。

表 7　留守儿童问题是否严重

是否严重	频数	百分比(%)
非常严重	46	5.3
比较严重	367	42.5
不严重	451	52.2

四　提升河南省农村社区治理水平的对策建议

（一）畅通干群沟通渠道，促进村级事务落实

落实政策宣传、村务公开等工作，畅通干群沟通渠道。一方面，要提高

领导干部的政治素质和工作能力。每位干部都要认识到畅通干群关系的重要性，树立平等的观念，耐心诚恳地与群众交流，学会换位思考。有时政府出台一些好政策，群众不理解，甚至有误解，这就需要各级干部加强宣传、教育和引导，帮助村民了解政策、增加认识。另一方面，要完善畅通的沟通渠道，进一步落实村务、党务公开，保证村民的参与权、知情权和监督权。健全沟通机制，让村民的意见得到倾听，问题得以解决。以此建立干群互信关系，增强基层组织的领导力，促进基层工作的顺利开展。

（二）积极吸引优秀人才，壮大后备干部队伍

村两委后备队伍建设对解决在职村两委干部年龄偏大、结构断层等问题，提升基层组织工作能力、创新社区治理等具有重要意义。壮大基层后备干部队伍可以从以下几个层面发力：首先，完善基层后备干部选拔、培养、管理、考核等环节。关于选拔，一方面可以通过社会招聘、定向招聘等方式选拔引进社会优秀人才，如大学生村官、三支一扶人员等；另一方面可以通过民主推荐、组织推荐等方式发掘村庄青年优秀干部，并按规定列入干部后备队伍。其次，各级领导干部应做好宣传引导工作，利用春节期间农民工、大学生返乡，宣传村后备干部队伍建设的意义以及政府对村干部、后备干部出台的一些优惠政策，吸引有见识、有能力、有热情的人才加入后备干部队伍中。最后，通过建立激励保障机制，增强村干部岗位的吸引力，比如，逐年提高村干部的工资待遇、建立村干部养老和医疗保险机制、大力表彰有杰出贡献的村干部等。

（三）引入专业社工服务，建立多层互助机制

对于三留守人员的问题，可以通过引入专业社工服务、建立多层次的互助机制来解决。针对留守老人群体，可以在社工人员的帮助下建立老年人互助协会，组织老年人开展各式各样的活动，丰富他们的晚年生活，减少他们的孤独感。对于留守妇女，可以在社区与社工的共同组织下开发本地特色产业，组织她们一起动手谋求自身发展，在增加收入的同时提升该群体的自我

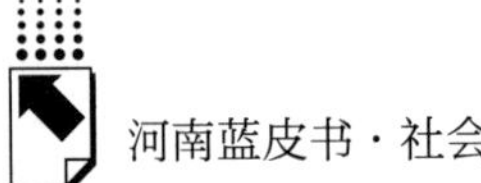

意识。就留守儿童而言，首先是要加强他们与父母的沟通交流，在满足其基本物质需求的同时，给予其精神上的指导。其次，专业社工还可以帮助社区组建留守儿童之家，组织孩子们一起学习、活动，组成同辈互助小组，挖掘孩子自身的潜力。再次是政府要重视基层乡村教育，加强农村学校的硬件软件建设，使孩子们的身心得到全面发展；另外，要重视留守儿童的心理疏导工作，在社区建立心理服务站，关注孩子们内心世界的变化，帮助他们树立正确的世界观、人生观、价值观。最后，课题组认为，在农村社区引入社工服务、志愿服务、慈善机构等组织十分必要，要充分发挥非政府组织在农村社区治理中的作用。

Abstract

This book, compiled by Henan Academy of Social Sciences, systematically sums up the achievements received in the social-construction field in Henan Province during the recent years and especially in 2017, comprehensively combs the characteristics of the social development at present, analyzes the hot、difficult and focused problems faced with nowadays, makes a scientific analysis of the trend of social development in the future in Henan, and puts forward some proposals for social development in 2018 in Henan.

Based on the spirit of19th National Congress of the Chinese Communist Party, the thread of "Blue Book of Henan (2018)" is social construction into a new era and to win overall well-off society, to promote the sharing of development. Some major problems which occur in Henan Province such as construction of people's livelihood, mutual-share, poverty governance, social security, social governance, public security and so on are unscrambled comprehensively and systematically.

This book is composed of the main report, evaluation reports, reports on improving people's livelihood and mutual-share development, reports on poverty governance and social security, reports on social governance and public security. The main report written by the group of Analysis and Forecast of Social Situation from the Henan Academy of Social Sciences represents the basic ideas of analysis and forecast of social situation of Henan in this book. In the opinion of the main report, 2017 is the second year of Henan's "13th Five-Year Plan" planning and construction. It is also a key year for building a moderately prosperous society in an all-round way and advancing poverty eradication in an all-round way. The holding of the 19th National Congress marked the beginning of a new era of socialism with Chinese characteristics and the beginning of a new journey in Henan's economic and social development. Over the past year, the province's economic and social development has been steady and positive. Public finances have continued to tilt towards the people's livelihood. Comprehensive reform in education has been steadily promoted, the employment structure has continued to improve, the incomes of urban and rural residents have steadily increased, the poverty alleviation efforts have achieved remarkable results, and the coverage of social security has continued to expand. The construction of a healthy Central Plains benefits the whole people, the overall situation of social security and stability is improving, social undertakings and public services are developing in an all-round way, the people's livelihood is advancing, and people's well-being is constantly improving. In the determination to build a well-off society in an all-round way, the Central Plains has taken a solid step forward. But at the same time, Henan's social development is also faced with a series of challenges and difficulties that cannot be ignored. For example, the issue of income gap is still prominent, and the level of shared development needs to be improved. The employment situation is generally severe, and the employment pressure of key groups is huge. The deterioration of the ecological environment has not yet been reversed, and environmental governance has a long way to go. Poverty alleviation has entered a decisive stage, and the task of precisely poverty alleviation is arduous; Population problems have continued to stand out, increasingly becoming obstacles to the healthy development of Henan's economic and social development. 2018 marks the 40th anniversary of reform and opening up, and is also a crucial year for fully implementing the spirit of the 19th CPC National Congress and accelerating common development. We will earnestly improve security and improve people's livelihood, vigorously promote the building of an old-age service system, fight poverty well against poverty, and fight well against poverty in an all-round way. We will vigorously push forward the reform of the supply side of basic public services, and work hard to build a social governance structure featuring common governance and shared benefits. It will be the main task facing Henan to win the overall well-off and promote the all-round development of social construction.

Evaluation reports, reports on improving people's livelihood, poverty governance and social security, social governance and public security analyze thoroughly the significant items in the social field in Henan from different fields and points of view by some invited experts and scholars in Henan province, objectively reflect the basic situation of the social development、contradictions and problems in Henan, put forward some measures and proposals to swallow the people's livelihood short board in the process of all-round well-off society and promote the development of sharing, and also look into social development of Henan in 2018.

Contents

I General Report

Abstract: Year 2017 is the second year of implementation of the "thirteenth five-year-plan" of Henan and a deciding year for achieving an overall well-off society and fully promoting poverty reduction and alleviation program. The victory of the 19th National Congress of the Communist Party of China has marked our proceeding into a New Era of Socialist of Chinese Characteristics and also implied Henan's stepping into a new journey of social-economic development. During this year, the province has witnessed a stable, advanced, and good social-economic development, with its public finance showing an sustained preference to people's livehood, educational field achieving stable promotion of comprehensive reforms, employment structure continuing to improve, incomes of both the urban and rural increasing steadily, poverty reduction and alleviation seeing a remarkable result, social insurance covering a larger area, project of healthy central plains benefiting all the people, social security and stability showing an overall good situation, social undertakings and public services undergoing all-round development, livehood construction proceeding sustainably, and people's well-being continuing to increase. All these show that Henan has made earnest and firms efforts and steps in the process of building a completely and moderately prosperous society and the process of making the central plains more colorful. But at the meantime, there are still some non-negligible challenges and obstacles in Henan's social development including, outstanding income gap and unsatisfied inclusive development, grim employment situation with key groups still facing huge pressure in finding jobs, unchanged situation of ecological environment deteriorating which need to be solved with keen responsibility, arduous task of targeted poverty reduction in process of achieve deciding victory of poverty reduction and alleviation, increasingly serious population problem that hindering the healthy and sound development of Henan's society and economy. Year 2018 is the fortieth anniversary of the reform and opening-up policy and also a key year of comprehensively complementation of the spirit of the Nineteenth National Congress of the Communist Party of China to speed up the inclusive development. And the prominent tasks of Henan in achieving an overall well-off society and advancing a comprehensive social construction and development will be to effectively improve the insurance and perfect people's livehood, vigorously promote construction of the system of elderly care service, carry out battle against poverty reduction with earnest efforts in order to fully complete targeted poverty reduction program, effectively implement supply side reforms in public services, and establish a social governance pattern characterized by co-building, co-governance and co-sharing with full strength.

Keywords: Social Governance; Overall Well-off; Inclusive Development; Social Construction

Ⅱ Evaluation Reports

B.2 Assessment Report on the Openness of Government Affairs from County and Municipal Government of Henan in 2017

Abstract: Based on the principle of result oriented, Public view and Policy oriented, the index system of assessing online openness of government affairs was constructed. The quantitative evaluation on the online openness of government affairs from 106 county governments was made according to the index system. Results show that in 2017, the average score of online openness of government affairs from 106 county governments in Henan Province was 63.3 points which breakthrough pass line for the first time, top five scores are Zhecheng, Gongyi, Qinyang, Wugang, Xuchang and Neixiang. The same index system was used to 18 Municipal Governments of Henan, the results showed that in 2017, the average score of the online openness of government affairs in Henan's 18 Municipal Governments was 80.2 points, which was higher than that of the county government 17 points, the top five scores of Zhengzhou, Xuchang, Nanyang, Zhumadian, Kaifeng and Luoyang. The study also found that the disclosure level of county-level government online information is mainly affected by the lead of municipal governments and per capita public revenue, while the municipal government's online openness of government affairs are not affected by these factors.

Keywords: Online Openness of Government Affairs; Index System; County Government; Municipal Government

Abstract: The country is based on the people, and the people take food as the heaven. Food safety concerns millions of households and it is related to social stability and long-term stability of the country. China has done a lot of exploration and practice in food safety construction since the 1980s. With the development of the times, food safety issues have become more and more complex and arduous. Under the background of the overall good food safety situation, New problems are constantly emerging. This article takes the 2017 year of Henan Province food safety as the research object, through the investigation and statistics, collects the data, analyzes this year the Henan province food safety trend good situation. Combining real-world online ordering, food rumors, and the construction of "Internet + Mingchu Bright Kitchen" in Henan province, analyze the new problems facing food safety in Henan Province and put forward policy recommendations.

Keywords: Food Safety; Supervision and Management; Internet Ordering; Bright Kitchen

Ⅲ Reports on Improve People's Livelihood and Share Development

Abstract: By means of utilizing information technology and via the platform of internet, sharing economy integrates and allocates idle resources, effectively connects the supplier and demander, and realizes the optimistic allocation of resources. Now, The different forms of the sharing economy have infiltrated every area of the city. This provides new growth impetus for urban economic and social development. But for the rural areas, the sharing of economic development is still in the lag or even the gap stage. How can sharing economy bring the rural economic development convenience and benefits? By conducting field interviews and sample survey in parts of the rural areas in Henan Province, this paper investigates the status quo of the development of sharing economy in rural areas, finds the predicament of its development, explores the restraining factors, puts forward the path of developing sharing economy in rural areas, thus activates the rural resources, fosters new motive force for rural economic development, and further promotes the supply-side structural reform in agriculture.

Keywords: Rural Areas; Sharing Economy

Abstract: The problem of "old floating people" is an important part of the construction of the people's livelihood that can not be ignored, and it is also an outstanding performance in the transition of the aging society. The study found that there are a lot of "old floating people" in Henan province, and they are faced with many problems in social integration. This paper discusses the manifestation and causes of the "old floating people" social integration dilemma, and analyzes the status quo of their living in different places, the main obstacles, and the search for ways to improve the "old floating people's life" to promote the integration of the "old people's quality of life", and help them adapt to life in different places, enhance their sense of existence, happiness and satisfaction, thus maintaining the stability and harmony of the family and society.

Keywords: "Old Floating People"; Social Integration; Henan

Abstract: The transformation of private education should be a continuous dynamic process. Its current task is mainly focused on the transformation from scale expansion to connotation development, thus improving the quality of talents cultivation and realizing the healthy development of the school. The transitional development of private education in Henan province could be contributed to two essential elements. On one hand, the top-level design of national policy guidance provided the external conditions. On the other hand, after 30 years of development, private education has begun to take shape, which generated important internal dynamics. It is the rational choice for Henan private education to actively adapt to the demands of economic and social development and realize the value of education. The exploration of transitional development has also injected new vigor and vitality into the private education in Henan province.

Keywords: Henan; Transformation of Education; Private Education

Abstract: The industrial layout and industrial division have emerged differentiation under the new normal of china's economy. The pace of regional industrial structure adjustment and industrial gradient transfer is getting faster and faster, New changes have taken place in the transfer of rural labor force to employment or entrepreneurship. As a large agricultural population, the transfer of rural labor force in Henan province also presents new characteristics: Labor flow is no longer one-way flow to other provinces, employment and entrepreneurship of rural labor backflow occurred; Labor economy is also realizing the benefit of working from "one person makes one rich" and the entrepreneurial effect of "one person for the benefit of one party" . The emergence of this situation conforms to the objective law of the development of rural labor transfer, which is also the inevitable result of the macro economic development of Henan province. In the context of the "mass entrepreneurship and innovation" which is vigorously promoted by the state and local governments at all levels, studying and paying attention to the problem of migrant workers returning home to start their own businesses is of great practical significance.

Keywords: Henan Province; The Rural Migrant Workers; Return Home to Start A Business

B. 8 Research on the Development of Women Welfare in Henan Province from the Perspective of Social Governance

Abstract: At present, Henan Province has made significant progress in building the women's welfare undertaking. Presenting the current situation of diversification of welfare providers, widening of service targets, enrichment of welfare contents, and diversification of service modes. Further study found that there are still many problems in the development of women's welfare in Henan Province, which are mainly manifested in the inadequate development of welfare services, the uneven development of urban and rural areas, inadequate financial input and the imperfect development of social welfare organizations. Therefore, it is necessary to strengthen the concept of social governance, enhance gender awareness, improve the women's welfare policy, strengthen the protection of women's rights, increase the supervision of policies, promote the balanced development of growth, focus on special women, promote the construction of welfare institutions, expand the special input of finance and meet the needs of women's welfare, promote the rapid development of women's welfare in Henan Province, enhancing the sense of acquisition, happiness and security of the majority of women.

Keywords: Welfare of Women; Social Governance; Henan

Abstract: Based on the explanation of the related concepts of middle-income groups, this paper describes the current situation of middle-income groups in urban Henan, analyzes the problems and causes of middle-income groups, and forecast the future development trend of middle income group in Henan City. The article argues that the scale and proportion of urban middle-income groups in Henan are small, and the distribution of middle-income groups is not balanced. The main reason for this problem is that the low-end industrial structure and the relatively low human capital of the workforce. Based on the analysis of the influencing factors of middle-income groups, the study suggests that the scale and proportion of middle-income urban groups in Henan will further expand and distribute more evenly in the future.

Keywords: Income Distribution; Middle-income Group; Industrial Structure; Henan

Abstract: In recent years, in the context of social innovation management, social work in Henan government to promote, advocate and scholar of civil forces to participate actively explore, innovative development, social work career in various fields around the bright scene, presenting a comprehensive and in-depth development of good posture, but there are some problems in the rapid development. According to the development needs of social work and social work development problems, we need to be improved and perfected in the following areas in order to further promote the development of social work career in Henan Province: First, at the governmental level, we should strengthen the building of a social work system and improve the mechanism for the development of social work. We should better integrate social work with social governance, civil affairs work and other industries. Secondly, at the talent level, we should strengthen the contingent of social workers and improve the specialization and professionalization of social work. Thirdly, at the institutional level, cultivate and develop social work service agencies, improve the quality of social work services and enhance the hematopoietic capacity of social work service agencies.

Keywords: Social Work; Social Governance; Social Work Professionals; Social Work Service Agencies

Ⅳ Reports on Poverty Governance and Social Security

Abstract: This paper sums up and explains the development of the social security for in Henan Province in the past 40 years since the Reform and Opening, summarizes and sums up the main achievements made in protecting the material and spiritual needs of the elderly in Henan Province, reveals and analyses the difficulties and causes in improving the social security and services for the elderly in Henan Province. While on the basis of the above in-depth consideration, constructive opinions are put forward on the effective ways to improve the social security and service level of the whole people in Henan province.

Keywords: Forty Years of Reform and Opening up; Henan Province; Social Security for the Elderly

Abstract: As a unique perspective, welfare pluralism emphasizes the transformation of welfare provision from state to multi-departments, such as the government, market and social factors, reflecting the concept of " small government, big society", and providing a feasible scheme to achieve the 2020's goal of building a well-off society. But for the families of poverty caused by illness, the situation is different according to the field research in Puyang, Taiqian and Fanxian of Henan province. The poor families caused by illness account for 30. 2% of the total sample of poor households. Because of age, physical condition and so forth, the costs of family care are increased. On the other hand, healthy labor of this kind of family can not depart from their families and make money. Therefore, one can't make bricks without straw. The market-oriented industrial policy of alleviated poverty has limited effects, so is the opportunity of getting welfare income for market. So, in this kind of places, people can only rely on the support of the government to provide basic live security. Meanwhile social factors are also important supplement.

Keywords: Targeted Poverty Alleviation; Poverty Caused by Disease; Welfare Pluralism; Social Work

B. 13 Study on the Living Conditions of the Residents in the Resettlement Community in Henan Province under the New Urbanization Background

Abstract: The sustainable development of the resettlement community residents is an important topic in the process of the new urbanization. Based on the framework of sustainable livelihood, this paper conducted questionnaire survey and in-depth interviews with residents of two relocated communities in Zhengzhou, and carried out the analysis on the livelihood of the residents in the resettlement community. It is found that, after the resettlement, the natural capital of the community residents have been greatly reduced, and the physical capital and human capital have been improved, but he social capital and financial capital have been improved little. The residents are mainly relying on work income and rental housing to maintain basic livelihood. At the same time, the stock of human capital and social capital of the middle and low income residents is low, the stress of the daily consumption expenditure of the family is in a higher level, and the livelihood is more vulnerable. With the new urbanization as the goal orientation of the resettlement policy system, it is necessary to carry out vocational skills training on the middle and low income families, especially the low income families and improve the community shares the development of a cooperative system of collective economy. In this way, we can promot the sustainable development of the livelihood of the residents in the resettlement community.

Keywords: Henan Province; New Urbanization; Resettlement Community

B. 14 Research on the Implementation of Rural Low Insurance System in Poor Counties of Henan Province

Abstract: Since 2006 Henan province carried out the rural minimum living security system, it provided an important fallback role for the disadvantaged groups of basic living security. Through the investigation of 31 impoverished counties of poor families and non poor families, the implementation of the policy has played an important role in helping the sick and meeting the basic needs of life, improving the basic living standards and guaranteeing the poor persons who had the ability to work and employment could re-employ, and relized the transformation from the "blood transfusion" to hematopoiesis. However, there are some problems, such as the unreasonable design of the system and policy making, the lack of government supervision and management, and the difficulty of identifying the object of the guarantee. As a result, we can solve such problems as perfecting relevant laws and regulations and supporting measures, establishing the supervision mechanism of low insurance and building a scientific mechanism for the identification of low insurance.

Keywords: Poor County; Rural Low Insurance System; The Rural Lowest Living Guarantee

Abstract: The implementation of Targeted Poverty Alleviation Policy has constructed two important political groups in rural society: poor households and poor marginalized households. The poor households enjoy "Policy Welfare"; and poor marginalized households have strong relative deprivation; In order to comply with the policy and avoid political risks, grassroots government is "act according to policy" . The three main subjects have complicated interaction in the field of rural society. On the one hand, the poor marginalized households are constantly shaping, and increasingly become an important factor affecting the normal functioning of the grassroots government; on the other hand, there is no effective connection between cadres and masses, the problem is outstanding. In this paper, the social assistance system should to play a role in the policy fallback livelihood level, psychological and social identity level. And the policy implementation should fully believe in grassroots government, and arouse the initiative of the grass-roots organizations, reshaping the farmers' sense of fairness and order in the field of rural governance, and construction of grass-roots political ecology, matching effective political rules, so as to really improve grassroots governance capability of the organization.

Keywords: Targeted Poverty Alleviation; Poor Households; Poor Marginalized Households; Grassroots Government; Policy Fallback

Ⅴ Reports on Social Governance and Public Security

B. 16 Henan Province Public Opinion Analysis Report

Abstract: as can be seen from the online public opinion events in 2017, there has been a new change in the network public opinion environment in recent years: the online public opinion tends to be rational, but the "rationality" is accompanied by numbness; Online public opinion shows the phenomenon of "instant death" of hot topics and general topics; Local government and department public opinion response level overall improvement, but the governance idea still has not established; The effectiveness of "public opinion reversal" has declined, but the normal network supervision mechanism has not been formed. In the governance of network public opinion environment, there is no subject that can only be managed but cannot be managed, and there is no object that can only be managed and cannot be managed. The idea of community public opinion to work instead of subject and object control among subjects, activate the network energy, realize the interaction between network and reality, on the basis of the rights and wrongs in directing public opinion, this is the key of network public opinion environment governance.

Keywords: Online Public Opinion; Network Public Opinion Environment; Network Governance; Henan

Abstract: As a concentrated expression of social public opinion, social hot issues have always been an intuitive window for the perspective of economic and social development. Focusing on social hot issues and the running situation of public opinion, it helps to solve social problems and promote social governance. In 2017, the Henan ten social hot issues include: Zhengzhou builds national center city, air pollution problems, 4 undesirable work styles construction, discourage social uncivilized behavior, urban public service short board problem, home to live in, advanced education development, poverty alleviation, the collective intelligence policy in Zhengzhou, medical reform in public hospitals.

Keywords: Henan Province; Social Hot Issues

Abstract: In recent years, with the expansion of urban scale and the promotion of urban village reconstruction, the number of resettlement communities has increased year by year. The resettlement community have unique characteristics in community environment, population structure, cultural atmosphere and operation mechanism. They also face poor environmental sanitation, legacy drag puzzle, unsound community management systems, and low level of citizenship. In this paper, the transformation and development of resettlement community should be promoted on the basis of rational organization relationship. Build a community governance structure in which government, community self-government organizations, social forces, and community residents participate together under the leadership of the Party organization, to maximize the maintenance of the harmony and stability of the resettlement communities and realize the benign governance of the resettlement communities.

Keywords: Henan; Resettlement Community; Community Governance

B. 19 Henan Province Natural Disaster Risk Social Analysis Report

—*The Application of the Universal Risk Model*

Abstract: A comprehensive understanding and scientific evaluation of natural disasters risk is not only the basis of disaster prevention and mitigation, but also the urgent needs of the economic and social sustainable development. Disaster risk evaluation index system in accordance with Henan Province reality was constructed, which contains 5 secondary indicators and 23 three-level indicators; Moreover, the universal risk evaluation model was designed combined with nonlinear damage evaluation method; Then the disaster risk of 18 districts of Henan Province was evaluated, as well as the urban risk ranking and risk map of 16 districts were presented. The evaluation results can make us see the urban risk situation clearly and intuitively, which helps the related department to clearly focus on their work, as well as provides theoretical guidance for the local disaster prevention and mitigation planning.

Keywords: Natural Disaster; Universal Risk Model; Risk Assessment; Regional Disaster

Abstract: It is of great significance to strengthen and promote rural voluntary service to realize rural revitalization, deepen the construction of rural spiritual civilization, improve the level of rural governance and improve the supply of basic public services. This paper summarizes and sorts out the outstanding achievements and problems in the system construction, position construction, talent construction and project construction of the rural volunteer service in Henan province, and further puts forward some suggestions on how to promoting rural volunteer service.

Keywords: Henan Province; Rural Volunteer Service

Abstract: Based on the background of the times, Henan Province started with beautiful rural construction and poverty alleviation, starting from basic party building, grassroots self-government, residents' participation, social organization participation, public cultural cultivation, and human settlements construction. To a certain extent, it has advanced the process of modernizing rural community governance. The study finds that at present, the governance of rural communities in Henan Province still has difficulties and obstacles such as lack of trust among cadres, lack of basic talents, and low level of social security. In the future, efforts should be made to unblock the channels of communication among cadres and groups, attract outstanding talents, and introduce professional social work services, so as to innovate the mode of community governance in Henan Province so as to further strengthen the construction of the rural community governance system in Henan Province.

Keywords: Rural; Community Governance; Innovation

皮书起源

“皮书”起源于十七、十八世纪的英国，主要指官方或社会组织正式发表的重要文件或报告，多以“白皮书”命名。在中国，“皮书”这一概念被社会广泛接受，并被成功运作、发展成为一种全新的出版形态，则源于中国社会科学院社会科学文献出版社。

皮书定义

皮书是对中国与世界发展状况和热点问题进行年度监测，以专业的角度、专家的视野和实证研究方法，针对某一领域或区域现状与发展态势展开分析和预测，具备原创性、实证性、专业性、连续性、前沿性、时效性等特点的公开出版物，由一系列权威研究报告组成。

皮书作者

皮书系列的作者以中国社会科学院、著名高校、地方社会科学院的研究人员为主，多为国内一流研究机构的权威专家学者，他们的看法和观点代表了学界对中国与世界的现实和未来最高水平的解读与分析。

皮书荣誉

皮书系列已成为社会科学文献出版社的著名图书品牌和中国社会科学院的知名学术品牌。2016 年，皮书系列正式列入“十三五”国家重点出版规划项目；2013~2018 年，重点皮书列入中国社会科学院承担的国家哲学社会科学创新工程项目；2018 年，59 种院外皮书使用“中国社会科学院创新工程学术出版项目”标识。

中国皮书网

（网址：www.pishu.cn）

发布皮书研创资讯，传播皮书精彩内容
引领皮书出版潮流，打造皮书服务平台

栏目设置

关于皮书：何谓皮书、皮书分类、皮书大事记、皮书荣誉、
皮书出版第一人、皮书编辑部

最新资讯：通知公告、新闻动态、媒体聚焦、网站专题、视频直播、下载专区

皮书研创：皮书规范、皮书选题、皮书出版、皮书研究、研创团队

皮书评奖评价：指标体系、皮书评价、皮书评奖

互动专区：皮书说、社科数托邦、皮书微博、留言板

所获荣誉

2008年、2011年，中国皮书网均在全国新闻出版业网站荣誉评选中获得“最具商业价值网站”称号；

2012年，获得“出版业网站百强”称号。

网库合一

2014年，中国皮书网与皮书数据库端口合一，实现资源共享。

中国社会发展数据库（下设 12 个子库）

全面整合国内外中国社会发展研究成果，汇聚独家统计数据、深度分析报告，涉及社会、人口、政治、教育、法律等 12 个领域，为了解中国社会发展动态、跟踪社会核心热点、分析社会发展趋势提供一站式资源搜索和数据分析与挖掘服务。

中国经济发展数据库（下设 12 个子库）

基于“皮书系列”中涉及中国经济发展的研究资料构建，内容涵盖宏观经济、农业经济、工业经济、产业经济等 12 个重点经济领域，为实时掌控经济运行态势、把握经济发展规律、洞察经济形势、进行经济决策提供参考和依据。

中国行业发展数据库（下设 17 个子库）

以中国国民经济行业分类为依据，覆盖金融业、旅游、医疗卫生、交通运输、能源矿产等 100 多个行业，跟踪分析国民经济相关行业市场运行状况和政策导向，汇集行业发展前沿资讯，为投资、从业及各种经济决策提供理论基础和实践指导。

中国区域发展数据库（下设 6 个子库）

对中国特定区域内的经济、社会、文化等领域现状与发展情况进行深度分析和预测，研究层级至县及县以下行政区，涉及地区、区域经济体、城市、农村等不同维度。为地方经济社会宏观态势研究、发展经验研究、案例分析提供数据服务。

中国文化传媒数据库（下设 18 个子库）

汇聚文化传媒领域专家观点、热点资讯，梳理国内外中国文化发展相关学术研究成果、一手统计数据，涵盖文化产业、新闻传播、电影娱乐、文学艺术、群众文化等 18 个重点研究领域。为文化传媒研究提供相关数据、研究报告和综合分析服务。

世界经济与国际关系数据库（下设 6 个子库）

立足“皮书系列”世界经济、国际关系相关学术资源，整合世界经济、国际政治、世界文化与科技、全球性问题、国际组织与国际法、区域研究 6 大领域研究成果，为世界经济与国际关系研究提供全方位数据分析，为决策和形势研判提供参考。

法律声明